# GOTAS DE CONSUELO PARA EL ALMA
## 365 reflexiones diarias

# GOTAS DE CONSUELO PARA EL ALMA

## PARA EL ALMA

### 365 reflexiones diarias

Hernandes Dias Lopes

editorial clie

**EDITORIAL CLIE**
C/ Ferrocarril, 8
08232 VILADECAVALLS
(Barcelona) ESPAÑA
E-mail: libros@clie.es
**http://www.clie.es**

© 2012 por Hernandes Dias Lopes
Publicado por la Editora Hagnos Ltda. avenida Jacinto Júlio, 27
Cep 04815-160, São Paulo, SP, Brasil, con el título
GOTAS DE CONSOLO PARA A ALMA.
Esta edición se publica con autorización por contrato con la
Editora Hagnos Ltda.

© 2015 Editorial CLIE

---

**GOTAS DE CONSUELO PARA EL ALMA. 365 reflexiones diarias**
ISBN: 978-84-8267-827-6
Depósito Legal: B 6190-2015
VIDA CRISTIANA
Devocionales
Referencia: 224849

---

Impreso en USA / Printed in USA

# Sobre el autor

**Hernandes Dias Lopes** es graduado en Teología por el Seminario Presbiteriano del Sur, Campinas, SP, Brasil, y Dr. en Ministerio del Reformed Theological Seminary de Jackson, Misisipi, Estados Unidos. Es pastor de la Primera Iglesia Presbiteriana de Vitória, ES, Brasil, desde 1985. Conferenciante internacional y escritor, ha publicado más de 100 títulos en portugués.

# Dedicatoria

Dedico este libro al Dr. Josimar Henrique da Silva, hombre de Dios, siervo del Altísimo, amigo precioso, compañero de viaje, consolador de los santos. El doctor Henrique da Silva es presidente del Laboratorio Farmacéutico Hebrón y de la Asociación de los Laboratorios Farmacéuticos Nacionales (FarmaBrasil) y vicepresidente de la junta directiva de la Universidad Presbiteriana Mackenzie.

# Presentación

Existen personas cansadas y desconsoladas, heridas en cuerpo y alma, que viven sin dirección en la vida, sin paz en el alma, sin sonrisa en los labios, sin amor en el corazón y sin Dios en el mundo. Muchas de ellas han intentado buscar algo que las llene o les traiga alivio; pero no lo han encontrado. Se enredan en los placeres de la vida, en la construcción de relaciones, en la adquisición de bienes y hasta en la satisfacción de sus propios deseos. El resultado, no obstante, es el acrecentamiento del vacío, del desespero, de la desorientación y de la desintegración familiar. Parece que todo empeoró. El vacío y la desesperanza comienzan a dominar el corazón.

A estas personas, Jesús les trae una invitación: "Venid a mí todos los que estáis trabajados y cargados, y yo os haré descansar. Llevad mi yugo sobre vosotros, y aprended de mí, que soy manso y humilde de corazón y hallaréis descanso para vuestras almas" (Mateo 11:28-29).

Nuestro Señor, dice el apóstol Pablo, es el "Dios de toda consolación" (2 Corintios 1:3).

El Espíritu Santo enviado de parte del Padre y del Hijo es el Consolador que estará para siempre con nosotros (Juan 14:16).

Dios puede hacer una linda obra de restauración en su vida. Solo Él puede consolar su corazón, dar descanso a su alma, enjugar sus lágrimas y poner en sus labios un cántico nuevo. El consuelo de Dios es extrañamente motivador, pues alcanza la médula del problema, la raíz del asunto. El bálsamo divino tiene poder para reconstruir toda su vida y darle a usted una nueva perspectiva en los años de vida que le quedan en esta su existencia.

El reverendo Hernandes Dias Lopes ha sido levantado como voz de Dios para nuestra generación. Con erudición sin par y unción del cielo coloca en sus manos *Gotas de consuelo para el alma*, que ciertamente será un instrumento eficaz para su consolación. Acepte la invitación hecha por Jesús y reciba el alivio que solo el Trino Dios puede conceder.

Reverendo Milton Ribeiro,
Director Administrativo de LPC

# Prefacio

Escribí estos mensajes con mucho cariño pensando en usted. Es una porción diaria, como el maná que caía del cielo para alimentar al pueblo de Israel en el desierto. Son mensajes cortos, pero no vacíos; son breves, pero no superficiales; son extraídos de la Palabra de Dios, y no fruto de la mera imaginación humana. Son gotas diarias como el rocío que cae todas las noches. El rocío que cae sin hacer alarde. El rocío cae en las horas más oscuras de la noche. El rocío cae después del calor sofocante del día. El rocío cae para traer vida a la tierra. Mi ardiente expectativa es que estos mensajes diarios sean como rocío del cielo para su alma, y traigan sanidad, consuelo y entusiasmo a su vida.

Nuestro camino está marcado por muchas luchas. En este trayecto por valles oscuros y montes escarpados, desiertos áridos y mares procelosos, ríos caudalosos y hondonadas ardientes, muchas veces nos sentimos desanimados. Hay momentos en que se nos hace un nudo en la garganta, un dolor en el estómago y los ojos se hinchan de tanto llorar. Hay momentos en que el camino está forrado de espinos y enemigos mayores que nuestras fuerzas conspiran contra nosotros. Hay momentos en que las circunstancias se vuelven contra nosotros mostrándonos su ceño fruncido. Hay momentos en que somos asaltados por el miedo y la ansiedad introduce en nosotros sus tentáculos. ¡En estas horas necesitamos el consuelo que proviene de Dios! Los placeres de esta vida y las aventuras de este mundo no pueden aquietar nuestra alma turbada. Necesitamos el bálsamo que viene del cielo.

¡Comience su día leyendo una palabra de consuelo!

Hernandes Dias Lopes

# 1

## de enero

# Un profundo contraste

Porque Jehová conoce el camino de los justos; mas la senda de los malos perecerá.[1]

**SALMOS 1:6**

El rey David hace un profundo contraste entre el impío y el justo. Mientras el impío es como paja que el viento dispersa, el justo es como un árbol plantado junto a una fuente. Mientras el impío está seco espiritualmente, el justo muestra verdor aun en los tiempos de sequía. Mientras el impío no produce frutos que agradan a Dios, el justo produce frutos en la estación correcta. Mientras el impío no tiene estabilidad y es lanzado de un lado para el otro por el vendaval, el justo tiene sus raíces fijadas en el suelo de la fidelidad de Dios. Mientras las obras del impío son reprobadas por Dios, en todo cuanto hace el justo alcanza éxito. Mientras el impío busca la compañía de los escarnecedores, el justo se deleita en la ley del Señor. Mientras el impío no tendrá lugar en la asamblea de los santos ni prevalecerá en el juicio, el justo será conducido por Dios en la historia y recibido en la gloria. Mientras el camino del impío perecerá, el camino del justo es conocido por Dios. Es tiempo de que usted reflexione sobre su vida. ¿Quién es usted? ¿Dónde está su placer? ¿Dónde está su tesoro? ¿En cuál de estos dos moldes puede usted colocar su fotografía? Recuerde: El impío puede parecer feliz, pero su fin es trágico. El justo, no obstante, aun pasando por pruebas en la vida, ¡es bienaventurado!

# 2
## de enero

# Usted es alguien muy especial

---

Te alabaré, porque asombrosa y maravillosamente he sido
hecho; maravillosas son tus obras, y mi alma lo sabe muy bien.

**SALMOS 139:14 - LBLA²**

Usted no es fruto del acaso. Su vida fue planeada por Dios. Él pensó en
usted antes de la fundación del mundo. Aun si sus padres no hubieran
planeado su nacimiento, Dios sí lo planeó. Su concepción fue un acontecimiento extraordinario. Millones de espermatozoides hicieron la carrera de la
vida, pero solo uno la ganó para fertilizar el óvulo, y por eso usted es esa persona singular. No existe nadie igual a usted. Dios lo tejió de forma asombro-
samente maravillosa en el vientre de su madre. Dios vio su sustancia todavía
informe. Antes de que sus huesos fueran formados, Dios ya lo conocía a usted.
Él vio su corazón latir por primera vez. Vio su gestación y se alegró con su
nacimiento. El amor de Dios siempre estuvo sobre su vida. Él jamás renunció
a amarlo y atraerlo con cuerdas de amor. El amor de Dios por usted no fue
escrito con letras de fuego en las nubes, sino demostrado en la cruz, cuando
entregó a su Hijo unigénito para morir por sus pecados. Dios no escatimó a
su propio Hijo, antes lo entregó para que usted pudiera tener vida, y vida en
abundancia. Aunque el mundo entero lo desprecie, sepa que Dios lo ama y
probó ese amor de forma superlativa.

# 3
## de enero

# La familia en crisis

Y el hombre respondió: "La mujer que me diste por compañera me dio del árbol, y yo comí".

GÉNESIS 3:12

El pecado entró en la familia y dañó las relaciones. Nuestros primeros padres perdieron la comunión con Dios y, llevados por el miedo, se escondieron. Perdieron la comunión conyugal; y, en lugar de armonía en el matrimonio, surgieron acusaciones. Perdieron la paz interior y, por eso, fueron atormentados por la culpa. El matrimonio dejó de ser un jardín y llegó a ser un desierto lleno de espinos. Los hijos nacieron, crecieron y se hicieron prósperos, pero las relaciones estaban enfermas. Caín sintió envidia de su hermano Abel. En lugar de imitar sus virtudes, lo mató con tintes de crueldad. Todavía hoy, hay muchas familias es crisis. Los cónyuges ya no se entienden. Las palabras de cariño se han transformado en acusaciones despiadadas o en silencio frío. Los hijos, en lugar de ser amigos, se entregan a una competencia llena de celos. La familia que fue creada por Dios para ser reducto de seguridad y amor se ha transformado en la arena de las disputas más exacerbadas, de los dolores más profundos y del desprecio más cruel. La familia ha sido bombardeada con rigor excesivo tanto en los tribunales como en las calles. Torpedos mortíferos han sido lanzados sobre la familia para destruirla. ¡La única solución para una familia que está en crisis es volverse a Dios!

# 4

## de enero

# ¡No tenga miedo, tenga fe!

Y les dijo: "¿Por qué estáis así amedrentados? ¿Cómo no tenéis fe?".

**MARCOS 4:40**

Los discípulos de Jesús atravesaban el mar de Galilea por orden suya. El Maestro, cansado del trajín del día, dormía sobre un cabezal, en la popa del barco. De repente, sobrevino una tempestad y el barco comenzó a ser lanzado de un lado hacia el otro por el vendaval. Los discípulos intentaron resolver el problema por sus propias fuerzas, pero el mar se hacía cada vez más bravo y el barco no obedecía ningún comando. Mientras la embarcación se llenaba de agua, los discípulos se llenaban de miedo. Asaltados por el fantasma del miedo, no vieron otra alternativa que despertar a Jesús y gritar: "Maestro, ¿no tienes cuidado que perecemos?". Jesús despertó, reprendió el viento, calmó el mar y preguntó a sus discípulos: "¿Por qué estáis así amedrentados? ¿Cómo no tenéis fe?". ¿Por qué ellos debían tener fe y no miedo? Primero, por causa de la palabra de Jesús: "Pasemos al otro lado". Segundo, por causa de la presencia de Jesús con ellos. Tercero, por causa de la paz de Jesús, que, aunque la tempestad crecía, dormía serenamente. Cuarto, por causa del poder de Jesús, el creador de la tierra y del mar. En el camino de la vida, nosotros también somos sorprendidos por tempestades. No siempre conseguimos administrar esas crisis. Pero si Jesús va con nosotros, no necesitamos tener miedo; ¡debemos tener fe!

de enero

# El cielo es nuestro hogar

Vi un cielo nuevo y una tierra nueva.

APOCALIPSIS 21:1A

El cielo es un lugar de bienaventuranza y un estado de felicidad eterna. Es un lugar preparado para personas preparadas. En el cielo no habrá llanto ni dolor. En el cielo Dios enjugará toda lágrima de nuestros ojos. No habrá gemidos ni muerte. Allá, el pecado no entrará. Ninguna cosa contaminada cruzará los umbrales del cielo. Allá es la casa del Padre, el paraíso, el seno de Abraham, la Nueva Jerusalén. En el cielo no habrá despedida ni adiós. No habrá enfermedad ni soledad, ocio ni cansancio, pobreza ni soberbia. En el cielo solo entrarán los que lavaron sus vestidos en la sangre del Cordero. Para el cielo solo hay un camino. Ese camino es Jesús. En el cielo solo habrá una luz. Esa luz es Jesús. Ningún sacrificio que yo haga puede garantizarme un lugar en el cielo, al mismo tiempo que ningún pecado que yo cometa puede apartarme del cielo. La sangre de Jesús me limpia de todo pecado. La sangre de Jesús abre para mí un nuevo y vivo camino para el cielo. La sangre de Jesús me asegura vestiduras blancas para entrar al banquete del cielo. ¡El cielo es nuestra herencia, nuestro lugar de descanso, nuestro hogar, nuestra patria!

# 6

## de enero

# El drama de los celos

---

Le respondieron sus hermanos: "¿Reinarás tú sobre nosotros, o señorearás sobre nosotros?". Y le aborrecieron aún más a causa de sus sueños y sus palabras.

GÉNESIS 37:8

El celo es hermano gemelo de la envidia. Nació del mismo vientre, tiene la misma naturaleza y produce los mismos frutos amargos. La familia de Jacob era un caldero en ebullición. Sus hijos no eran trigo limpio. José pasó malos momentos en las manos de sus hermanos, que tenían celos de él, pues era el hijo predilecto de su padre. Un día resolvieron matarlo. Pero, por la intervención de Rubén, acabaron tomando una decisión menos radical. Lo vendieron como esclavo en Egipto. Por providencia divina, ese percance terminó siendo usado por Dios para salvar a la propia familia de Jacob. No obstante, la soberanía de Dios no anula la responsabilidad humana. Muchas familias todavía sufren por causa de los celos. Existen padres que comenten el error de amar más a un hijo que a otro. Existen padres que siembran discordia entre los hijos, demostrando favoritismo por un hijo en detrimento del otro. Existen hermanos que, en lugar de vivir como amigos, se comportan como competidores. En lugar de alegrarse con el éxito del otro, no miden esfuerzos para derrotarlo y destruirlo. El celo es una actitud mezquina. El celo es un pecado que ofende a Dios, atormenta el alma, enferma a la familia y amenaza al prójimo.

# 7

## de enero

# Jesús es nuestra paz

Porque Él [Jesús] es nuestra paz.

**EFESIOS 2:14**

L a paz no es ausencia de problemas, es confianza en medio de la tempestad. Es el triunfo de la fe sobre la ansiedad. Es la confianza plena de que Dios está al control de la situación, aunque las tiendas de nuestra historia no estén en nuestras manos. La paz no es un puerto seguro a donde llegar, sino la manera como navegamos en los mares revueltos de la vida. La paz no es simplemente un sentimiento, es sobre todo una persona, una persona divina. Nuestra paz es Jesús. Por medio de Cristo tenemos paz con Dios, pues en Él fuimos reconciliados con Dios. En Cristo tenemos la paz de Dios, la paz que excede todo entendimiento. Paz con Dios tiene que ver con relacionarse. Paz de Dios tiene que ver con sentimiento. La paz "de" Dios es resultado de la paz "con" Dios. Cuando nuestra relación está bien con Dios, entonces experimentamos la paz de Dios. Esa paz coexiste con el dolor, se mezcla con las lágrimas y sobrevive a la muerte. Esa es la paz que excede todo entendimiento. Es la paz que el mundo no conoce, no puede dar ni puede quitar. Es la paz venida del cielo, la paz que emana del trono de Dios, fruto del Espíritu Santo. ¿Usted conoce esa paz y disfruta de ella? ¿Ha sido inundado por ella? Esa paz está a su disposición ahora mismo. ¡Basta entregar su vida al Señor Jesús!

# 8
## de enero

## La felicidad de ser cuidados por Dios

No temas, porque yo estoy contigo.

ISAÍAS 43:5

Una de las verdades más consoladoras para nuestra vida es la providencia de Dios, el Todopoderoso, Él mismo cuida de nosotros. El Dios que nos creó es también quien nos sustenta. En Él vivimos, nos movemos y existimos. Él es quien nos da la vida, la respiración y todo lo demás. Es quien da vida a la semilla y multiplica nuestra cosecha. Es quien nos da el pan de cada día y salud para saborearlo. Es quien da sabor a los alimentos y el paladar para saborearnos. Es quien nos preserva la vida y nos libra del mal. Dios es nuestro creador, proveedor, protector, redentor y consolador. El apóstol Pablo, de forma elocuente, nos pregunta: "El que no escatimó ni a su propio Hijo…, ¿cómo no nos dará también con él todas las cosas?" (Romanos 8:32). Nuestra vida no está suelta, al acaso, al capricho de las circunstancias. Está en las manos de aquel que se sienta en la sala de comando del universo. Las mismas manos que gobiernan el mundo tienen el control de nuestra vida. El cuidado de Dios no significa, obviamente, ausencia de luchas y pruebas. Dios jamás nos prometió ausencia de aflicción. Nos prometió presencia consoladora en el valle del dolor, compañía segura en los hornos ardientes y victoria retumbante en los combates reñidos.

# 9
## de enero

# El Espíritu Santo, nuestro consolador

Y yo rogaré al Padre, y os dará otro Consolador, para que esté con vosotros para siempre.

**JUAN 14:16**

La vida es una jornada llena de tempestades. Es un viaje por mares revueltos. En esa aventura navegamos las aguas turbulentas del mar de la vida, cruzamos desiertos tórridos, subimos montañas escarpadas, descendemos valles oscuros y atravesamos puentes estrechos. Son muchos los peligros, enormes las aflicciones, dramáticos los problemas enfrentados en este camino. La vida no es sin dolor. Pero, en este camino sembrado de espinos, no caminamos solos. Tenemos un consolador. Jesús, nuestro Redentor, murió en la cruz por nuestros pecados y resucitó para nuestra justificación. Venció al diablo y desbarató el infierno. Triunfó sobre la muerte y nos dio victoria sobre el pecado. Subió al cielo y envió al Espíritu Santo para que esté para siempre con nosotros. Él es el Espíritu de Cristo, que vino para exaltar al Hijo de Dios. Él es el Espíritu de verdad, que vino para enseñarnos y hacernos recordar todo lo que Cristo nos enseñó. Él es el otro consolador, aquel que refrigera nuestra alma, nos alegra el corazón y nos hace cantar aun en el valle del sufrimiento. El consuelo no viene de dentro, viene de arriba. No viene del hombre, viene de Dios. No viene de la tierra, viene del cielo. ¡No es resultado de autoayuda, sino de la ayuda de lo alto!

# 10

de enero

## El significado de la Pascua

Y cuando os dijeren vuestros hijos: "¿Qué es este rito vuestro?",
vosotros responderéis: "Es la víctima de la pascua de Jehová".

ÉXODO 12:26-27

La Pascua es una fiesta judeocristiana. Su significado es "paso". La Pascua marcó la salida del pueblo de Israel del cautiverio de Egipto. Después de 430 años en la tierra de los faraones, Israel estaba subyugado por los egipcios, en un amargo cautiverio. Bajo el látigo de los verdugos y sometido a trabajos forzados, el pueblo gemía y clamaba a Dios por su liberación. Dios vio el sufrimiento del pueblo, oyó su clamor y descendió para librarlo. Moisés estaba en Madián, apacentando los rebaños de su suegro, cuando Dios lo convocó para volver a Egipto para librar a su pueblo. La orden de Dios al Faraón era urgente: "Deja ir a mi pueblo". El corazón del Faraón se endureció, y Dios juzgó la tierra de Egipto, destronando sus divinidades y enviando diez plagas para asolar aquella tierra y quebrar el orgullo del Faraón. La última plaga fue la muerte de los primogénitos. Todas las familias israelitas debían matar un cordero y pasar su sangre en los dinteles de las puertas. Aquella noche, el ángel de Dios vendría y, al ver la sangre en el dintel de las puertas, pasaría de largo. En todas las otras casas, la espada de la muerte cortaría a los primogénitos. Ni siquiera el hijo del Faraón escapó. Esa noche, Israel fue librado por la sangre del cordero y salió de la esclavitud rumbo a la tierra prometida.

# 11

## de enero

# Gemidos indecibles

---

... pero el Espíritu mismo intercede por nosotros con gemidos indecibles.

ROMANOS 8:26B

E l apóstol Pablo habla sobre tres gemidos presentes en el mundo: los gemidos de la naturaleza, los gemidos de la iglesia y los gemidos del Espíritu Santo. La naturaleza gime aguardando la redención. Ahora ella está bajo el cautiverio de la corrupción, pues el pecado del hombre alcanzó por completo la naturaleza. Ella sufre contorsiones intestinales y cólicos severos. La iglesia también gime aguardando la plena redención, cuando tendremos un cuerpo de gloria, una recompensa eterna. Pero Pablo habla aún sobre los gemidos indecibles del Espíritu. Un gemido es una expresión de dolor tan profunda que no puede ser descrita con palabras. El Espíritu Santo es Dios e intercede por nosotros de forma tan intensa y agónica, que, aun conociendo todos los idiomas y dialectos de todos los pueblos, de todos los tiempos, no encuentra una única lengua para interceder por nosotros, en nosotros, al Dios que está sobre nosotros. ¡Entonces, gime! Los gemidos del Espíritu nos hablan sobre su compromiso de consolarnos en nuestro dolor, fortalecernos en nuestras debilidades, y animarnos en nuestras angustias. Los gemidos del Espíritu nos abren el camino de una felicidad verdadera y eterna. Una vez que Él intercede por nosotros y en nosotros, con gemidos indecibles, ¡podemos cantar ahora y eternamente!

# 12
## de enero

## Somos la morada de Dios

---

Y harán un santuario para mí, y habitaré en medio de ellos.

ÉXODO 25:8

Moisés recibió una orden de Dios para construir un santuario porque había decidido venir a morar con su pueblo. Ese tabernáculo debía ser hecho de madera de acacia, una madera dura, retorcida y llena de nudos, símbolo de nuestra naturaleza pecaminosa. Moisés debía cerrar tablas iguales, unir unas a las otras por medio de engastes y colocarlas de pie sobre una base de plata. Después, debía revestirlas de oro puro, símbolo de la gloria de Dios. Quien mirara el tabernáculo no vería acacia, sino oro. Eso es un símbolo de lo que Dios hizo por nosotros cuando nos cubrió con la justicia de Cristo. Dios no nos ve según nuestros pecados; más bien, nos ve revestidos con la perfecta justicia de su Hijo. La acacia de nuestro pecado fue extraída por el oro de la justicia de Cristo. Si el santuario es símbolo de la iglesia, el arca de la alianza que estaba dentro del santuario es símbolo de Cristo. Somos la morada de Dios. Cristo habita en nosotros. Somos el santuario del Espíritu Santo. Ni siquiera los cielos, en su grandeza, pueden contener a Dios, pero Él resolvió descender y habitar entre nosotros y en nosotros. ¡Qué verdad gloriosa! ¡Qué noticia propicia! ¡Qué privilegio bendito!

# 13
## de enero

# No construya monumentos a su dolor

---

Y ella les respondía: "No me llaméis Noemí, sino llamadme Mara;
porque en grande amargura me ha puesto el Todopoderoso".

RUT 1:20

La familia de Noemí moraba en Belén, la "casa del pan". Pero hubo un
día en que faltó pan en la casa del pan, y esa familia se mudó para Moab
en busca de supervivencia. En Moab encontraron la muerte, no la vida. Allí
Noemí sepultó a su familia. Ahora, ella está avanzada de edad, viuda y pobre
en una tierra extraña. Noemí regresó a su tierra cuando supo que Dios visitó
a Belén con pan. Rut, su nuera, le mostró admirable afecto y acompañó a su
suegra. Al llegar a Belén, Noemí erigió un monumento a su dolor, y cambió
su nombre. Ella dijo a las mujeres de Belén: "No me llaméis Noemí, sino
llamadme Mara; porque en grande amargura me ha puesto el Todopoderoso".
Noemí significa 'feliz', y Mara, 'amargura'. Contrariando el significado de su
nombre original, Noemí vistió el mando de la tristeza y plantó en el suelo de
su tierra natal un monumento a su desventura. Atribuyó a Dios todo aquel
caudal de sufrimiento, diciendo: "Yo me fui llena, pero Jehová me ha devuelto
con las manos vacías. ¿Por qué me llamaréis Noemí, ya que Jehová ha dado
testimonio contra mí, y el Todopoderoso me ha afligido?" (v. 21). Noemí no
sabía en su dolor que Dios estaba escribiendo uno de los más bellos capítulos
de la historia. Dios todavía está trabajando en su vida. No construya monu-
mentos a su dolor.

# 14
de enero

## La ley del Señor restaura el alma

La ley de Jehová es perfecta, que convierte el alma...
SALMOS 19:7A

Los cielos cuentan la gloria de Dios y el firmamento anuncia la obra de sus manos. Vemos en el esplendor del universo su poder y en la obra de la creación su majestad. Dios dejó sus huellas impresas en la creación. La magnitud de los mundos estelares, las galaxias con sus múltiples soles y estrellas, todo es prueba de la grandeza insondable del Creador. Si la naturaleza, no obstante, proclama un mensaje a los ojos, la ley del Señor anuncia un mensaje a los oídos. Si la creación anuncia el poder de Dios, su ley habla con respecto a su gracia. La ley del Señor es fuente de consuelo porque es perfecta y restaura el alma. Los corazones más atribulados encuentran en la Palabra de Dios una fuente de refrigerio. Los que caminan errantes ven en ella una luz que les alumbra el camino. Los que yacen en las sombras espesas de la confusión mental reciben de la Palabra verdadera sabiduría. Por intermedio de la Palabra encontramos vida, pues ella es espíritu y vida. Encontramos libertad, pues Jesús dijo: "Conoceréis la verdad y la verdad os hará libres" (Juan 8:32). Por intermedio de la Palabra somos sondeados por Dios, pues, a medida que la leemos, ella nos investiga. Por la Palabra somos santificados, pues Jesús afirmó en su oración: "Santifícalos en tu verdad; tu palabra es verdad" (Juan 17:17). Dwight L. Moody dijo con razón: "La Palabra lo apartará del pecado, o el pecado lo apartará de la Palabra".

# 15
## de enero

# La felicidad,
# un aprendizaje constante

... pues he aprendido a contentarme, cualquiera que sea mi situación.

FILIPENSES 4:11B

El apóstol Pablo se encontraba preso en Roma. Estaba en el corredor de la muerte, en la antesala del martirio, con los pies en la sepultura y la cabeza en la guillotina romana. Viejo, traía en el cuerpo las marcas de Cristo. Pasaba por pruebas y privaciones. Pero, lejos de vivir amargado con la vida, declaró: "He aprendido a contentarme, cualquier que sea mi situación". La felicidad no es una realidad que está fuera de nosotros, sino una actitud interior. Hay personas que tienen todo, pero no poseen nada. Hay ricos pobres y pobres ricos. Hay individuos que están encerrados en cadenas, pero su corazón vive en el paraíso. Otros pisan tapetes aterciopelados, pero su alma vive en el tormento del infierno. La felicidad no es algo automático. Es un aprendizaje. Somos felices cuando nuestra fuente de placer está en Dios y no en las cosas; cuando nuestra alma encuentra deleite en el proveedor y no en la provisión. Dios, y no las cosas, es el manantial de nuestra felicidad. ¿Usted ya se matriculó en la escuela del contentamiento? ¿Ya aprendió la tarea? La escuela de la vida es diferente de la escuela convencional. La primera da la lección y después la prueba; la escuela de la vida da primero la prueba y después enseña la lección.

# 16

## de enero

# Dios enjugará toda lágrima de sus ojos

Enjugará Dios toda lágrima de los ojos de ellos.

**APOCALIPSIS 21:4A**

La vida no es indolora. Nuestro camino en este mundo está marcado por sinsabores, decepciones, debilidad, angustias, sufrimiento y muerte. Aquí cruzamos desiertos tórridos, descendemos a valles profundos, atravesamos pantanos peligrosos. Nuestros pies son heridos, nuestro corazón, afligido y nuestra alma gime de dolor. No caminamos, sin embargo, rumbo a un atardecer lleno de incertidumbre. El fin de nuestra jornada no es una tumba helada, sino la bienaventuranza eterna. Entraremos en la ciudad celestial con vestiduras blancas y con palmas en las manos. Celebraremos un cántico de victoria y daremos gloria por los siglos de los siglos al Cordero de Dios que murió por nosotros, resucitó, subió al cielo y volverá en gloria para buscar a su iglesia. Tendremos un cuerpo inmortal, incorruptible, poderoso, glorioso y celestial, semejante al cuerpo de la gloria de Cristo. Dios enjugará toda lágrima de nuestros ojos. Los recuerdos del sufrimiento quedarán atrás. En la Nueva Jerusalén, en la ciudad santa, en el Paraíso, en la casa del Padre, no habrá dolor, ni luto ni llanto. Allí reinaremos con Cristo y disfrutaremos de las grandes bendiciones que Él preparó para nosotros. Nuestra tribulación aquí, por más severa, solo será leve y momentánea, comparada con las glorias por venir que serán reveladas en nosotros. ¡Nuestro llanto puede durar una noche entera, pero la alegría vendrá por la mañana!

# 17
## de enero

# El drama del luto

Entonces Job se levantó, y rasgó su manto, y rasuró su cabeza, y se postró en tierra y adoró.

**JOB 1:20**

El luto es el dolor más agudo que asola nuestra alma. No existe ninguna familia que escape de ese drama. No es fácil ser privado de la compañía de alguien que amamos. No es fácil enterrar a un ser querido o a un amigo de infancia. No es fácil lidiar con el luto. He pasado varias veces por ese valle de dolor y sombras. Perdí a mis padres, tres hermanos y sobrinos. Sufrí amargamente. Pasé noches sin dormir y madrugadas de insomnio. Mojé mi almohada y lloré en la soledad de mi cuarto. El dolor del luto resuena en el alma, aprieta el pecho, aplasta el corazón, arranca lágrimas de los ojos. Jesús lloró en la tumba de Lázaro, y los siervos de Dios plañían sus muertos. Hay, no obstante, consuelo para los que lloran. Aquellos que están en Cristo tienen una viva esperanza, pues saben que Jesús ya venció la muerte. Él mató la muerte y arrancó su aguijón. Ahora la muerte ya no tiene más la última palabra. Jesús es la resurrección y la vida. Aquellos que creen en Él nunca morirán eternamente. Ahora lloramos el dolor de la nostalgia, pero no el sentimiento de la pérdida. Solo perdemos a quien no sabemos dónde está. Cuando enterramos a nuestros muertos, sabemos dónde están. Ellos están en el cielo con Jesús. Para los hijos de Dios, morir es dejar el cuerpo y morar con el Señor. Es partir para estar con Cristo, lo que es incomparablemente mejor. ¡Los que mueren en el Señor son bienaventurados!

# 18

## de enero

## La oveja buscada

---

¿Qué hombre de vosotros... no deja las noventa y nueve [ovejas]
en el desierto, y va tras la que se perdió, hasta encontrarla?

**LUCAS 15:4**

En la parábola que Jesús contó sobre la centésima oveja, el pastor no desistió porque ella se había apartado del rebaño. El pastor podría haber encontrado justificaciones posibles para abandonar a esa oveja perdida a su propia suerte. Tal vez él ya le había advertido sobre los peligros de la soledad. Tal vez el pastor ya había atrapado a aquella oveja distanciándose del rebaño y caminando en dirección a lugares peligrosos. Tal vez el pastor podría haberse alegrado por el hecho de que todavía tenía seguras noventa y nueve ovejas que estaban bajo su cuidado y protección. El pastor no discutió las razones de la caída de la oveja. Él fue a buscarla. Enfrentó riesgos para rescatarla. No volvió al aprisco hasta traerla en sus brazos. Jesús no desiste de usted, aun cuando usted tropieza y cae. El amor de Cristo por usted es incondicional. Él no renuncia al derecho de tenerlo en sus brazos. Él descendió de la gloria para buscar y salvar al perdido. Para rescatarlo a usted de la muerte, Él soportó la muerte, muerte de cruz. Para darle la vida eterna, Él bebió el cáliz amargo de la ira de Dios. Sufrió el castigo que sus pecados merecen. ¿Usted ya fue hallado por el divino pastor?

# 19
## de enero

## La oveja hallada

Y cuando la encuentra, la pone sobre sus hombros gozoso.

LUCAS 15:5

En la parábola de la centésima oveja, el pastor buscó, encontró y festejó la recuperación de la oveja perdida. Al encontrar la oveja no la aplastó con su cayado, sino que la tomó en sus brazos. No la echó por haber creado problemas, sino que la cargó en sus hombros. No se enojó por el precio del rescate, sino que festejó con los amigos el rescate de la oveja perdida. Necesitamos no solo ir a buscar a la centésima oveja, sino también alegrarnos con su restauración. Hay fiesta en los cielos por un pecador que se arrepiente. La iglesia es el lugar de la vida y la restauración. La iglesia es el lugar de sanidad y perdón. La iglesia es el lugar de la aceptación y la reconciliación. No es suficiente con alegrarnos con las ovejas que están seguras en el aprisco; debemos buscar la centésima oveja que se extravió. Jesús fue al encuentro de Pedro después de su caída para restaurar su alma. Nosotros, de igual forma, debemos ir a buscar a aquellos que otrora estuvieron con nosotros y hoy están distantes. Estas personas deben ser objeto de nuestra oración y de nuestro cuidado pastoral. No debemos descansar hasta verlas restauradas por Dios e incorporadas a su rebaño.

# 20
## de enero

# La felicidad como resultado de lo que evitamos

Porque: el que quiere amar la vida y ver días buenos, refrene su lengua de mal, y sus labios no hablen engaño.

1 PEDRO 3:10

La felicidad es resultado de aquello que evitamos y no solamente de aquello que hacemos. El salmo 1 inicia así el salterio: "Bienaventurado el varón que no anduvo en consejo de malos, Ni estuvo en camino de pecadores, Ni en silla de escarnecedores se ha sentado". Hay tres progresos en este versículo. El primero es: andar, estar, sentarse. El segundo es: consejo, camino y silla. El tercero es: malos, pecadores, escarnecedores. Somos felices en la proporción que huimos de determinados lugares, rehusamos determinadas propuestas y nos apartamos de determinadas personas. Frecuentar lugares equivocados, vivir de acuerdo con patrones errados y andar en la compañía de las personas equivocadas, forman el camino más rápido para la infelicidad. La felicidad consiste en el coraje de romper con determinadas amistades, decir un sonoro no a determinadas propuestas y huir de determinados lugares. Cuando dejamos de hacer estas cosas, somos felices, muy felices. Este concepto está en el entramado del hedonismo contemporáneo. Los medios intentan influenciarnos diciendo que la felicidad es el manjar más delicioso servido en el banquete del pecado, pero esos aperitivos, aunque dulces al paladar, son amargos en el estómago; aunque proporcionen instantes de placer, acarrean tormentos eternos.

# 21
## de enero

# Un hombre llamado por Jesús

Y les dijo Jesús: "Venid en pos de mí, y haré que seáis pescadores de hombres".

MARCOS 1:17

Pedro es considerado, con justa razón, uno de los mayores líderes del cristianismo. Fue indiscutiblemente el gran portavoz del colegio apostólico. Siempre estaba al frente de las grandes discusiones. Aun en las crisis más aciagas, ocupaba la delantera del grupo. Pedro siempre encabeza todas las listas de los apóstoles de Jesús que encontramos en los evangelios. El libro de Hechos dedica los doce primeros capítulos para destacar su ministerio. Nacido y criado a las orillas del mar de Galilea, llegó a ser un pescador. A pesar de ser un hombre de actitudes rudas e iletrado, Jesús vio en él un gran líder y lo llamó para integrar su selecto grupo de apóstoles. Pedro dejó sus redes para seguir a Jesús. Caminó con Jesús tres años, recorriendo las polvorientas calles de Galilea y subiendo los peñascos de Judea. Oyó de los labios del Maestro las mayores verdades y vio por intermedio de sus omnipotentes manos los mayores milagros. Aun fuera de la academia, cursó el mayor de los seminarios con el mayor de todos los maestros, oyendo y viendo las mayores maravillas. Pedro fue salvado por Jesús y escogido para proclamar esa salvación a millares de personas. Hoy, Jesús también lo llama a usted a la salvación. No espere más, corra hacia sus brazos y encuentre en Él el perdón, la salvación y la paz.

# 22

## de enero

# Jóvenes sin ningún defecto

---

Muchachos en quienes no hubiese tacha alguna, de buen parecer, enseñados en toda sabiduría.

DANIEL 1:4A

Daniel y sus tres amigos fueron llevados cautivos a Babilonia después de una invasión cruel a la ciudad de Jerusalén. Estos jóvenes hebreos perdieron sus familias, sus bienes y su independencia política. Llegaron a ser esclavos en tierra extraña. No obstante, en medio de tanta tragedia, una oportunidad se abrió delante de ellos. Entre los cautivos, Nabucodonosor buscó jóvenes sin ningún defecto y los seleccionó para que fueran al palacio a aprender la lengua y la cultura de los caldeos, y les garantizó después empleo en el primer escalón del gobierno. Estos jóvenes comerían en la mesa del rey y beberían de su vino. Pero detrás de esa oportunidad se escondía una trampa mortal. Aquellos muchachos necesitaban pasar por una aculturación y tendrían que desterrar de su mente la fe en Dios. Daniel resolvió firmemente en su corazón no contaminarse. Él no negoció sus valores. No transigió con su conciencia. Se mantuvo fiel tanto en la adversidad como en la prosperidad. Dios lo honró y tanto él como sus amigos fueron aprobados y distinguidos entre los demás jóvenes. ¿Usted ha sido fiel a Dios en la adversidad y en la prosperidad? ¿Ha influenciado el medio en el que vive? ¿Ha resistido las presiones y seducciones? ¿Se ha mantenido fiel aun frente a los riesgos y las oportunidades? Recuerde: ¡Dios honra a aquellos que lo honran!

# 23
## de enero

# Un hombre restaurado por Jesús

Después de haber comido, Jesús dijo a Simón Pedro: "Simón, hijo de Jonás, ¿me amas más que estos?".

JUAN 21:15A

Pedro disfrutó de especial comunión con Jesús. En tres momentos especiales (la transfiguración, la resurrección de la hija de Jairo y la vigilia en Getsemaní), Pedro fue parte, al lado de Santiago y Juan, del grupo más íntimo de Jesús. Sin embargo, esa estrecha relación no impidió que Pedro cayera vergonzosamente y negara cobardemente a Jesús tres veces. Pedro llegó a maldecir, afirmando con todas las letras que no conocía a Jesús de Nazaret. El Señor, entonces, miró a Pedro que, arrepentido, arrancó a llorar. Mientras Jesús era llevado en la reserva de la noche al sanedrín para ser juzgado, Pedro, con el rostro empapado en lágrimas, salió corriendo por en medio de los olivares con el alma cubierta de dolor. A la mañana siguiente, Jesús fue presentado delante del pretorio, juzgado y condenado a muerte. El Hijo de Dios fue llevado al Gólgota y crucificado, pero Pedro ni siquiera apareció por allí. Se sentía devastado. Pensó en renunciar a todo. Al tercer día, Jesús resucitó y le mandó un mensaje a Pedro: quería encontrarlo en Galilea. Pedro regresó a su tierra con el corazón temeroso. Jesús fue a su encuentro y, lejos de humillarlo, le preguntó: "Simón, hijo de Jonás, ¿me amas?" (v. 16). Pedro le respondió: "Sí, Señor; tú sabes que te amo" (v. 16). Pedro fue perdonado, restaurado y reconducido al ministerio. Brillaba un tiempo nuevo en su vida. Hoy, también Jesús puede restaurarlo a usted. Vuélvase a Cristo, arrepentido y encuentre en Él una fuente de sanidad, alegría y libertad.

# 24
## de enero

## Jesús sana a una mujer jorobada

Cuando Jesús la vio, la llamó y le dijo: "Mujer, eres libre de tu enfermedad".

LUCAS 13:12

Existen muchas personas jorobadas en el camino de la vida. Andan mirando hacia el suelo con un inmenso peso en las espaldas. Están con la esperanza muerta. Jesús enseñaba en una sinagoga cuando llegó allí una mujer poseída por un espíritu de enfermedad hacía ya dieciocho años. Ella caminaba encorvada, sin poder enderezarse. Cuando Jesús la vio, la llamó y le dijo: "Mujer, eres libre de tu enfermedad". Jesús puso las manos sobre ella. Inmediatamente la mujer se enderezó y glorificaba a Dios. Aquella señora estaba jorobada sin poder mirar hacia el cielo hacía mucho tiempo. Era víctima de la humillación pública. El maligno doblaba su columna y ponía gran peso sobre sus espaldas. Su enfermedad era crónica y ningún remedio natural o intervención quirúrgica la podría sanar. La mujer estaba poseída de un espíritu de enfermedad y solamente una intervención divina podría traerle libertad y sanidad. Jesús la libertó, la sanó y ella pasó a vivir para la gloria de Dios. Tal vez usted ha caminado encorvado por muchos años. Tal vez ha sido oprimido por espíritus malignos y vive sin paz, como un prisionero. Jesús también puede librarlo a usted, sanarlo y darle vida abundante.

# 25
## de enero

# Un hombre usado por Jesús

Apacienta mis corderos.

JOB 11:15B

Pedro no solo fue restaurado por Jesús, también fue comisionado a pastorear el rebaño de Jesús. Revestido con el poder del Espíritu Santo, aquel pusilánime pescador llegó a ser un intrépido predicador. Aquel que negara a Jesús delante de una sierva en la casa del sumo sacerdote, ahora se enfrentaba a las autoridades de Jerusalén con coraje asombroso. Aquel que huyera en la oscuridad de la noche, ahora se enfrentaba a la multitud y los acusaba de haber matado al autor de la vida. Aquel que estaba encerrado en el cenáculo con miedo por los judíos, ahora proclamaba con osadía la resurrección de Jesús y veía a millares de personas rindiéndose a los pies del Salvador. Pedro fue llamado por Jesús, restaurado por Jesús y capacitado por Jesús. Llegó a ser un gran predicador. Abrió la puerta del reino con la llave del evangelio tanto para los judíos como para los gentiles. Predicó a los oídos y a los ojos. Predicó las grandes doctrinas de la gracia e hizo grandes maravillas. Las personas oyeron su voz y vieron sus obras. Él llegó a ser un gran líder, una de las columnas de la iglesia de Jerusalén, además de un gran escritor. Sus dos cartas son verdaderos memoriales de la gracia de Dios, animando al pueblo de Dios disperso por el mundo a enfrentar el sufrimiento con inquebrantable confianza en Cristo.

# 26

## de enero

# El juicio de Dios y el juicio de los hombres

... vuélvase a Jehová, el cual tendrá de él misericordia, y al Dios nuestro, el cual será amplio en perdonar.

ISAÍAS 55:7B

Una mujer fue sorprendida en flagrante adulterio y arrojada a los pies de Jesús por los escribas y fariseos. Aquellos hombres inmisericordes querían atrapar a Jesús en un acto fallido y usaron a una mujer como arma para sus intenciones malignas. Evocaron la ley para pedir su apedreamiento. Querían, sin embargo, que ella fuera apedreada por orden de Jesús. Pero Jesús desafío a los acusadores: "El que de vosotros esté sin pecado sea el primero en arrojar la piedra contra ella" (Juan 8:7b). Aquella mujer estaba condenada en el tribunal de los hombres, pero fue perdonada en el tribunal de Dios. Jesús le dijo: "Vete y no peques más" (v. 11b). El juicio de los hombres es más severo que el juicio de Dios. En el tribunal de los hombres, los inocentes son condenados; en el tribunal de Dios, hasta los culpables encuentran perdón. En el tribunal de los hombres la ley es usada para matar; en el tribunal de Dios, la misericordia es usada para salvar. En el tribunal de los hombres, los fariseos antiguos y modernos se esconden detrás de la religión para destilar su veneno contra Jesús y su impiedad contra el prójimo; en el tribunal de Dios, la máscara de los santurrones y la culpa de los arrepentidos son removidas. En el tribunal de los hombres, los más débiles son pisoteados sin clemencia; en el tribunal de Dios, aquellos que se humillan son restaurados con misericordia.

# 27
## de enero

# El cordero sustituto

---

Dios se proveerá de cordero para el holocausto, hijo mío.

GÉNESIS 22:8B

Abraham ya había pasado por varias pruebas. Pero ahora se enfrentaba a la mayor de todas. Después de esperar veinticinco años para recibir al hijo de la promesa, después de ver a Isaac nacer como resultado de un milagro y después de verlo crecer como la consumación de sus sueños, Dios se le aparece y le pide a Isaac en sacrificio. Abraham, sin dudar del poder divino para resucitar a su hijo, partió hacia el monte Moriah, en resuelta obediencia. Abraham amaba a Isaac más que a sí mismo, pero amaba a Dios más que a Isaac. Cuando llegaron al monte del sacrificio, Isaac le preguntó: "He aquí el fuego y la leña; mas ¿dónde está el cordero para el holocausto?" (v. 7). El viejo patriarca respondió: "Dios se proveerá de cordero para el holocausto, hijo mío". Abraham preparó el altar y allí ofreció a su hijo. Sin embargo, Dios no quería el sacrificio de Isaac, sino el amor de Abraham. El propósito de Dios era mostrar, de forma elocuente, lo que Él mismo haría en el calvario. Para Isaac, hubo un cordero sustituto, pero Dios no perdonó a su propio hijo; antes, por todos nosotros lo entregó. No hay mayor prueba del amor que esta. El apóstol Pablo dice que Dios prueba su propio amor para con nosotros por el hecho de que Cristo murió por nosotros, siendo nosotros aún débiles, impíos, pecadores y enemigos. ¡Qué gran amor! ¡Qué eterno amor!

# 28
## de enero

# Condenada por los hombres, perdonada por Jesús

Entonces Jesús le dijo: "Ni yo te condeno; vete, y no peques más".

JUAN 8:11B

Jesús revela el amor de Dios a la mujer atrapada en flagrante adulterio (Juan 8:1-11). Los acusadores santurrones, aun torciendo la ley, hablaban en nombre de la ley para condenar. La mujer nada tenía a su favor que le pudiera traer esperanza. Lo único que ella podía esperar de aquella vergonzosa escena era la muerte inevitable y dolorosa. Jesús, sin embargo, no actúa por presión de la multitud sedienta de sangre ni se deja engañar por las artimañas humanas. El recto Juez discernió los propósitos malignos que gobernaban a los acusadores. En lugar de exponer a la pecadora a una situación todavía más humillante, Jesús levantó la punta del velo y aguijoneó la conciencia de los acusadores, diciendo que aquellos que estaban libres de pecado podrían comenzar el apedreamiento. En ese ínterin, Jesús escribió con el dedo algo en el suelo. Tal vez apuntó en letras audaces los pecados ocultos de los acusadores implacables. Tal vez sacó a la luz plena de la mañana las iniquidades ocultas de aquellos que estaban listos a condenar. Después que todos los acusadores se apartaron, avergonzados por sus propios pecados, Jesús, sin disculpar el adulterio de la mujer, pero abriéndole una fuente de esperanza, le preguntó: "Mujer, ¿dónde están los que te acusaban? ¿Ninguno te condenó...? Ni yo te condeno; vete, y no peques más" (v. 10:11). Ahora mismo Jesús también puede perdonar sus pecados.

# 29
## de enero

# La gracia es mayor que el pecado

... mas cuando el pecado abundó, sobreabundó la gracia.

ROMANOS 5:20B

Jesús no le dijo a la mujer sorprendida en adulterio que su pecado era algo sin importancia. No pasó por alto su delito, subestimando la gravedad de su culpa. Jesús le mostró la necesidad inmediata del rompimiento radical con la práctica del pecado. Sin embargo, en lugar de condenarla, le ofreció perdón. En aquel tribunal, el único que tenía la autoridad para condenar a aquella mujer era Jesús, pero Él la perdonó. Dios no se complace con la muerte del impío; por el contrario, desea que se arrepienta y viva. El autor de Hebreos nos habla de ese perdón lleno de misericordia: "Porque seré propicio a sus injusticias, y nunca más me acordaré de sus pecados y de sus iniquidades" (8:12). La mujer arrojada a los pies de Jesús no profiere ninguna palabra en su defensa. Ella se ve humillada, acusada, indefensa, a merced del juicio. Pero recibe gracia en lugar de justicia; perdón, en lugar de condenación; misericordia, en lugar de justicia. Muchas personas intentan evitar su conciencia y declararse inocentes a sí mismos. Esta mujer no se disculpó. Su silencio frente a las acusaciones fue una confesión contrita. Entonces, Jesús le perdona el pecado inmediatamente, completamente, cabalmente. De igual forma, Jesús también puede perdonar sus pecados y darle a usted la seguridad de la salvación.

# 30

## de enero

# El drama de la infidelidad

Honroso sea en todos el matrimonio, y el lecho sin mancilla;
pero a los fornicarios y a los adúlteros los juzgará Dios.

HEBREOS 13:4

Los fundamentos de nuestra sociedad están siendo destruidos. Los valores morales están siendo invertidos. Aplaudimos hoy lo que debería merecer la más contundente reprobación. La infidelidad conyugal dejó de ser una excepción en esta sociedad decadente. Hoy, más del cincuenta por ciento de las personas casadas son infieles a su cónyuge hasta la edad de los cuarenta años. Eso es un atentado contra el matrimonio y señala un colapso en la familia. Los valores morales absolutos están siendo pisoteados en los medios de comunicación y en las cortes judiciales. Las verdades que sustentaron, como columna, la sociedad a lo largo de los siglos, están siendo escarnecidas en las calles y ridiculizadas en nuestros tribunales. El matrimonio ha llegado a ser una experiencia pasajera. Se cambia de cónyuge como se cambia de ropa. La sociedad aplaude el concepto equivocado de que "el amor es eterno mientras dura". La infidelidad conyugal es vista como una conquista, no como una señal de decadencia. Es incentivada, en lugar de ser combatida. Los frutos de la infidelidad conyugal, no obstante, son desastrosos. El fin de esa línea es vergüenza y muerte. Los adúlteros no heredarán el reino de Dios. Quien comete adulterio está fuera de sí, y solamente aquellos que quieren destruirse cometen tal locura.

# 31
## de enero

# El tribunal de Dios
# y el tribunal de los hombres

Misericordioso y clemente es Jehová; lento para la ira, y grande
en misericordia.

**SALMOS 103:8**

¿Cuál es el tribunal más austero: el tribunal de Dios o el tribunal de los hombres? El tribunal de los hombres es más difícil de ser enfrentado que el tribunal de Dios. Fue por esta razón que, cuando David tuvo que escoger entre el juicio de Dios y el juicio de los hombres, prefirió caer en las manos de Dios y no en las manos de los hombres. David dijo: "Caigamos ahora en mano de Jehová, porque sus misericordias son muchas, mas no caiga yo en manos de hombres" (2 Samuel 24:14b). En el tribunal de los hombres, un Juan el Bautista va a parar en la prisión y será decapitado, mientras un Herodes adúltero y asesino ocupa el trono. En el tribunal de Dios, un ladrón condenado a muerte, encuentra perdón y es salvado en la hora de su ejecución; pero, en el tribunal de los hombres, el propio Hijo de Dios, inocente y santo, es condenado a muerte. En el tribunal de los hombres, José en Egipto, aun siendo inocente es llevado a prisión, y la mujer de Potifar, que intentó seducirlo, es considerada acosada e inocente. En el tribunal de los hombres, Jesús va a la cruz y Barrabás toma las alas de la libertad. En el tribunal de Dios, la justicia se sienta en el trono, pero en el tribunal de los hombres, muchas veces, la injusticia desbanca a la justicia. En el tribunal de Dios hasta el culpable arrepentido encuentra perdón; en el tribunal de los hombres hasta los inocentes son tenidos como culpables.

# 1

## de febrero

# La felicidad del llanto

Bienaventurados los que lloran, porque ellos recibirán consolación.

MATEO 5:4

Eso parece contradictorio y paradójico. Jesús está diciendo que son felices los infelices; felices los que lloran, y no los que rasgan el rostro en sonoras carcajadas. Es claro que Jesús no está exaltando el espíritu amargo, crítico, abatido, murmurador. Usted es feliz cuando llora por sus pecados, cuando se aflige por su debilidad, cuando se golpea el pecho y lamenta sus propios errores en lugar de señalar los errores de otros. No son felices aquellos que hacen que otros lloren. No son felices aquellos que abren heridas en la vida de los otros. Felices son los que lloran por sí mismos, lamentan su propia maldad y se entristecen por sus propias fallas. Jesús dice que los que lloran son muy felices porque serán consolados. El consuelo de quien llora por los propios pecados viene de Dios. Cuando confesamos nuestros pecados, Dios nos perdona, nos purifica, nos restaura y nos ofrece una nueva oportunidad de recomenzar. ¿Usted ha llorado por sus pecados? ¿Ha derramado sus lágrimas a los pies del Salvador? ¿Ha encontrado en el Señor Jesús la fuente del perdón y del consuelo? Haga eso ahora mismo y usted será feliz, muy feliz.

# 2
## de febrero

# Arrepentimiento
# y frutos del arrepentimiento

Los mandamientos de Jehová son rectos, que alegran el corazón.

**SALMOS 19:8A**

Jesús perdona el pecado de la mujer sorprendida en adulterio y la despide en paz, pero con una condición: "Vete y no peques más" (Juan 8:11). No es arrepentimiento y nuevamente arrepentimiento, sino arrepentimiento y frutos de arrepentimiento. Arrepentimiento implica cambio de vida, significa no volver a las mismas prácticas de pecado. Cristo nos perdona, pero tenemos que andar el camino estrecho de la nueva vida y abandonar el camino largo del pecado. No se engañe: el pecado parece dulce al paladar, pero es amargo en el estómago. El pecado parece atractivo y apetitoso, pero su fin es la esclavitud y la muerte. El pecado es un fraude, y el diablo, un estafador. Él disfraza la mentira y muestra el pecado como algo apetitoso, pero detrás de ese cebo se esconde el anzuelo de la muerte. El pecado promete placer y paga con tormento; promete libertad y esclaviza; promete vida y mata. El placer es momentáneo, pero su tormento no tiene pausa. El pecado es una farsa, pues termina en la soledad y después conduce a la condenación eterna. El pecado es el mayor de todos los males. Es peor que la soledad, el dolor, la pobreza y la muerte. Todos estos males, aunque sean crueles, no pueden apartarlo a usted de Dios, pero el pecado lo aparta de Dios ahora y eternamente. No huya de Dios por causa del pecado; huya del pecado hacia Dios. ¡En Él hay perdón, salvación y paz!

# 3

de febrero

## La felicidad como resultado de lo que hacemos

Sino que en la ley de Jehová está su delicia, y en su ley medita
de día y de noche.

SALMOS 1:2

La felicidad no tiene solo una dimensión negativa; sobre todo tiene un
aspecto positivo. Ya vimos que somos felices por lo que evitamos. Ahora,
veremos que somos felices por lo que hacemos. El portal del salterio dice:
"Me deleito en tus mandamientos, los cuales amo". La Palabra de Dios es
nuestra fuente de placer y alegría. En ella debemos meditar de día y de noche.
La Palabra de Dios es viva y eficaz. Cuando la leemos, ella nos lee; cuando la
examinamos, ella nos investiga; cuando nos nutrimos de ella, ella nos alimenta. Debemos llenar nuestra mente con la verdad de Dios. Debemos alimentar
nuestro corazón con las promesas que emanan de la Palabra de Dios y apartar
de nuestra vida sus prohibiciones. La Palabra de Dios es el mapa del caminan-
te, la brújula del navegante, la espada del soldado. La Palabra de Dios es mejor
que el oro refinado y más dulce que la miel que destila del panal. La Palabra de
Dios es el deleite de nuestra alma. En ella debemos meditar de día y de noche.
Ella restaura el alma y da sabiduría a los simples. Es pan que alimenta y agua
que purifica. Es leche que nutre y miel que deleita. Por ella guardamos puro
el corazón y con ella triunfamos sobre el enemigo. Guardarla en el corazón es
mejor que guardar tesoros. ¡Ella es la fuente de nuestra felicidad!

# 4

## de febrero

# Jesús sana al paralítico

A ti te digo: Levántate, toma tu lecho, y vete a tu casa.

MARCOS 2:11

Donde Jesús llegaba, las multitudes concurrían. Jesús acababa de llegar a Capernaúm y una multitud se juntó para oírlo. En la casa donde Jesús estaba no había espacio para nadie más. Allí se encontraba un paralítico que necesitaba un milagro. Cuatro amigos cargaron al cojo por la calle, pero cuando llegaron a la casa donde Jesús estaba, la multitud no abría espacio. Determinados a ayudar al paralítico, subieron con él al tejado, descubrieron un terrado y descendieron el lecho en el que yacía el enfermo en el punto exacto donde Jesús estaba. Viendo la fe de ellos, Jesús dijo al paralítico: "Hijo, tus pecados te son perdonados" (v. 5). Los escribas pensaron: Jesús blasfema, pues solo Dios tiene poder para perdonar pecados. Ellos estaban correctos en su teología. Solo Dios puede perdonar pecados. Pero Jesús prueba su divinidad ordenando al paralítico: "Levántate, toma tu lecho, y vete a tu casa". Inmediatamente, el hombre se vio curado, se levantó y salió a la vista de todos. Ese hombre fue cautivo y regresó libertado, fue cargado y regresó cargando, fue a buscar una bendición y regresó llevando dos. Además de recibir la sanidad física, recibió también el perdón de sus pecados y la salvación de su vida. Jesús también puede perdonar sus pecados y hacer un milagro en su vida.

# 5

## de febrero

## La alegría es un santo remedio

El corazón alegre constituye buen remedio; mas el espíritu triste seca los huesos.

**PROVERBIOS 17:22**

Los sentimientos que usted abriga en su corazón afectan directamente su salud. El buen humor es un santo remedio. Un corazón feliz hermosea el rostro, fortalece el cuerpo y unge el alma con el óleo de la alegría. La paz interior es la mejor especie de medicina preventiva. Nuestro cuerpo es el panel de nuestra alma. Cuando estamos angustiados, reflejamos esto en nuestro semblante. Un corazón triste termina produciendo un cuerpo enfermo, al paso que un corazón alegre es remedio eficaz que cura los grandes males de la vida. Si la alegría previene contra muchas enfermedades, el espíritu abatido es causa de muchos males. El espíritu abatido hace secar los huesos, hace marchar su vida de dentro hacia fuera. Destruye su vigor, su paz y su voluntad de vivir. Muchas personas han perdido la motivación para vivir. Vegetan. Pasan por la vida sin lozanía, sin poesía, sin entusiasmo. Miran la vida con lentes oscuros. Todo el tiempo entonan el cántico fúnebre de sus desventuras. Lloran con profundo pesar sus penas. Sufren con total desaliento sus dolores. Capitulan ante el pesimismo incorregible. Por tener un espíritu abatido, ven secarse sus huesos, su vigor marchitarse y su alegría desvanecerse. El camino de la sanidad no es el abatimiento del alma, sino la alegría del corazón.

# 6
## de febrero

# El Cordero suficiente

He aquí el Cordero de Dios, que quita el pecado del mundo.

JUAN 1:29B

Jesús es el Cordero de Dios. Hay cuatro textos bíblicos que hablan sobre el cordero sustituto. El primero de ellos es Génesis 22. Abraham iba camino al monte Moriah con su hijo Isaac. El propósito era sacrificar a su hijo en holocausto para el Señor, cuando Isaac le preguntó: "He aquí el fuego y la leña; mas ¿dónde está el cordero para el holocausto?" (v. 7). Su padre le respondió: "Dios se proveerá de cordero para el holocausto, hijo mío" (v. 8). Dios no quería el sacrificio de Isaac, sino el amor y la obediencia de Abraham, por eso proveyó un cordero sustituto, que fue suficiente para salvar a Isaac. El segundo texto es Éxodo 12, y allí el cordero fue suficiente para una familia. El tercer texto es Isaías 53, y allí el cordero fue suficiente para sustituir a una nación. Pero en Juan 1:29 el Cordero de Dios es suficiente para el mundo entero. El Cordero sustituto es Jesús. Él es poderoso para salvar a una persona, una familia, una nación y al mundo entero. Jesús murió para comprar con su sangre a aquellos que proceden de toda tribu, lengua, pueblo y nación. Su muerte es la garantía de nuestra vida. Su sangre es el precio de nuestra redención. Su resurrección es la prenda de nuestra victoria sobre la muerte. No somos salvos por nuestro merecimiento ni por nuestra religiosidad. ¡El Cordero de Dios es suficiente para salvarnos totalmente!

# 7
## de febrero

# El drama de la amargura

... pues todo el pueblo estaba en amargura de alma, cada uno por sus hijos y por sus hijas.

1 Samuel 30:6b

La vida no es un jardín de rosas. No siempre cruzamos campos inundados de flores. Atravesamos desiertos molestos, valles profundos y caminos cargados de espinos. Muchas personas se hacen amargas en virtud de las tempestades de la vida. La Biblia habla sobre Noemí, cuyo nombre significa 'alegría'. Esa mujer salió de Belén, la "casa del pan", en un tiempo de hambre, y se fue a Moab. Allí perdió a su marido y a sus dos hijos. Buscando sobrevivir, encontró la muerte. Quedó sola en un país extranjero. Cuando regresó a su tierra, su alma estaba empapada de amargura. Cambió su nombre. Se llamó a sí misma Mara, cuyo significado es 'amargura'. Levantó un monumento permanente a su dolor. Atribuyó a Dios toda su desventura. Noemí no sabía que, con esa providencia ceñuda, Dios estaba escribiendo uno de los más bellos episodios de la historia. Cuando las circunstancias de su vida estén sombrías, recuerde que el último capítulo todavía no ha sido escrito. Dios aún está trabajando en usted. Usted es el poema de Dios. Dios está esculpiendo en usted la belleza de Cristo. Está cincelando y transformándolo en alguien semejante al Rey de la gloria. No deje agriar su corazón. La vida es bella, es dádiva de Dios. ¡Alégrese en Él!

## de febrero

# La mayor tragedia de la historia

Por tanto, como el pecado entró en el mundo por un hombre,
y por el pecado, la muerte...

**ROMANOS 5:12A**

De todas las tragedias de la historia, la caída de nuestros primeros padres fue la más desastrosa. Sus efectos fueron devastadores para la humanidad y para toda la creación. El hombre perdió la inocencia, la libertad y la paz. El pecado rompió su relación con Dios, con el prójimo, consigo mismo y hasta con la naturaleza. Por su libre voluntad, el hombre se apartó del Creador, dando oídos a la voz del tentador. Con la caída de nuestros primeros padres, nos hicimos esclavos del pecado. Ahora nuestra inclinación es contraria a la voluntad de Dios. Los impulsos de nuestra carne son enemistad contra Dios. El pecado alcanzó todas las áreas de nuestra vida. No hay parte sana en nuestra carne ni hay área de nuestra vida que no haya sido manchada por el pecado. En el génesis de la historia humana, el hombre vivía en la plenitud de la comunión con el Señor. Con la caída, sin embargo, vino el alejamiento y la pérdida de la comunión. Ahora, en lugar de deleitarse en Dios, el hombre huye de Dios. En lugar de tener placer en la santidad, se recuesta en el lodo sucio del pecado. En lugar de alegrarse en el Señor, cede a las apelaciones del tentador. En lugar de vivir en el Espíritu, se ha hecho esclavo de la carne, del mundo y del diablo. Esa tragedia fue revertida con la venida de Cristo al mundo para buscar y salvar al perdido y traernos redención. En Él tenemos perdón y vida eterna.

# 9
## de febrero

# Jesús no desiste de usted

Pero id, decid a sus discípulos, y a Pedro, que él va delante de
vosotros a Galilea.

MARCOS 16:7A

El apóstol Pedro es un símbolo del hombre inconstante. Como el péndulo
de un reloj, oscilaba entre las alturas de la fe y las profundidades de la
cobardía. Siempre explosivo, hablaba sin pensar y actuaba sin reflexionar. Era
capaz de las afirmaciones más sublimes acerca de Jesús para después capitular
a las debilidades más vergonzosas. En un momento expresaba una fe robusta
y en otro zozobraba delante de la incredulidad. Pedro llegó al punto de negar
su nombre, sus convicciones, su fe y a su Señor. Él descendió las escalas de
la caída al juzgarse mejor que sus condiscípulos, al seguir a Jesús de lejos, al
meterse en medio de aquellos que se burlaban del Hijo de Dios y al negar
repentinamente y hasta con improperios que no lo conocía. Pedro llegó al
punto de desistir de todo. Renunció a ser discípulo. La única cosa que sabía
hacer era llorar amargamente e inundar su lecho con gruesas lágrimas. Aunque Pedro haya desistido de sí mismo, Jesús no desistió de Pedro. Jesús no
desistió al derecho de tener a Pedro a su lado. Por eso, le mandó un recado
personal (cf. Marcos 16:7). Jesús no desiste nunca de los suyos. Él es el Pastor
que busca a la oveja perdida. Él va al encuentro de aquellos que cayeron, para,
por su amor, restaurarlos.

# 10

## de febrero

# El alto precio de la redención

> ... fuisteis rescatados... con la sangre preciosa de Cristo, como de un cordero sin mancha y sin contaminación.
>
> 1 PEDRO 18:19

Nuestra redención no fue una decisión de última hora. Aun antes de echar los fundamentos de la tierra, esparcir las estrellas en el firmamento y crear el vasto universo, Dios ya había puesto su corazón en usted. El amor de Dios por usted es eterno, inmutable y sacrificial. El precio por su rescate fue la sangre de Cristo, el Cordero inmaculado de Dios. La muerte de Cristo en la cruz fue la mayor misión de rescate del mundo. Ese rescate no fue pagado al diablo, sino al mismo Dios. El Señor vindicó su propia justicia violada y proveyó el sacrificio sustituto para que pudiéramos ser librados del cautiverio de la esclavitud. Dios nos redimió no mediante oro o plata (metales preciosos). Él nos rescató por la preciosa sangre de Cristo, el Cordero sin defecto y sin mácula. Dios dio todo para rescatarnos. Dio a su Hijo. Se dio a sí mismo. Normalmente pensamos en Dios primero como Creador y después como Redentor. Pero Pedro nos presenta a Dios primero como Redentor, después como Creador: "ya destinado desde antes de la fundación del mundo, pero manifestado en los postreros tiempos por amor de vosotros" (v. 20). Dios pagó el más alto precio por usted, el precio de sangre, sangre de su Hijo. Por tanto, usted tiene un alto valor para Dios. Él invirtió todo para tenerlo a usted, a fin de que usted se deleite en Él.

# 11
## de febrero

## La ternura del restaurador

> ... como había amado a los suyos que estaban en el mundo,
> los amó hasta el fin.
>
> JUAN 13:1B

Jesús fue al encuentro de Pedro en el mar de Galilea. El mismo escenario del llamado de ese pescador fue la escena de su restauración. En lugar de confrontar a Pedro, haciéndolo recordar sus vergonzosas caídas, Jesús toca de forma sensible la médula del problema, preguntando a Pedro: "Simón, hijo de Jonás, ¿me amas?" (21:16-17). Cuando Pedro cayó, su "yo" estaba sentado en el trono de su vida. Para que Pedro se levantara, "Jesús" necesitaba estar en el trono de su corazón. El amor es el mayor de los mandamientos. El amor es el cumplimiento de la ley. El amor es la prueba irrefutable de que somos verdaderamente discípulos de Jesús. La única condición exigida para que Pedro volviera a Jesús y se reintegrara al ministerio era demostrar su amor a Cristo. El Señor también toma la decisión de curar la memoria de Pedro, preparando la escena para conversar con Él. La caída del apóstol había sido alrededor de una hoguera. Jesús, entonces, monta la misma escena en la playa. Pedro había negado tres veces a Jesús, en grado ascendente. Pedro negó, juró y maldijo. Jesús, entonces, le hace tres preguntas en grado ascendente. Jesús quiere no solo restaurar el corazón de Pedro, también quiere curar sus recuerdos amargos. El Señor se interesa no solo de nuestras convicciones, sino, igualmente, de nuestros sentimientos.

# 12
## de febrero

# El drama del dolor

Si hablo, mi dolor no cesa; y si dejo de hablar, no se aparta de mí.

**JOB 16:6**

El dolor es la experiencia más común de la vida. Hay dolor físico y dolor emocional. Hay dolor que alcanza al cuerpo y dolor que asola el alma. Uno de los retratos más dramáticos de esa amarga experiencia es la familia del patriarca Job, que pasó por el terrible drama del dolor. Job era hombre rico y padre ejemplar. Su vida estaba bien con Dios y con los hombres. Dios testificó de su integridad, pero Satanás cuestionó sus motivaciones. Dios permite a Satanás tocar los bienes, la familia y la salud de Job. Dios, entonces, constituye a Job su abogado, y Satanás le quita al siervo del Señor sus bienes, sus hijos y su salud. Job va a la quiebra. Pierde a sus diez hijos en un único accidente y entierra a todos ellos el mismo día. Asolado por un dolor indescriptible, se postra, adora a Dios y dice: "Jehová dio, y Jehová quitó; sea el nombre de Jehová bendito" (1:21). El sufrimiento de Job no paró ahí. Él fue afligido también por una enfermedad terrible. Su cuerpo quedó lleno de llagas. Su piel se desprendió sobre sus huesos afilados. Perdió el apoyo de su mujer y aun recibió injustas acusaciones de los amigos. En ese mar revuelto de dolor, Job no blasfemó contra Dios. Al final, el Señor lo restauró y le devolvió el doble de todo cuanto poseía. El Dios de Job también es su Dios. ¡Espere en Él, y su restauración brotará sin demora!

# 13
## de febrero

# Cosas visibles temporales
# e invisibles eternas

> Porque sabemos que si nuestra morada terrestre, este taber-
> náculo, se deshiciere, tenemos de Dios un edificio, una casa no
> hecha de manos, eterna, en los cielos.
>
> 2 CORINTIOS 5:1

El apóstol Pablo muestra el aspecto aparentemente contradictorio y paradójico de la vida cristiana. Lo que vemos es temporal y pasajero, pero lo
que no vemos es lo que existe para siempre. Él escribe: "no mirando nosotros
las cosas que se ven, sino las que no se ven; pues las cosas que se ven son temporales, pero las que no se ven son eternas" (4:18). Lo visible y tangible que
llena nuestros ojos e intenta seducir nuestro corazón no permanecerá. Tiene
plazo de validez y no durará para siempre. Pero las cosas que no vemos son las
que tienen valor y permanecerán para siempre. Invertir solamente en aquello que es terrenal y temporal es hacer una inversión insensata, pues es invertir
en aquello que no permanece. Invertir, sin embargo, en las cosas invisibles y
espirituales es invertir para la eternidad. Jesús dice que debemos juntar tesoros allá en el cielo, pues el cielo es nuestro origen y nuestro destino. El cielo
es nuestro hogar y nuestra patria. Allá está nuestro Señor. Allá está nuestro
tesoro. Allá está nuestra herencia. Es allí donde debemos invertir lo mejor de
nuestro tiempo y de nuestros recursos. Fijarse solo en las cosas que se ven y
son temporales es vivir sin esperanza en el mundo; pero buscar las cosas que
los ojos no ven y las manos no palpan es vivir en la dimensión de la eternidad,
con los pies en la tierra pero con el corazón en el cielo.

# 14

## de febrero

# Jesús purifica al leproso

Y Jesús, teniendo misericordia de él, extendió la mano y le tocó,
y le dijo: "Quiero, sé limpio".

**MARCOS 1:41**

L a lepra era la enfermedad más temida en la antigüedad. Pudría la carne y
destruía los sueños. La lepra arrojaba a las personas a la fosa de la muerte.
Hubo un día en que un pobre hombre percibió algunas manchas blanqueci-
nas esparciéndose por el cuerpo y la piel se le comenzó a escamar. El hombre
corrió al sacerdote y este le dio el fatídico diagnóstico: "Usted está leproso". El
horror hizo presa de su alma. Él ya no podía volver más a casa y abrazar a su
esposa ni podía tomar a sus hijos en su regazo. Allí mismo cubrió su rostro con
un trapo y entró en un lazareto. Los años pasaron y su cuerpo fue invadido
por la lepra. Su destino era la muerte en la soledad de una colonia de leprosos.
Hasta el día que ese hombre oyó hablar de Jesús. Sin que nadie lo viera, se
escabulló por las calles y se acercó a Jesús, postrándose a sus pies. Entonces,
clamó: "Señor, si quieres, puedes limpiarme" (Mateo 8:2). Jesús, compade-
ciéndose de él, lo tocó y le dijo: "¡Quiero, sé limpio!". Inmediatamente, la
lepra lo dejó, y sanó. Ese hombre mostró humildad y confianza, al paso que
Jesús le demostró compasión y poder. Para Jesús, no hay nada demasiado difícil. Aquello que es imposible para los hombres, es posible para Él. ¡Entréguele
ahora mismo su vida, su familia y sus temores a Jesús!

# 15
## de febrero

# Las señales de la segunda venida de Cristo

Mas vosotros, hermanos, no estáis en tinieblas, para que aquel día os sorprenda como ladrón.

1 TESALONICENSES 5:4

No podemos dar fechas, pero podemos observar las señales de la segunda venida de Cristo. Él no nos dejó sin claras indicaciones mientras caminamos rumbo a la gloria. La segunda venida de Cristo será precedida por señales naturales. Jesús dijo que el tiempo del fin será marcado por epidemias, pestes y terremotos. Las epidemias siempre han asolado a la humanidad a lo largo de la historia, como la peste negra que mató a un tercio de la población de Europa en el siglo XIII. En estos últimos tiempos, sin embargo, las epidemias se han multiplicado con consecuencias devastadoras. Enfermedades epidémicas y pandémicas desafían la ciencia. El sida y la gripe porcina son apenas algunos de los ejemplos más recientes. Eso sin mencionar las pestes que devastan campos y sembrados y asolan la tierra. Destacamos, además, los terremotos. Solo en el siglo XX sucedieron más terremotos y maremotos que en todos los siglos anteriores. Aún tenemos en la memoria la devastación del tsunami que consumió ciudades enteras en la costa de Asia. El mundo todavía está perplejo con el devastador terremoto en Puerto Príncipe, capital de Haití, el 12 de enero de 2010, cuando la ciudad fue arrasada y cerca de cien mil personas perecieron bajo los escombros. Necesitamos estar atentos al hecho de que es más tarde de lo que imaginamos. ¿Usted está preparado para el regreso de Jesús?

# 16

de febrero

# Hogar, lugar de restauración

Y ante todo, tened entre vosotros ferviente amor; porque el amor
cubrirá multitud de pecados.

1 Pedro 4:8

El hogar no debe ser un campo de batalla que mata a sus heridos, sino un
hospital que cura a sus enfermos. La familia es el lugar en el cual aquellos
que han caído pueden levantarse. Es el escenario en el cual el perdón triunfa
sobre el dolor y la reconciliación prevalece sobre la hostilidad. Hoy vemos con
tristeza muchas familias en crisis, muchos matrimonios deshechos, muchos
hogares destruidos. Observamos, con lágrimas en los ojos, padres sublevándo-
se contra los hijos e hijos matando a sus padres. Constatamos con profundo
dolor una inversión de valores en la familia: las cosas sustituyendo las relaciones y la avaricia destronando el amor. No podemos estar de acuerdo con
esa marcha ignominiosa. Necesitamos poner el pie en el freno e impedir esa
carrera galopante rumbo al desastre. El hogar no puede ser el territorio del dolor y de la indiferencia, de las peleas rabiosas o del silencio frío. El hogar debe
ser un paraíso en la tierra, un jardín en el desierto y una antesala del cielo. El
hogar debe ser un campo fértil donde florezca el amor que sana y restaura,
que perdona y olvida, que bendice y celebra. El hogar es el lugar donde los
perdidos son hallados y los que estaban muertos en sus delitos y pecados reciben vida y restauración. El hogar es el lugar donde lloramos nuestros dolores
y celebramos nuestras victorias. El hogar es el lugar donde somos amados no
solo por causa de nuestras victorias, sino a pesar de nuestros fracasos.

# 17
## de febrero

# La multiplicación de la iniquidad

Y por haberse multiplicado la maldad, el amor de muchos se enfriará.

**MATEO 24:12**

L a segunda venida de Cristo no solo será precedida por señales religiosas y naturales, sino también por señales en las relaciones personales. Jesús dijo que el amor y la fe estarán en descenso para la época de su segunda venida. Tanto la relación del hombre con su semejante como su relación con Dios estarán en decadencia. Jesús afirmó que por multiplicarse la iniquidad, el amor de muchos se enfriará. Además, dijo: "… cuando venga el Hijo del Hombre, ¿hallará fe en la tierra?" (Lucas 18:8b). El tiempo del fin será marcado por insensibilidad en las relaciones interpersonales y apatía espiritual. Ese es el retrato de nuestra sociedad. Los conflictos se multiplican entre las naciones y llegan a las familias. El crecimiento de las sectas es explosivo en todo el mundo. El cristianismo fue atacado por el liberalismo de un lado y por el misticismo del otro. Ambos vacían el cristianismo de la fe verdadera y abren avenidas hacia la apostasía. Con respecto al tiempo del fin, necesitamos evitar dos extremos: el primero viene de aquellos que se burlan de la promesa del regreso de Cristo y viven descuidadamente; el segundo, procede de aquellos que viven con un mapa profético en las manos alarmando a las personas con fechas, como si se pudiera agendar el día de la segunda venida. La actitud sensata que debemos adoptar es la de vigilancia. ¡Jesús volverá en breve, y las señales nos muestran que ya es más tarde de lo que imaginamos!

# 18
## de febrero

# Éxtasis sin entendimiento

> … Maestro, bueno es para nosotros que estemos aquí; y hagamos tres enramadas, una para ti, una para Moisés, y una para Elías; no sabiendo lo que decía.
>
> **Lucas 9:33b**

El texto de Lucas 9:28-36 relata la experiencia de Jesús ascendiendo al monte de la Transfiguración para orar. Llevó consigo a Pedro, Santiago y Juan, pero ellos se entregaron al sueño en lugar de orar. Los tres vieron milagros extraordinarios: Moisés y Elías glorificados, Jesús transfigurado, una nube brillante y una voz divina reafirmando la filiación de Jesús. Ellos pisaron el terreno de lo sobrenatural, pero estaban desprovistos de entendimiento. Al mismo tiempo que veían cosas maravillosas, tenían la mente vacía de discernimiento. Ellos no discernían la centralidad de la persona de Jesús. No discernían la centralidad de la misión de Jesús. No discernían la centralidad de la misión de ellos mismos. La ausencia de oración les robó el discernimiento y la falta de discernimiento los llevó a tener miedo de Dios, en lugar de deleitarse en el Señor. Todavía hoy, muchos buscan las cosas sobrenaturales pero carecen de percepción espiritual. Corren tras milagros, pero no entienden las verdades esenciales de la fe cristiana. Experimentan éxtasis arrebatadores, pero no comprenden ni siquiera los fundamentos de la fe cristiana. Esta es una espiritualidad fuera de foco, deficiente, vacilante, que produce sueño y no intimidad con Dios.

# 19

## de febrero

# Jesús, el intérprete de Dios

Él es el resplandor de su gloria y la expresión exacta de
su naturaleza.

**HEBREOS 1:3A** - LBLA

El Hijo de Dios se vistió de piel humana. En Jesús el misterio de la encarnación introdujo a Dios en nuestra historia. Jesús es el intérprete de Dios, la exégesis de Dios, el Verbo de Dios. Él mismo es Dios. Él y el Padre son uno. Quien ve a Jesús, ve al Padre. El apóstol Juan escribe: "En el principio era el Verbo, y el Verbo era con Dios, y el Verbo era Dios" (Juan 1:1). Además, afirma: "A Dios nadie le vio jamás; el unigénito Hijo, que está en el seno del Padre, él le ha dado a conocer" (v. 18). Jesús es el intérprete de Dios porque posee los mismos atributos de la divinidad. En el principio el Verbo ya existía. El Verbo no tuvo inicio. Él es antes del inicio. Él es el Padre eterno. En verdad, todas las cosas llegaron a existir por medio de Él. "Todas las cosas por él fueron hechas, y sin él nada de lo que ha sido hecho, fue hecho" (v. 3). El Verbo de Dios es eterno. Él está fuera del tiempo y más allá del tiempo. Él es trascendente sin dejar de ser inmanente. Posee no solo el atributo de la eternidad, sino también de la omnipotencia, ya que fue el agente de la creación. De la nada, creó todo. Creó los mundos estelares, el vastísimo e insondable universo con sus billones de estrellas. Aquel niño acostado en el pesebre de Belén es el mayor misterio de la historia, la propia encarnación de la divinidad. Jesús es Dios entre nosotros. ¡Es Emanuel!

# No es el ambiente quien lo hace a usted

Y el pueblo respondió a Josué: "A Jehová nuestro Dios serviremos, y a su voz obedeceremos".

**JOSUÉ 24:24**

Josué fue uno de los espías de Israel que avistó la tierra prometida y confió que Dios la entregaría en sus manos. Dentro de aquella vasta multitud que salió de Egipto, solo Josué y Caleb entraron en la tierra prometida. Josué fue el sucesor de Moisés y fue él quien tuvo el privilegio de introducir al pueblo en la tierra prometida. Aquella tierra era habitada por pueblos paganos, que adoraban a muchos dioses. Esos dioses eran una amenaza para Israel. En este momento, Josué dijo al pueblo: "… escogeos hoy a quién sirváis; si a los dioses a quienes sirvieron vuestros padres… o a los dioses de los amorreos en cuya tierra habitáis; pero yo y mi casa serviremos a Jehová" (v. 15). No es el ambiente quien lo hace a usted; es usted quien hace el ambiente. Josué tomó la decisión de servir a Dios con su familia en un reducto politeísta. Usted también puede servir a Dios aunque en su escuela sea el único alumno cristiano; aunque en su empresa sea la única persona temerosa de Dios. Usted no necesita conformarse al ambiente a su alrededor; ¡usted puede transformarlo! John Locke estaba equivocado cuando dijo que el hombre es producto de su medio ambiente. El pueblo de Dios es la sal de la tierra y la luz del mundo. ¡En lugar de ser influenciado, influencia!

# 21
## de febrero

## La bondad de Dios

Alabad a Jehová, porque él es bueno…

El profeta Nahúm vivió muchos siglos antes de Cristo. Él levantó su voz para anunciar tres verdades consoladoras: la bondad de Dios, el auxilio de Dios y el conocimiento de Dios: "Jehová es bueno, fortaleza en el día de la angustia; y conoce a los que en él confían" (Nahum 1:7). La bondad de Dios es el ancla de nuestra esperanza. "El Señor es bueno…". Dios es bueno, esencialmente bueno. En su bondad Él nos da lo que no merecemos. Nada merecemos, y Él nos da todo. Hace brillar el sol sobre los malos y hace caer su lluvia aún sobre los que se burlan de la providencia. Su gracia común se extiende sobre impíos y piadosos, arrogantes y humildes, ricos y pobres. La tierra está llena de su bondad. Las obras de la creación y las acciones de su providencia reflejan su generosa bondad. Él nos da vida y preserva nuestra salud. Nos da el pan de cada día y nos da placer para saborearlo. Él nos da la familia y nos alegra el corazón con el banquete del amor. Pero la bondad de Dios puede ser vista en su pleno fulgor por medio de su gracia especial. Jesús es el don supremo de la bondad de Dios y la salvación que Él nos trajo, su dádiva más excelente. Porque Dios es bueno, podemos navegar seguros, aun por los mares encrespados de la vida.

# 22
## de febrero

# El drama del vicio virtual

En la integridad de mi corazón andaré en medio de mi casa.
No pondré delante de mis ojos cosa injusta...

SALMOS 101:2B-3A

El pecado puede transformar una cosa buena en algo pernicioso. Ejemplo de esto es el vicio virtual. Millones de personas viven prisioneras del computador y dependientes del internet. Se sumergen en un mundo fantasioso y pierden todas las conexiones con la vida real. Conversan muchas horas con desconocidos en una sala virtual, pero no se pueden sentar a la mesa con la familia para tomar unas onces. Internet es una bendición; nos abre grandes avenidas de conocimiento. Pero también es una maldición, pues toda la cloaca de la iniquidad está disponible para los internautas. Muchos navegan por las aguas turbias de la pornografía y naufragan en ese pantano lodoso. Las redes sociales son una bendición, abriéndonos ricos canales de comunicación y de proclamación del mensaje del reino de Dios. Pero también son una maldición, pues el mal uso de este instrumento ha llevado a millones de personas a la infidelidad conyugal y a las aventuras más perniciosas. El vicio virtual es un drama para la familia contemporánea. Conozco familias que se comunican dentro de la casa por el teléfono celular o por mensajes instantáneos. El diálogo se terminó. Murió la comunicación. Transformamos un vehículo de comunicación para sepultar el diálogo dentro de la familia. Necesitamos usar tales recursos de la tecnología con discernimiento y buen sentido.

# 23
## de febrero

# Dios conoce
# a los que se refugian en él

... El Señor conoce a los que son suyos...

**2 Timoteo 2:19b**

El profeta Nahúm concluyó su mensaje diciendo que Dios "conoce a los que en él confían" (1:7b). Nuestra seguridad está en el hecho de que Dios nos conoce. El conocimiento de Dios no es simplemente un asentimiento intelectual, sino, sobre todo, un afecto relacional. Cuando el profeta dice que Dios nos conoce, quiere decir que Dios nos ama y nos ama con amor eterno. Nuestra seguridad no está simplemente en el hecho de que conocemos a Dios, sino en el hecho de que Él nos conoce (Gálatas 4:9). El apóstol Pablo, en esta misma línea de pensamiento, dice: "Pero el fundamento de Dios está firme, teniendo este sello: Conoce el Señor a los que son suyos" (2 Timoteo 2:19a). Dios también conoce a aquellos que se refugian en Él. Jesús conoce a sus ovejas, les da la vida eterna, y nadie las arrebatará de sus manos. En Dios encontramos seguridad inquebrantable. En Él tenemos salvación eterna, pues es refugio seguro en el día de la angustia; es torre fuerte que nos refugia del temporal; es la ciudad de refugio que nos libra de los vengadores de sangre. La tempestad puede ser devastadora allá afuera, pero, refugiados en los brazos de Dios, dentro del arca de salvación, tenemos un ancla firme e imbatible de esperanza; ¡tenemos paz y seguridad!

# 24

## El hombre, la imagen de Dios

---

Y creó Dios al hombre a su imagen, a imagen de Dios lo creó;
varón y hembra los creó.

GÉNESIS 1:27

Dios creó al hombre a su imagen y semejanza. El pecado, no obstante, desfiguró esa imagen. El pecado alcanzó todo nuestro ser: cuerpo y alma; razón, emoción y voluntad. El pecado no destruyó por completo la imagen de Dios en nosotros, pero la deformó. Somos como un charco de agua turbia. La luna con toda su belleza todavía se refleja, pero no podemos ver esa imagen reflejada; no porque la luna no esté brillando, sino porque el agua está sucia. El hombre creado por Dios y caído en pecado es ahora restaurado. Esa restauración, sin embargo, no es autoproducida. No viene del propio hombre, viene de Dios. Dios mismo tomó la iniciativa de restaurar su imagen en nosotros. ¿Y cómo hizo esto? ¡Enviando a su Hijo al mundo! Él es la imagen perfecta de Dios. En Él habita corporalmente toda la plenitud de la divinidad. En Cristo tenemos perdón, redención y restauración. Por medio de Cristo somos hechos hijos de Dios y herederos de Dios. La imagen de Dios creada y deformada por el pecado es restaurada por Cristo. Por la operación de la gracia nacemos de nuevo, nacemos de arriba, nacemos del Espíritu y somos copartícipes de la naturaleza divina. ¡La gloria y la honra perdidas en la caída son ahora restauradas en la redención!

# 25

## de febrero

# Una familia se salva de la tragedia

Dijo luego Jehová a Noé: "Entra tú y toda tu casa en el arca…".

**GÉNESIS 7:1A**

Noé fue un hombre justo en medio de una generación perversa. Las personas de su tiempo comían y bebían, se casaban y se daban en casamiento, hasta el día en que el diluvio vino y consumió a todos. Noé creyó en Dios cuando las personas a su alrededor simplemente seguían la vida sin tomar a Dios en cuenta. No hay nada malo en comer y beber, casarse y darse en casamiento, pero, cuando hacemos estas cosas sin pensar en Dios, estamos en serio peligro. La generación de Noé solo pensaba en las cosas terrenales. No hacían provisión para las cosas espirituales. Por eso, no oyó el mensaje de Noé ni se preparó para el encuentro con Dios. Noé, contrario a esta generación impía, llevó a toda su familia al arca. El diluvio vino y como torrente arrastró a todos hacia la muerte inevitable. La familia de Noé estaba segura y salva. Alguien dijo, con mucha propiedad, que Noé fue el mayor evangelista de la historia; pues, aunque no haya llevado a ninguno de sus contemporáneos al arca, consiguió llevar a toda su familia. ¿Su familia ya entró en el arca de la salvación? El dinero, el éxito, la fama, los placeres y los trofeos conquistados en la tierra no pueden salvar a la familia de grandes tragedias. La ciencia, la riqueza y la religión no pueden salvar a la familia de este diluvio de tragedias. Jesús es el único puerto seguro para la familia. ¡Solo en Él encontramos refugio!

# 26
## de febrero

## El drama de las drogas

*... a fin de que ya no seamos esclavos del pecado.*

**Romanos 6:6b**

"Cracolandia", en la ciudad de San Pablo, el mayor centro urbano de América del Sur, es un retrato repulsivo de la catástrofe de las drogas. Hombres y mujeres, jóvenes y adolescentes, viven deambulando en este espacio, destruidos por ese vicio maldito y mortal. La represión de la ley y la acción de la policía no consiguen debelar este cáncer social. En el siglo de la libertad, nuestra juventud está esclavizada por las drogas. Más del noventa por ciento de los municipios brasileros están asolados por la influencia avasalladora del *crack*. Ya existen hasta marchas en defensa de la liberación de la marihuana, puerta de entrada para las otras drogas más pesadas. Millones de hogares están desesperados al ver a sus hijos rendidos a la esclavitud del vicio. Son millones de jóvenes que abortaron sus sueños y arrojaron su vida en el calabozo del vicio. Estos jóvenes son el tormento del país. Muchos de ellos acaban muriendo precozmente. Traficantes armados hasta los dientes controlan sectores de la ciudad y esparcen la muerte por nuestras calles. Esquemas de corrupción, con intereses inconfesos, protegen esa estructura de muerte. Aquellos agentes del mal seducen a niños y adolescentes en las puertas de las escuelas y atrapan a muchos de ellos para su red mortífera. Necesitamos activar la señal de alerta y movilizarnos para frenar esa ola de muerte. Familia, iglesia y estado, necesitan trabajar en esa cruzada en favor de la familia.

# 27
## de febrero

# El consuelo del amparo divino

Aunque mi padre y mi madre me dejaran, con todo, Jehová
me recogerá.

SALMOS 27:10

En el plano humano, nadie nos ama con amor más puro que padre y madre. Aquellos que nos engendraron y cuidan de nosotros nutren un amor desinteresado y verdadero por nosotros. Nuestros padres nos aman no solo por causa de nuestras virtudes, sino a pesar de nuestros fracasos; no solo por nuestros méritos, sino a pesar de nuestros deméritos. Sin embargo, aun los mismos padres pueden fracasar en el amor a los hijos. Muchos repudian a sus hijos. Muchos desheredan a sus hijos. Muchos padres matan a sus hijos. Aunque usted, no obstante, llegara a esta situación extrema, el salmista dice: "aunque mi padre y mi madre me dejaran, con todo, Jehová me recogerá" (Salmos 27:10). El amor que Dios tiene por usted es eterno y perseverante. La causa del amor de Dios por usted está en sí mismo. Él jamás renunciará a tenerlo a usted, a amarlo y a conquistar su amor. Él probó su amor por usted, entregando a su Hijo unigénito para morir por sus pecados. Envió al Espíritu Santo para habitar en usted, para que lo regenerara y lo sellara como propiedad exclusiva suya. Por medio de Jesús, usted puede ser hijo de Dios, heredero del Señor y ciudadano del cielo. Aunque en el camino a la gloria usted cruce calles plagadas de espinos, Dios jamás lo desamparará. Cuando usted se sienta débil, Él lo cargará en su regazo.

# 28
## de febrero

## La fuente de la felicidad

Me mostrarás la senda de la vida; en tu presencia hay plenitud
de gozo; delicias a tu diestra para siempre.

**SALMOS 16:11**

La felicidad es un anhelo legítimo. Nosotros la buscamos todos los días de la vida. Sin embargo, la felicidad no es un lugar a donde ir, sino una manera como se camina. Salomón buscó felicidad en la bebida, en la riqueza, en el sexo y en la fama, pero descubrió que todo era vanidad. La felicidad que él buscaba en todas esas fuentes, se encuentra en Dios. El verdadero propósito de la vida es la felicidad, pues el fin último de la vida es Dios. El propósito principal del hombre es glorificar a Dios y deleitarse en Él para siempre. Dios nos creó para la mayor de todas las felicidades, la felicidad de amarlo y disfrutar de su intimidad. Es en la presencia de Dios donde existe plenitud de alegría. Es en su diestra donde encontramos delicia para siempre. Muchos buscan la felicidad en el dinero; otros en la fama y en el placer; y otros aun en el éxito. Pero descubren que al final de esa línea solo existe un espejismo, no la verdadera felicidad. La felicidad verdadera no está en tener, sino en ser. La fuente de la felicidad no está en las cosas, sino en Dios; no está en la tierra, sino en el cielo. Los encantos de este mundo no pueden hacernos felices, pero Dios sí puede, pues Él nos creó, nos formó, nos redimió, nos llamó por el nombre y somos de Él. Cuando nosotros lo conocemos y lo amamos, entonces somos verdaderamente felices.

# 1

## de marzo

# El hombre, ese desconocido

Digo: "¿Qué es el hombre, para que tengas de él memoria?".

**SALMOS 8:4A**

Alexis Carrel escribió un libro llamado *El hombre, ese desconocido*. El hombre conoce el mundo a su alrededor, pero no se conoce a sí mismo. Explora el espacio sideral, pero no viaja por los laberintos de su propia alma. Investiga los secretos de la ciencia, pero no ausculta su propio corazón. La pregunta del salmista todavía hace eco en nuestros oídos: "¿Qué es el hombre?". El rey David respondió a esa pregunta de forma magistral: "… los hiciste un poco menor que Dios y los coronaste de gloria y honor. Los pusiste a cargo de todo lo que creaste, y sometiste todas las cosas bajo su autoridad" (Salmos 8:5-6 - [NTV³]). El hombre fue creado por Dios para ser el gestor de la creación. El origen del hombre está anclado en Dios y su propósito es ser corregente de Dios, como mayordomo de la creación. El hombre no vino a la existencia por generación espontánea ni por un proceso evolutivo de millones y millones de años. Nuestro origen no está ligado a los simios; nuestro génesis está ligado a Dios. El hombre es la corona de la creación de Dios. Somos seres físicos y espirituales. Tenemos cuerpo y alma. Ningún otro ser posee esas características. Los ángeles son espíritus, pero no tienen cuerpo. Los animales tienen cuerpo, pero no espíritu. Tenemos cuerpo y espíritu. Somos la imagen de Dios creada.

# 2

## Jesús en la fiesta de matrimonio

Y fueron también invitados a las bodas Jesús y sus discípulos.

**JUAN 2:2**

El ministerio de Jesús estuvo marcado por grandes milagros. Su nacimiento fue un fenómeno extraordinario, si su vida fue un ejemplo singular, su muerte fue vicaria, su resurrección es la piedra angular del cristianismo. El primer milagro de Jesús fue realizado en Caná de Galilea, en una celebración de matrimonio. En esta fiesta, sin embargo, faltó vino, símbolo de la alegría. A veces, la alegría falta en nuestro hogar. En esas horas, necesitamos identificar el problema y llevarlo a Jesús. Fue lo que María hizo. Ella le dijo a Jesús: "No tienen vino" (v. 3). En el momento apropiado, dentro de su agenda, Jesús le ordenó a los sirvientes: "Llenad de agua las tinajas" (v. 7). Ellos obedecieron prontamente. Jesús, entonces, les dio otra orden: "Sacad ahora un poco y llevadlo al maestresala" (v. 8). Cuando este probó el agua transformada en vino, llamó al novio y le dijo: "Todo hombre sirve primero el buen vino, y cuando ya han bebido mucho, entonces el inferior; mas tú has reservado el buen vino hasta ahora". Cuando Jesús realiza un milagro, lo mejor siempre va después. Jesús todavía transforma agua en vino, tristeza en alegría, debilidad en poder, fracaso en triunfo. En ese milagro, Jesús manifestó su gloria y los discípulos creyeron en Él. Hoy mismo, Jesús también puede hacer un milagro en su vida, en su matrimonio y en su familia.

# 3
## de marzo

# A los pies del Salvador

María, cuando llegó a donde estaba Jesús, al verle, se postró a
sus pies...

JUAN 11:32A

María, hermana de Marta y Lázaro, fue una mujer extraordinaria. Tuvo
una vida irreprensible y fue un testimonio irreprochable. Aparece solo
en tres relatos de las Escrituras. En los tres, está sentada a los pies del Salvador.
La primera vez que oímos hablar de María, ella está sentada a los pies de Jesús
para aprender (Lucas 10:39). En esa ocasión, Jesús está en su casa y Marta, su
hermana, está afanada, corriendo de un lado hacia el otro, para servir a Jesús.
María, sin embargo, permaneció sentada a los pies del Maestro para oír sus
enseñanzas. Jesús dijo que María había escogido la mejor parte. La comunión
con el Señor es mejor que el trabajo para el Señor. El Señor es antes que su
obra. La segunda vez que vemos a María es en el contexto de la muerte de
Lázaro (Juan 11:32). Ella va al encuentro de Jesús y se sienta a sus pies para
llorar. El mejor lugar para derramar nuestras lágrimas es a los pies del Salvador. Él conoce nuestro dolor y tiene poder para enjugar nuestras lágrimas. La
última vez que María aparece es en el contexto de la presencia de Jesús en una
comida en su casa, ahora con Lázaro resucitado, a la mesa (Juan 12:3). María
sorprende a todos cuando toma una libra de bálsamo de nardo puro, muy
costoso, unge los pies de Jesús y los enjuga con sus cabellos, llenando toda la
casa con el perfume del bálsamo. María está a los pies de Jesús para aprender,
para llorar y para agradecer. Su mente y su corazón están abiertos y sedientos.
Quiere recibir de Él la instrucción y quiere darle la gloria debida.

# 4

## de marzo

# Los hijos, motivo de nuestra felicidad

Bienaventurado el hombre que llenó su aljaba de ellos (hijos)...

**SALMOS 127:5A**

El 27 de febrero de 2012, Brasil lloró con el asesinato del gran líder cristiano, escritor, politólogo y profesor universitario Robinson Cavalcanti y de su esposa por su propio hijo adoptivo, en la ciudad de Olinda, Pernambuco. Infelizmente, muchos hijos han sido los verdugos de sus propios padres. Este, sin embargo, no es el propósito de Dios. El salmista dice que los hijos son herencia de Dios y feliz es el hombre que llena de ellos su aljaba. Nuestra herencia no es el dinero, sino los hijos. Nuestra felicidad no está en las cosas, sino en los hijos. Los hijos son regalo de Dios. Son hijos de la promesa. No engendramos hijos para nosotros mismos, sino para Dios. No engendramos hijos para la muerte, sino para la vida. Nuestros hijos deben ser coronas de gloria en las manos del Señor. Deben ser vasos de honra, columnas del santuario del Altísimo. Nuestros hijos deben vivir para realizar los sueños de Dios más que nuestros propios sueños. Deben ser más hijos de Dios que nuestros hijos. Nuestros hijos son una bendición, no un problema; son el poema de Dios, no una pesadilla para nuestra alma. Son como flechas en la mano del guerrero, no un estorbo en la jornada de la vida. Debemos amar a nuestros hijos y criarlos en la disciplina y la amonestación del Señor. Debemos enseñarles el camino en el que deben andar e inculcarles la verdad de Dios. Entonces, serán el deleite de nuestra alma, no la amargura de nuestro corazón.

# 5

## de marzo

## ¡Cuidado con el rencor!

---

*... que brotando alguna raíz de amargura, os estorbe, y por ella muchos sean contaminados.*

**HEBREOS 12:15B**

El rencor es la ira congelada. Hay personas que no explotan frente a las tensiones de la vida y de los conflictos en las relaciones, pero almacenan los resentimientos en el sótano de la memoria. No arrojan objetos a los otros, pero abrigan esas críticas en su propio corazón. Con el tiempo brota dentro del corazón una raíz de amargura y esos sentimientos nocivos agrian el alma, perturban la persona y terminan contaminando a quien está a su alrededor. El rencor es ausencia de perdón. El rencor enferma física, emocional y espiritualmente, pues quien no perdona no tiene paz. El rencor esclaviza. Quien guarda rencor se hace esclavo de la persona odiada. Quien no perdona vive en la cárcel del resentimiento. El rencor promueve la autodestrucción. Nos herimos a nosotros mismos cuando nutrimos el rencor en el corazón. La única puerta de escape para ese mal es liberar el perdón. Es sacar todo el pus de la herida. Es arrancar las críticas envenenadas del corazón. El perdón sana, libera y restaura. El perdón es mayor que el rencor. Es la asepsia del alma, la limpieza de la mente, la emancipación del corazón. El perdón restaura nuestra relación con Dios y con el prójimo.

# 6
## de marzo

# Justificación, acto de Dios

Justificados, pues, por la fe, tenemos paz para con Dios por medio de nuestro Señor Jesucristo.

ROMANOS 5:1

L a doctrina de la justificación por la fe es el corazón de la Biblia. Cuando esta verdad es proclamada con fidelidad, la iglesia se mantiene en pie; cuando es negada o distorsionada, la iglesia cae. ¿Cuál es el significado de la justificación? La justificación es un acto legal de Dios, y no un proceso experimental. Es realizada en el tribunal de Dios, y no en nuestro corazón. Es completa y final y no posee grados. El más pequeño de los creyentes está tan justificado como el creyente más piadoso. Pablo nos enseña cuatro verdades importantes sobre la justificación en el versículo citado: 1) el autor de la justificación: es Dios quien nos justifica y lo hace no con base en nuestros méritos sino por causa de los méritos de Cristo; 2) el instrumento de la justificación: somos justificados mediante la fe y no sobre la base de nuestras obras: si la obra de Cristo es la causa meritoria, la fe es la causa instrumental de nuestra justificación; 3) el fruto de la justificación: tenemos paz con Dios, somos reconciliados con Dios y renacemos dentro de la familia de Dios; 4) el agente de la justificación: todas aquellas bendiciones espirituales nos son concedidas por medio de nuestro Señor Jesucristo. Cristo es nuestra justicia. Él es nuestra paz. En Él tenemos abundante redención. ¿Usted ya fue justificado? ¿Ya tiene el sello del Espíritu Santo en su vida? ¿Tiene certeza de que su nombre está escrito en el libro de la vida? ¿Ya se posesionó de la vida eterna? ¿Ya disfruta de la alegría indecible de la salvación?

# 7
## de marzo

# Los engaños del pecado

Porque el pecado, tomando ocasión por el mandamiento, me engañó, y por él me mató.

ROMANOS 7:11

El pecado es perversísimo, carga el virus de la muerte. El pecado es un embuste: parece dulce al paladar, pero es amargo en el vientre. El pecado es peor que la enfermedad y peor que la misma muerte, pues tales males, aunque tan graves, no pueden apartar al hombre de Dios. El pecado, no obstante, nos separa de Dios. El pecado es embaucador, y eso por tres razones: En primer lugar, lo llevará a usted más lejos de lo que le gustaría ir. Cuando David vio a una mujer bañándose jamás pensó que aquella codicia se transformaría en adulterio, asesinato y vergüenza pública. En segundo lugar, costará más caro de lo que usted quiere pagar. Si David hubiera conocido el alto precio de aquella aventura con Betsabé, se habría refrenado. El pecado le promete vida pero lo mata. En tercer lugar, el pecado va a retenerlo a usted más tiempo de lo que le gustaría estar retenido. David pensó que su adulterio sería apenas un *affaire* en una tarde de soledad. El pecado, sin embargo, esclaviza, tortura y mata. Tragedias y más tragedias se desencadenaron sobre la cabeza de David como consecuencia de ese pecado. La espada no se apartó de su casa por causa de este pecado. El pecado no compensa. Es un engaño fatal. El único camino para escapar del pecado es Jesús. En Él hay perdón y libertad. ¡En Él encontramos redención y paz!

# 8

## de marzo

# El drama del secularismo

No os conforméis a este siglo, sino transformaos por medio de
la renovación de vuestro entendimiento...

ROMANOS 12:2A

El secularismo es la visión de que no hay espacio para Dios en nuestra
agenda. Ponemos a Dios al lado de la vida y erigimos un monumento
a nosotros mismos. El secularismo es una amenaza para la familia cristiana.
Anestesia las conciencias y mundanaliza la iglesia. El punto central del secularismo es la idea de que Dios no interfiere en todas las áreas de nuestra vida. El
domingo somos creyentes; durante la semana vivimos la vida a nuestra manera y a nuestro gusto. Lo que vemos, oímos, hablamos, hacemos o dejamos de
hacer ya no es regido por los preceptos de las Escrituras. Creamos una dico-
tomía en la vida, lo secular y lo sagrado. Así, noviazgo, matrimonio, negocios
y ocio, pertenecen al área de lo secular y ahí nos amoldamos a los dictámenes
del mundo y no a los preceptos de la Palabra. Nuestras fiestas, aunque pre-
cedidas por un culto a Dios, se están tornando cada vez más mundanas, y en
ellas no faltan las bebidas alcohólicas, canciones profanas, bailes sensuales y
toda la parafernalia importada de las fiestas más especializadas en el ocio mun-
dano. El mundo está entrando en la iglesia, y la iglesia se está amoldando al
mundo. O ponemos el pie en el freno o la iglesia será sal sin sabor y luz debajo
del almud. O nos volvemos a Dios o la familia perderá su vitalidad espiritual.

# 9
## de marzo

# Jesús camina sobre el mar

Mas a la cuarta vigilia de la noche, Jesús vino a ellos andando sobre el mar.

MATEO 14:25

J esús ya había calmado una tempestad en el mar de Galilea cuando estaba con sus discípulos. Ahora, después de multiplicar panes y peces para una multitud hambrienta, compele a los discípulos a entrar en el barco y atravesar el mar, mientras sube al monte para orar por ellos. En obediencia a la orden de Jesús, los discípulos parten y son sorprendidos por otra avasalladora tempestad. Aun conociendo aquel lago de aguas dulces como la palma de la mano, los discípulos no obtienen éxito en la jornada. El barco era agitado de un lado para el otro por fuertes ráfagas de viento. El amanecer estaba avanzado y ellos todavía estaban en el fondo de la crisis, en medio de la tempestad, azotados de un lado para el otro, sin ninguna esperanza de ser librados. En ese momento, Jesús fue a su encuentro. Jesús siempre viene a nuestro encuentro para socorrernos, aun en la cuarta vigilia de la noche cuando el problema ya parece finiquitado. Jesús fue al encuentro de los discípulos caminando sobre las olas, para mostrar que aquello que los amenazaba estaba literalmente debajo de sus pies. Jesús calma a los discípulos ordenándoles que tengan buen ánimo, y también calma el mar, subiendo al barco y llevando a los discípulos salvos y seguros al destino deseado. Jesús siempre viene a nuestro encuentro en la hora de la tempestad y, con Él en el barco, todo va muy bien.

# 10

## de marzo

# La plenitud de Dios

---

… para que seáis llenos de toda la plenitud de Dios.

**EFESIOS 3:19B**

La más osada oración de Pablo fue realizada cuando estaba preso en Roma. El viejo apóstol tuvo la osadía de pedir al Señor que los creyentes de Éfeso fueran llenos de toda la plenitud de Dios. Aunque seamos frágiles vasos de barro, podemos ser habitados por la plenitud de Dios Padre, Dios Hijo y Dios Espíritu Santo. La gran pregunta es: ¿Quién es Dios? Dios es trascendente. Ni los cielos de los cielos pueden contenerlo. Él es mayor que todo aquello que creó. Los astrónomos dicen que el universo tiene más de diez billones de años luz de diámetro. Eso significa que si pudiéramos entrar en una nave espacial volando a la velocidad de la luz, demoraríamos diez billones de años en ir de un extremo al otro del universo. Pues Dios creó todo eso, Él es mayor y está más allá de todo esto. Ahora, Pablo ora de rodillas para que seamos llenos de toda la plenitud de Dios. Los más apresurados podrían pensar que Pablo estaba deliberando, pero él anticipa ese cuestionamiento afirmando: "Y a Aquel que es poderoso para hacer todas las cosas mucho más abundantemente de lo que pedimos o entendemos, según el poder que actúa en nosotros, a él sea gloria en la iglesia en Cristo Jesús por todas las edades, por los siglos de los siglos. Amén" (Efesios 3:20-21). ¡Usted puede conocer a Dios y todavía ser lleno de toda la plenitud de Dios!

# 11

de marzo

## La felicidad es una orden de Dios

Regocijaos en el Señor siempre. Otra vez digo: ¡Regocijaos!

**FILIPENSES 4:4**

La felicidad es el menú del día en la mesa de la humanidad. La ansiamos y deseamos con todas las fuerzas de nuestra alma. Fuimos creados para la felicidad. Fuimos salvos para la mayor de todas las felicidades. La felicidad no es una opción, es una orden de Dios. El apóstol Pablo, aun en una prisión, escribió a los filipenses: "Regocijaos en el Señor siempre. Otra vez digo: ¡Regocijaos!". La alegría no es una emoción superficial y pasajera, sino la más profunda felicidad que coexiste con el dolor. Pablo dice que debemos alegrarnos siempre. Es claro que la vida no es un parque de diversiones. Enfrentamos luchas y cruzamos valles oscuros. Pero nuestra felicidad no es un bienestar epidérmico y fugaz, sino una experiencia profunda y duradera. Nuestra alegría, además de imperativa, es también ultracircunstancial. No depende de las circunstancias. Pero ¿cuál es el núcleo de esa felicidad? ¿Dinero? ¿Placer? ¿Éxito? ¡No! Pablo dice: "Regocijaos en el Señor siempre". Jesús es el fundamento de esa alegría. Él es el contenido de nuestra felicidad. Nuestra felicidad no es un sentimiento. Nuestra felicidad no es simplemente ausencia de cosas malas ni simplemente presencia de cosas buenas. Nuestra felicidad es una persona, ¡nuestra felicidad es Jesús!

# 12

## de marzo

# Miel en el cadáver de un león muerto

Exhorta asimismo a los jóvenes a que sean prudentes.

**Tito 2:6**

Sansón fue levantado por Dios en un tiempo de opresión. Su nacimiento fue un milagro. Consagrado a Dios como nazareno desde el vientre de su madre, llegó a ser un portento. Su fuerza era colosal. Era un joven prodigio, un hombre imbatible, un verdadero gigante. Su único problema era que él no podía dominar sus impulsos. Un día vio a una joven filistea y le dijo a su padre: "… Yo he visto en Timnat una mujer de las hijas de los filisteos; os ruego que me la toméis por mujer… porque ella me agrada" (Jueces 14:2a-3b). Su padre intentó disuadirlo de la idea, pero Sansón no lo oyó. Cierta vez, caminando por las viñas de Timnat, un león joven, bramando, salió a su encuentro, pero Sansón lo despedazó como se despedaza un cabrito. Después de algunos días pasó por el mismo lugar y fue a mirar el cuerpo del león muerto. Había allí, en la calavera del león, un enjambre de abejas. Sansón tomó un panal de miel en las manos y salió caminando, saciándose con el manjar. Sansón era nazareno y no podía tocar un cadáver. Quebró allí el primer voto de su consagración a Dios. Buscó dulzura en la podredumbre. Comió miel del cadáver de un león muerto. Todavía hoy, muchos andan buscando placer en el pecado y buscan dulzura en aquello que es impuro. Por eso pierden la unción, la paz y la intimidad con Dios.

# 13
de marzo

# El milagro del nacimiento de Juan el Bautista

> ... Zacarías, no temas; porque tu oración ha sido oída, y tu mujer Elisabet dará a luz un hijo, y llamarás su nombre Juan.
>
> LUCAS 1:13B

Zacarías era sacerdote, e Isabel, su mujer, era prima de María. Este matrimonio siempre pedía a Dios un hijo, pero los dos ya eran viejos y el hijo no llegaba. Cuando ya habían perdido la esperanza, el ángel Gabriel se apareció a Zacarías en el templo y le informó que su mujer daría a luz un hijo, que debía llamar Juan. Él sería grande delante de Dios, lleno del Espíritu Santo desde el vientre, y convertiría a muchos de los hijos de Israel al Señor, pues sería el precursor del Mesías. Si parece que Dios llegó adelantado a María, que no era todavía casada, parece que llegó atrasado a Isabel, que ya estaba avanzada en edad. Pero el mismo Dios que realizó el milagro del nacimiento virginal de Jesús, también abrió el vientre de Isabel para concebir a Juan el Bautista. El Dios Todopoderoso es quien realizó ese doble milagro en la preparación de la Natividad. El ángel Gabriel, muy apropiadamente, le dice a María: "Porque nada hay imposible para Dios" (Lucas 1:37). El mismo Dios que operó maravillas en el pasado, puede hacer maravillas hoy, ¡y eso en su vida!

# 14

## de marzo

# La felicidad, una utopía en el banquete del pecado

Porque la paga del pecado es muerte...

**ROMANOS 6:23A**

Las fiestas están llenas de personas vacías. Los bares están atestados de personas que sorben cada gota de alcohol en busca de llenar el vacío existencial. Los banquetes del pecado ofrecen manjares apetitosos, pero las personas salen de allí atiborradas de angustia. El profeta Daniel registra en su libro la fiesta de Belsasar, rey de Babilonia, llena de pompa y lujo. Los invitados fueron escogidos a dedo. Era gente de la nobleza. Había mucha bebida y mucha diversión. Incluso los vasos sagrados saqueados del templo de Jerusalén fueron usados en aquella fiesta pagana. Los dioses de Babilonia eran invocados y el Dios de Israel era escarnecido en aquel banquete del pecado. La alegría promovida por el alcohol y la felicidad prometida por el pecado duran poco. Aquella misma noche, la ciudad de Babilonia, que parecía inexpugnable, fue tomada por los medo-persas. Aquella misma noche, el juicio de Dios cayó sobre aquellas personas, y la alegría de la fiesta se transformó en desespero fatídico. En el banquete del pecado, la fiesta no dura para siempre, pues la felicidad verdadera solo habita en las tiendas de la santidad.

# 15
## de marzo

# La sumisión, una misión honrosa

> Las casadas estén sujetas a sus propios maridos, como al Señor.
>
> EFESIOS 5:22

La palabra "sumisión" provoca urticaria en mucha gente. Está desgastada, distorsionada y en desuso en nuestra generación. La Biblia enseña que la mujer se someta a su esposo como la iglesia se somete a Cristo. El rechazo a la sumisión se debe a la falta de entendimiento acerca del verdadero significado de la palabra. Sumisión no es ser inferior ni débil. Sumisión no es deshonra ni privación de la libertad. Somos libres cuando andamos conforme a los preceptos divinos, y no cuando los transgredimos. Somos libres para dirigir nuestro auto cuando lo guiamos por las leyes de tránsito, y no cuando las transgredimos. Cuanto más la iglesia es sumisa a Cristo, más libre y más honrada se hace. La mujer no está llamada a someterse a un déspota implacable, sino a un esposo que la ama como Cristo ama a la iglesia. La sumisión no es incondicional, pues la mujer debe ser sumisa a su marido como al Señor, o sea, por causa del Señor y en sintonía con su sumisión a Cristo. La sumisión es una misión bajo la misión del marido, o sea, una misión compartida. El papel del esposo es amar a la esposa como Cristo amó a la iglesia, y el papel de la esposa es apoyar a su esposo para que cumpla ese anhelo divino. Ninguna mujer tiene dificultad en someterse a un esposo que la ama como Cristo amó a la iglesia.

# 16
## de marzo

# El Dios de la reconciliación

Y todo esto proviene de Dios, quien nos reconcilió consigo
mismo por Cristo, y nos dio el ministerio de la reconciliación.

2 Corintios 5:18a

El pecado es el mayor de todos los males. Abrió una fisura en la relación
del hombre con Dios y levantó murallas en sus relaciones intrapersonales
e interpersonales. El hombre está en guerra con Dios, con el prójimo, consigo
mismo y hasta con la naturaleza. El hombre se hizo un ser beligerante y rebelde. Por sí mismo jamás regresará a Dios. Jamás cambiará su propio corazón.
Así como un etíope no puede cambiar su piel ni un leopardo sus manchas,
tampoco el hombre puede cambiar su propia vida. La salvación no es iniciativa humana, sino divina. Dios tomó la iniciativa de reconciliarnos consigo
mismo. El inocente busca al culpable. El agente de la reconciliación, a Cristo.
Es por medio de Cristo que podemos volvernos a Dios. Él es el nuevo y vivo
camino hacia Dios. Él es la puerta del cielo. Él es el mediador que nos reconcilia con el Padre. Para reconciliarnos consigo mismo, Dios no puso en nuestra
cuenta las transgresiones que hemos cometido. Por el contrario, las puso sobre
Jesús. En la cruz, el Hijo de Dios clavó esa acta de deuda escrita que nos era
contraria y quitó completamente nuestra deuda. Dios fue más allá, colocando
en nuestra cuenta la perfecta justicia de Cristo, de tal manera que no pesa más
sobre nosotros ninguna condenación.

# 17
## de marzo

# El poder del evangelio

> Porque no me avergüenzo del evangelio, porque es poder de Dios
> para salvación a todo aquel que cree...
>
> ROMANOS 1:16A

La carta de Pablo a los Romanos es su más importante epístola. Ha ejercido gran influencia en la historia de la humanidad. La lectura de esta misiva impactó de forma profunda en la vida de Agustín y Lutero, los grandes exponentes de la Patrística y de la Reforma, respectivamente. En el preámbulo de esta carta, Pablo habla sobre el poder del evangelio. El evangelio es el poder de Dios. No hay limitación en ese poder, pues Dios es omnipotente. El evangelio es el poder de Dios para la salvación. No es poder destructor, sino salvador. No es un poder que mata, sino que da vida; no simplemente vida física y terrenal, sino vida espiritual y eterna. No hay salvación fuera del evangelio, pues el evangelio es la buena nueva de Cristo. El evangelio trata de lo que Dios hizo por nosotros por medio de Cristo. No somos salvos por aquello que hacemos para Dios, sino por lo que Dios hizo por nosotros en Cristo. El evangelio es el poder de Dios para la salvación de todo aquel que cree. Aquí Dios impone una limitación. Solamente aquellos que creen pueden ser salvos. Solamente aquellos que ponen su confianza en Cristo y lo reciben como Salvador y Señor pueden recibir la salvación. Grandes y pequeños, ricos y pobres, doctores y analfabetos, judíos y gentiles, todos son salvos por Cristo de la misma manera: por la fe. La fe no es meritoria, ¡es un don de Dios!

# 18
## de marzo

# La felicidad de tener al Señor como pastor

Jehová es mi pastor; nada me faltará.

**SALMOS 23:1**

La oveja de Jesús es feliz. Jesús es el buen, el gran y el supremo pastor de las ovejas. Como buen pastor, dio su vida por las ovejas. Como gran pastor, vive para las ovejas. Como supremo pastor, volverá por las ovejas. Jesús suple todas las necesidades de sus ovejas. Él las conduce a los pastos verdes y a las aguas tranquilas. Él las guía por las sendas de la justicia y refrigera sus almas. Jesús es el pastor que camina con sus ovejas por el valle de sombra de muerte y las consuela con su vara y su cayado. Las ovejas de Jesús tienen alegría y honra, pues el Señor unge su cabeza con óleo y hace rebosar su copa. Jesús ofrece a sus ovejas bondad y misericordia todos los días y después las recibe en la gloria. Las ovejas de Jesús tienen provisión, compañía y seguridad eterna. Jesús las protege de los lobos y las protege del mal. Aun pasando por los valles más oscuros de la vida y enfrentando hasta las mismas sombras de la muerte, las ovejas de Jesús no deben temer, pues su pastor ya venció la muerte. Él ya arrancó el aguijón de la muerte y ahora les ofrece, de gracia, por la fe, la vida eterna. La vida eterna es comunión profunda y continua con Jesús. Él, el buen, el gran y el supremo pastor, es la propia esencia de la vida eterna. ¡Jesús camina con nosotros aquí y nosotros habitaremos con Él por toda la eternidad!

# 19
## de marzo

## La alegría de la esperanza

Y la esperanza no avergüenza; porque el amor de Dios ha sido
derramado en nuestros corazones por el Espíritu Santo que nos
fue dado.

ROMANOS 5:5

L a esperanza es el oxígeno de la vida. No hay vida sin esperanza. Solo los
muertos no tienen esperanza. El apóstol Pablo dice que debemos regoci-
jarnos en la esperanza. La esperanza es el faro que ilumina nuestro camino,
el bordón que nos sostiene mientras caminamos, el escenario más bello que
vemos en el horizonte. La desesperanza es marca de aquellos que conocen a
Dios. No debemos vivir como quien no tiene esperanza. No debemos rendirnos al desespero, como si la vida fuese solo el aquí y el ahora. Si nuestra
esperanza se limita solamente a esta vida, somos los más infelices de todos los
hombres. Para muchas personas la muerte es el fin de la vida. Para ellas, el
futuro es un escenario sombrío. Nuestro futuro, sin embargo, no es incierto.
No caminamos rumbo a lo desconocido. Nuestro fin no es una tumba helada
cubierta de polvo. Hay un cielo de luz. Hay una ciudad celestial. Hay una
recompensa eterna. Hay un paraíso restaurado. El ocaso de nuestra vida no
es una noche tenebrosa, sino una mañana llena de luz. Caminamos hacia la
gloria. Caminamos hacia el cielo. Caminamos hacia la bienaventuranza eterna. Nuestra esperanza no es una ilusión, sino una persona. ¡Nuestra esperanza
es Jesús!

# 20
## de marzo

# El milagro de la Anunciación a María

… María, no temas, porque has hallado gracia delante de Dios. Y ahora, concebirás en tu vientre, y darás a luz un hijo, y llamarás su nombre Jesús.

**LUCAS 1:30B-31**

El nacimiento de Jesús fue anunciado por el ángel Gabriel a la joven María en Nazaret de Galilea. Dios escogió a una joven pobre, de una ciudad pobre, para ser la madre del Salvador. Dios escoge a los débiles para avergonzar a los fuertes. María debía ser muy joven y todavía no se había desposado. Cuando recibió la visita del ángel Gabriel quedó alarmada. Cuando supo que había sido objeto de la gracia de Dios para ser la madre del Salvador de su pueblo, quiso saber cómo sucedería eso, pues no tenía relación con ningún hombre. El ángel le explicó que la sombra del Altísimo la envolvería y ella concebiría por obra del Espíritu Santo, de tal forma que su hijo sería el Hijo del Altísimo. Entonces María, humildemente, dijo: "He aquí la sierva del Señor; hágase conmigo conforme a tu palabra" (v. 38b). Parece que Dios llegó adelantado a Nazaret, pues escogió a una joven que todavía no era casada para ser la madre de Jesús. María, sin embargo, estaba dispuesta a enfrentar los preconceptos y la amenaza, ya que podía ser abandonada por el novio y aun apedreada por el pueblo. Pero ella no teme. Por el contrario, cree en Dios, y el Señor la exalta.

# 21

## de marzo

# El drama del legalismo

> ¿Y piensas esto, oh hombre, tú que juzgas a los que tal hacen, y
> haces lo mismo, que tú escaparás del juicio de Dios?
>
> ROMANOS 2:3

El legalismo es la idea de que Dios está más interesado con las normas que con las personas. Un individuo legalista se preocupa más por la apariencia que por la esencia, le da más valor a lo exterior que a lo interior. El legalismo es un caldo mortífero que enferma y vuelve neurótica a la familia y a la iglesia en nombre de la verdad. Los legalistas cuelan el mosquito y tragan el camello. Pelean por aquello que es secundario y transigen con aquello que es esencial. En nombre del celo espiritual hieren a las personas, perturban la paz y rompen los vínculos de comunión. Los legalistas actúan como los fariseos que acusaban a Jesús de pecador mientras tramaban su muerte en sábado. Los legalistas son aquellos que reputan su interpretación de las Escrituras como infalible y atacan como los escorpiones del desierto a aquellos que están en desacuerdo con su visión extrema, llamándolos herejes. El legalismo es fruto del orgullo y desemboca en la intolerancia. En nombre de la verdad, sacrifica la misma verdad y se subleva contra el amor. El legalismo es reduccionista, pues repudia a todos los que no miran la vida a través de sus lentes empañados. El legalismo profesa una ortodoxia muerta, sin amor y sin compasión. Cuidémonos de ese caldo mortífero.

# 22

## de marzo

# Discusión sin poder

Él les preguntó: "¿Qué disputáis con ellos?".

**MARCOS 9:16**

El texto de Lucas 9:28-36 muestra que los nueve discípulos que estaban en la falda del monte de la Transfiguración tampoco oraron; antes, trabaron una infructífera discusión con los escribas (Marcos 9:16). En ese ínterin, el padre afligido porque su hijo estaba endemoniado, ruega a los discípulos de Jesús que ayuden a su hijo, pero los discípulos no pudieron ayudarlo. Estaban desprovistos de poder. Su espiritualidad era la espiritualidad de la discusión sin poder. En lugar de orar y ayunar, ellos discutían. En lugar de hacer la obra de Dios, discutían acerca de la obra. En lugar de mantenerse fieles a su vocación, perdieron el foco del ministerio en una vana discusión con los opositores de Jesús. Mientras aquellos discípulos discutían, el diablo actuaba. Como no oraron ni ayunaron, estaban vacíos de poder y, como estaban vacíos de poder, no pudieron expulsar la clase de demonios que atormentaban al hijo único de aquel padre afligido. Aún hoy corremos el riesgo de perder el foco de nuestra espiritualidad. Muchas veces dejamos de orar y de trabajar porque estamos envueltos en discusiones interminables e infructíferas. Discutimos mucho y trabajamos poco. Hacemos mucho ruido con nuestras palabras, pero producimos poco con nuestras manos. Si el éxtasis sin discernimiento es una espiritualidad fuera de foco, de igual modo es la discusión sin poder.

# 23
de marzo

# La comunicación, el oxígeno en las relaciones

La muerte y la vida están en poder de la lengua.

**PROVERBIOS 18:21A**

La mayor necesidad de la familia son las relaciones saludables. En el siglo de la comunicación estamos perdiendo la capacidad de relacionarnos saludablemente. Matamos o damos vida a nuestras relaciones, dependiendo de la manera como nos comunicamos. La comunicación es el oxígeno de las relaciones. La Palabra de Dios es categórica en decir: "La muerte y la vida están en poder de la lengua, y el que la ama comerá de sus frutos" (Proverbios 18:21). Había en una pequeña villa un anciano muy sabio que daba respuestas buenas y adecuadas a los grandes dilemas que le eran presentados. Cierto día, un joven astuto decidió poner al viejo en un enredo. Pensó lo siguiente: "Voy a tomar un pájaro pequeño, colocarlo en la palma de mi mano y cerrar la mano, y le preguntaré al viejo: '¿Este pájaro que está en mi mano está vivo o muerto?'. El joven imaginó: 'Si afirma que el pájaro está muerto, yo abro la mano y lo dejo volar. Si él afirma que está vivo, yo aprieto la mano y se lo entrego muerto'". En la mente del joven astuto, no había salida para este dilema. Con mirada altiva y sacando el pecho, el joven desafió al viejo, preguntando confiadamente: "Usted es muy inteligente y tiene respuesta para todo, entonces respóndame: '¿El pájaro que está dentro de mi mano está vivo o muerto?'". El viejo lo miró profundamente y respondió: "Joven, que el pájaro esté vivo o muerto solo depende de usted". Así también son nuestras relaciones: están vivas o muertas, solo depende de nuestra comunicación.

# 24
## de marzo

# Jesús en la casa de misericordia

Después de estas cosas había una fiesta de los judíos, y subió
Jesús a Jerusalén.

JUAN 5:1

Jesús va al estanque de Betesda, donde había varios enfermos. Se decía que,
de cuando en cuando, un ángel descendía al estanque y la primera persona
que llegaba a las aguas era curada del mal que le afligía. En ese escenario de
dolor, Jesús identifica a un hombre paralítico abandonado a su propia suerte
hacía 38 años. Jesús le hace una pregunta maravillosa: "¿Quieres ser sano?"
(v. 6b). Esa pregunta parece muy obvia. Es natural que un enfermo quiera ser
sanado. Pero ¿por qué le preguntó Jesús? Para que el paralítico pudiera exponer sus angustias. El hombre, en lugar de responder sí o no, replica con una
evasiva: "No tengo a nadie" (v. 7b). Jesús, entonces, le da una orden poderosa:
"Levántate, toma tu lecho, y anda" (v. 8b). El mismo Jesús que da la orden,
también da el poder para cumplirla. "Y al instante aquel hombre fue sanado,
y tomó su lecho, y anduvo" (v. 9a). No hay enfermedad incurable para el
médico de los médicos. No hay vida irrecuperable para Jesús. Él sana, libera,
perdona y salva. Tal vez usted esté viviendo el drama del abandono, con la
esperanza muerta, derribado emocionalmente, a la espera de un milagro que
se prorroga. Hoy mismo Jesús puede cambiar su suerte y darle a usted paz y
salvación eterna.

# 25
## de marzo

# La naturaleza del matrimonio

Honroso sea en todos el matrimonio, y el lecho sin mancilla.

**Hebreos 13:4a**

El matrimonio fue instituido por Dios para la felicidad del hombre y de la mujer. El mismo Dios que creó al hombre a su imagen y semejanza y creó hombre y mujer, también instituyó el matrimonio, estableciendo su naturaleza. Fue el mismo Dios quien dijo: "Por tanto, dejará el hombre a su padre y a su madre, y se unirá a su mujer, y serán una sola carne" (Génesis 2:24). Hay aquí tres principios básicos sobre el matrimonio. Primero, el matrimonio es heterosexual. El texto habla sobre un hombre uniéndose a su mujer. La tentativa de legitimar la relación homosexual está en desacuerdo con el propósito de Dios. Segundo, el matrimonio es monógamo. El texto dice que el hombre debe dejar padre y madre para unirse a su mujer, y no a sus mujeres. Tanto la poligamia (un hombre con varias mujeres) como la poliandria (una mujer con varios hombres) también están en desacuerdo con el propósito de Dios para el matrimonio. Tercero, el matrimonio es monosomático, pues los dos llegan a ser una sola carne, o sea, pueden disfrutar de la relación sexual con alegría, santidad y fidelidad. El sexo antes del matrimonio es fornicación. Aquellos que practican tales cosas están bajo el desagrado de Dios. El sexo fuera del matrimonio es adulterio, y solo aquellos que quieren destruirse cometen tal locura. El sexo en el matrimonio, sin embargo, es un mandamiento divino. Seguir estos principios de Dios es el secreto de un matrimonio feliz.

# 26

## de marzo

# La felicidad como resultado de la generosidad

El alma generosa será prosperada; y el que saciare, él también será saciado.

**Proverbios 11:25**

J esús dijo: "Más bienaventurado es dar que recibir" (Hechos 20:35b). Este es un camino seguro para la verdadera felicidad. En este mundo marcado por la ganancia y en esta sociedad caracterizada por la avaricia, Jesús nos muestra que el camino de la felicidad no es recibir, sino dar. En el ansia de ser feliz, el ser humano siempre quiere más. Por eso, asalta, roba, corrompe y toma lo máximo del otro, y eso de forma ilícita y deshonesta. Con todo, cuanto más acumula los tesoros de la impiedad, más se hunde en el desespero y en la infelicidad. El camino de la felicidad es el contrario a la ganancia. Somos felices no cuando tomamos lo que es del otro, sino cuando damos al otro. Somos felices no cuando acumulamos para nuestro deleite, sino cuando repartimos por amor al prójimo. Somos felices no cuando juntamos tesoros en la tierra, sino cuando los atesoramos en el cielo. Somos felices no cuando acumulamos todo para nosotros mismos, sino cuando damos lo máximo para el bien de nuestro prójimo. La felicidad no está en cuánto tenemos, sino en cuánto repartimos. La generosidad, además de traernos la felicidad nos asegura prosperidad. No es el avaro quien prospera, sino el generoso. Cuanto más sembramos en la vida del prójimo, más multiplica Dios nuestra sementera. La bendición que repartimos retorna sobre nuestra propia cabeza.

# 27
## de marzo

# Jesús resucita a la hija de Jairo

Y tomando la mano de la niña, le dijo: "Talita cumi"; que
traducido es: "Niña, a ti te digo, levántate".

**MARCOS 5:41**

La muerte trae en su mochila mucho dolor a nuestro corazón. No fuimos creados para morir. La muerte siempre nos deja aturdidos. Después de demostrar su poder sobre la tempestad, librar a un hombre poseído y sanar a una mujer enferma, Jesús revela su poder sobre la muerte, resucitando a una niña de 12 años. El padre de aquella niña era Jairo, el jefe de la sinagoga. Era un hombre religioso y de gran prestigio en la comunidad. Su dinero, su popularidad y su religión, sin embargo, no pudieron evitar aquel doloroso golpe. Jairo ve a su única hija ser cortada por la muerte precozmente. Fue a Jesús, se postró a sus pies y le pidió al Maestro que fuera con él, a su casa, para sanar a su hija. Estaban todavía de camino cuando el padre fue informado de que la niña había muerto. Jesús le dijo: "No temas; cree solamente" (Lucas 8:50b). Cuando Jesús camina con nosotros, no debemos temer las malas noticias. Cuando Jesús está con nosotros, el suelo de la resurrección prevalece sobre el musgo de la muerte. Cuando Jesús manifiesta su poder, la muerte no tiene la última palabra. Jesús resucitó a la niña y la devolvió a sus padres. La alegría de la vida triunfó sobre la tristeza de la muerte. Porque Jesús venció a la muerte, ya no debemos tener más miedo del mañana.

# 28
## de marzo

# Dios vistió piel humana

En el principio era el Verbo, y el Verbo era con Dios, y el Verbo era Dios.

JUAN 1:1

El apóstol Juan, en el prólogo de su evangelio, dice: "Y aquel Verbo fue hecho carne, y habitó entre nosotros (y vimos su gloria, gloria como del unigénito del Padre), lleno de gracia y de verdad" (v. 14). Este es un misterio sublime. El Dios trascendente se hizo inmanente. Se vació aquel que ni los cielos de los cielos pueden contener. Nació en un pesebre aquel que creó todas las cosas por la palabra de su poder. Fue envuelto en pañales como un bebé aquel que es el Señor del universo. Se hizo perfectamente hombre aquel que es perfectamente Dios, sin perder su naturaleza divina. Se hizo pecado aquel que es santo. Fue hecho maldición aquel que es bendito eternamente. Aquel que es el autor de la vida dio su vida para redimirnos del pecado. Dios vistió piel humana y vino a habitar entre nosotros. Los celos descendieron a la tierra. Lleno de gracia y verdad, vimos en el rostro de Cristo la gloria del Padre. Él y el Padre son uno. Son de la misma esencia. Quien ve al Hijo ve al Padre y quien tiene al Hijo tiene igualmente al Padre. La encarnación del Verbo es la expresión máxima de la gracia. Dios no nos abandonó en nuestro pecado, sino que descendió a nosotros en la persona de su propio Hijo para redimirnos del pecado, arrancarnos del imperio de las tinieblas y librarnos de la ira venidera. Ese es un mensaje de esperanza. Es el camino abierto por Dios desde el cielo, es la puerta abierta de la gracia a los pecadores. Es la oferta de la gracia del perdón. Por medio de Cristo, podemos acercarnos a Dios confiadamente, sabiendo que él nos acepta, nos recibe y nos ofrece salvación y vida eterna.

# 29

## de marzo

# Jesús sana a la suegra de Pedro

---

Entonces él se acercó, y la tomó de la mano y la levantó; e inmediatamente le dejó la fiebre, y ella les servía.

**MARCOS 1:31**

El apóstol Pedro era casado. Su suegra estaba ardiendo en fiebre, postrada en una cama. Los discípulos hablaron con Jesús con respecto a ella. El Maestro fue al encuentro de la enferma, la tomó de la mano, y la fiebre la dejó, de modo que ella pasó a servirlos. Debemos contar a Jesús aquello que nos aflige. Él es nuestro mejor amigo. Es compasivo y misericordioso. Cuando estamos enfermos, buscamos un médico. Cuando tenemos problemas con la ley, buscamos un abogado. Cuando necesitamos ayuda, buscamos un amigo. Pero, por encima de todo y en cualquier circunstancia, debemos buscar al Señor Jesús. La sanidad de la suegra de Pedro fue inmediata y total. Ninguna enfermedad puede resistir el poder de Jesús. Él sanó al hombre poseído en la sinagoga, un ambiente religioso; sanó a la suegra de Pedro en casa, un ambiente familiar; y también sanó una multitud en la calle, un ambiente abierto. La enfermedad, el viento y el mar oyen su voz. Los ángeles obedecen sus órdenes. Los demonios no resisten su autoridad. Nadie puede resistir su poder. Fiebre, vientos, olas, tempestades, nada de esto hace diferencia para Jesús. Él ejerce completo control en el cielo, en la tierra y debajo de la tierra. ¡Confíe ahora mismo su vida a Él!

# 30
## de marzo

# La felicidad de una nación

Bienaventurada la nación cuyo Dios es Jehová, el pueblo que él escogió como heredad para sí.

**SALMOS 33:12**

L a Biblia dice que feliz es la nación cuyo Dios es el Señor. La felicidad de un pueblo no está simplemente en su cultura o en su poder económico. Una nación es la reunión total de sus ciudadanos. Personas felices forman una nación feliz; personas infelices forman una nación infeliz. Por eso, una nación que se vuelve a otros dioses y se inclina delante de los ídolos está camino a la infelicidad. Una nación que se revuelca en el pantano de la inmoralidad y promueve toda suerte de vicios degradantes, trabaja contra sí misma. Vivimos en un mundo incluyente, que abraza todas las religiones como verdaderas y dice que todo camino lleva a Dios. Vivimos en una sociedad pluralista, que repudia la verdad absoluta y acepta como legítimas todas las divinidades creadas por el hombre. Una sociedad en la que Dios es destronado de su majestad y los ídolos creados por el arte y por la imaginación humana son adorados como si pudieran salvar. Pero esa práctica engaña y oprime. La impiedad desemboca en la perversión, y la idolatría desagua en la inmoralidad. Una nación rendida a los ídolos no puede disfrutar de la verdadera felicidad, pues la felicidad pura y genuina está en Dios. No es feliz la nación que tiene muchos dioses, que se postra delante de muchos altares y que rinde culto a muchos ídolos; pero feliz es la nación cuyo Dios es el Señor.

# 31

## de marzo

# Presente doloroso, futuro glorioso

Pues tengo por cierto que las aflicciones del tiempo presente
no son comparables con la gloria venidera que en nosotros ha
de manifestarse.

ROMANOS 8:18

Pablo dice que el camino del cristiano en este mundo es una marcha por calles plagadas de espinos. El camino rumbo a la gloria es estrecho, y la puerta es apretada. Tenemos un presente doloroso, pero un futuro glorioso. Pablo escribe: "Porque esta leve tribulación momentánea produce en nosotros un cada vez más excelente y eterno peso de gloria" (2 Corintios 4:17). Aquí pisamos calles sembradas de espinos, cruzamos valles oscuros y atravesamos desiertos tórridos. Aquí, nuestros ojos están empapados de lágrimas y nuestro cuerpo gime bajo el látigo del dolor. Aquí enfrentamos ondas encrespadas, ríos caudalosos y hornos ardientes. Aquí sufrimos, lloramos y sangramos. Sin embargo, en comparación con la gloria a ser revelada en nosotros, nuestras tribulaciones son leves y pasajeras. El presente es doloroso, pero el futuro es glorioso. Nuestro destino final no es un cuerpo deteriorado, sino un cuerpo de gloria. Nuestra jornada no termina en una tumba helada, sino en la Jerusalén celestial. Nuestro fin no es la muerte, sino la vida eterna. Nuestro futuro de gloria debe animarnos a enfrentar con alegría la presente tribulación. Lo que seremos debe llenarnos de esperanza para resistir las limitaciones de quienes somos. ¡Vivimos en la dimensión de la eternidad!

# 1

# El drama del pecado

Porque la paga del pecado es muerte.

**ROMANOS 6:23A**

El pecado es el mayor de todos los males que atacan a la familia y a la sociedad. El pecado es, en verdad, maligno. El pecado separa, insensibiliza, deja marcas y mata. El pecado es la causa de todos los otros males. Es rebelión contra Dios, violación de su ley y conspiración contra su santidad. El pecado es un fraude: promete libertad y esclaviza; promete placer y atormenta; promete vida y mata. El pecado es seductor: parece bello a los ojos, pero ciega; parece apetitoso, pero es un veneno letal; parece suave y placentero, pero su salario es la muerte. El pecado es peor que la soledad, peor que la pobreza, peor que la enfermedad, peor que la misma muerte. Estos males, todos, aunque bastante terribles, no pueden apartar al ser humano de Dios; el pecado, sin embargo, lo aparta de Dios en el tiempo y en la eternidad. Ninguna persona puede librarse del pecado por sí misma, ni siquiera por medio de la religión. Solamente la sangre de Jesús puede purificarnos de todo pecado. Cristo murió por nuestros pecados. Él es el suficiente Salvador. Solo en Él encontramos perdón y vida eterna. Solamente por medio de Cristo, la familia puede disfrutar de una vida abundante, una paz verdadera y una alegría perenne.

# 2
## de abril

# Jesús resucita a Lázaro

Y habiendo dicho esto, clamó a gran voz: "¡Lázaro, ven fuera!".

**JUAN 11:43**

Lázaro era amigo de Jesús, pero no tenía inmunidad especial. Jesús frecuentaba su casa, y aun así él estuvo enfermo. Sus hermanas enviaron un mensaje a Jesús: "El que amas está enfermo" (v. 3b), pero, al ser informado, Jesús permaneció todavía dos días donde estaba. Cuando llegó, Lázaro ya estaba muerto y sepultado hacía cuatro días. Los rabinos creían que un muerto podía resucitar, pero no después del cuarto día. Solamente Dios podría realizar tal hazaña. Marta, hermana de Lázaro, en tono de censura, le dijo a Jesús: "Señor, si hubieses estado aquí, mi hermano no habría muerto" (v. 21b). Jesús, sin embargo, no llegó atrasado, pues el tiempo de Dios no es nuestro tiempo. La resurrección de un muerto es un milagro mayor que la sanidad de un enfermo, y la resurrección de un muerto sepultado por cuatro días es una demostración indiscutible del poder de aquel que es la resurrección y la vida. Jesús lloró en la tumba de Lázaro (v. 35ss) y dio una orden expresa: "Quitad la piedra". Marta, no obstante, intervino: "Señor, hiede ya", pero Jesús la corrigió: "Si crees, verás la gloria de Dios". Inmediatamente, Jesús lanzó su voz hacia dentro del sepulcro y gritó: "¡Lázaro, ven fuera!". Lázaro se levantó vivo, la gloria de Dios se manifestó, y muchos creyeron en el Hijo de Dios. Para Jesús no existe problema insoluble ni causa perdida. ¡Delante de Él, hasta la muerte cubre de vergüenza su rostro!

# 3
## de abril

# El divorcio,
# el naufragio del matrimonio

Porque Jehová Dios de Israel ha dicho que él aborrece el repudio.

**MALAQUÍAS 2:16A**

Dios instituyó el matrimonio, pero no el divorcio. El divorcio es permitido, mas no ordenado. El divorcio es fruto de la dureza del corazón, de la incapacidad de perdonar. Es la ruptura del pacto conyugal, la apostasía del amor, el naufragio del matrimonio. La Biblia dice que Dios odia el divorcio. El divorcio está en alza porque el matrimonio está en baja. Si invirtiéramos más en el matrimonio, tendríamos menos divorcios. Si comprendiéramos mejor los principios de Dios para el matrimonio, seríamos menos apresurados en buscar el divorcio. Jesús dijo que necesitamos volver a las Escrituras para que veamos cuáles son los fundamentos del matrimonio, antes de hablar del repudio (Mateo 19:3-9). Solamente encontramos en la Biblia dos cláusulas de excepción para el divorcio: la infidelidad conyugal (Mateo 19:9) y el abandono irremediable (1 Corintios 7:15). Divorciarse y casarse de nuevo sin ese amparo de la Palabra de Dios es cometer adulterio. Está claro a la luz de la Palabra de Dios que el divorcio no es algo insignificante, pues trae dolor, decepción, lágrimas y heridas. Hiere a los cónyuges, a los hijos, a la familia, a la iglesia, y también enferma a la sociedad. No hay iglesia fuerte con familias débiles, ni hay nación bienaventurada sin familias sólidas.

# 4

## de abril

# La ayuda de Dios

> Dios es nuestro amparo y fortaleza, nuestro pronto auxilio en
> las tribulaciones.
>
> SALMOS 46:1

El profeta Nahúm, en su análisis sobre la persona de Dios, dice que la ayuda divina es el ancla de nuestra paz. El profeta escribe: "Jehová es... fortaleza en el día de la angustia" (v. 1:7a). Dios no abandona a su pueblo en las batallas más amargas de la vida. Él camina con nosotros por en medio de las olas revoltosas, por los ríos caudalosos y por los hornos ardientes. Él inspira canciones de alabanza en las noches oscuras y pone en nuestros labios un cántico de victoria, aun cuando gruesas lágrimas rueden por nuestro rostro. Él es nuestra ciudad de refugio, nuestro escudo protector, nuestro amigo más allegado, nuestro abrigo en el temporal. No siempre nos libra de la angustia, pero siempre es fortaleza en el día de la angustia. No siempre nos libra del fuego ardiente de las pruebas, pero siempre nos libra en las pruebas. El fuego de las pruebas solo puede quemar nuestras amarras, pero no puede chamuscar un solo cabello de nuestra cabeza. No siempre Dos nos libra "de" la muerte, pero siempre nos libra "en" la muerte y nos lleva a salvo a su reino celestial. El futuro puede ser incierto para nosotros; jamás, sin embargo, lo será para Dios. Él nos toma de la mano derecha, nos guía con su consejo eterno y después nos recibe en la gloria. Caminamos de fuerza en fuerza, de fe en fe, siendo transformados de gloria en gloria hasta adentrarnos en la ciudad santa por las puertas. Mientras cruzamos los valles oscuros de la sombra de la muerte en esta tierra, tenemos dos amigos inseparables en el recorrido: la bondad y la misericordia. Cuando terminemos la jornada, por fin, habitaremos en la casa del Señor para siempre jamás.

# 5
## de abril

# Jesús sana al hombre
# de la mano seca

… [Jesús] dijo al hombre [de la mano seca]: "Extiende tu mano". Y él la extendió, y la mano le fue restaurada sana.

**MARCOS 3:5B**

Los lugares religiosos abrigan ovejas y lobos. No siempre es fácil distinguirlos. Jesús estaba en la sinagoga de Capernaúm. Los fariseos también estaban allí para verificar si él curaría en sábado a fin de acusarlo. En medio del pueblo había un hombre con la mano derecha seca, buscando un milagro. Jesús le dio a ese hombre tres órdenes: "Levántate, ponte en medio, extiende tu mano" (Marcos 3:5). Antes de recibir la sanidad, aquel hombre debía salir del anonimato y admitir públicamente su problema. Frente a la orden expresa de Jesús para extender su mano, aquel que siempre había visto su diestra sin vigor y seca, observa, admirado, sus nervios y músculos estirarse y la sanidad acontecer milagrosamente. Los fariseos, ciegos espiritualmente, pensaban que Jesús estaba quebrantando la ley sanando en sábado, pero no se daban cuenta de que ellos era los transgresores, pues salieron de allí para tramar con los herodianos la muerte de Jesús. Tal vez haya en su vida alguna área seca. Hoy Jesús puede hacer un milagro en su vida y traer restauración a su alma. Para Él no existe causa perdida, problema insoluble o vida irrecuperable. ¡Entréguele su camino al Señor, confíe en Él y lo demás Él lo hará!

# 6
## de abril

# La reconciliación restaura relaciones

Mirad por vosotros mismos. Si tu hermano pecare contra ti, repréndele; y si se arrepintiere, perdónale.

LUCAS 17:3

Muchas veces, el hogar es palco de conflictos y tensiones. En esta cantera no solo florece el amor; también la hierba dañina del resentimiento. Heridas emocionales son abiertas, batallas infames son trabadas, y el saldo es la decepción y la ruptura de la comunicación. Existen cónyuges que se lastiman mutuamente; hijos tristes por causa de sus padres; padres que ya no conversan con los hijos; existen hermanos que parecen enemigos dentro de la misma casa. En este escenario oscuro de amargura, la reconciliación es una necesidad vital. La Biblia habla sobre Jacob y Esaú. Eran hermanos gemelos, pero vivían en disputas y querellas, hasta el día en que Jacob traicionó a Esaú. Este pasó a odiarlo y decidió matarlo. Jacob tuvo que huir de casa, y esa fuga duró más de veinte años. El tiempo no fue suficiente para sanar aquella herida. Jacob regresó rico y con numerosa familia, pero temía encontrar a su hermano. Por providencia divina, Dios salvó a Jacob en el camino de regreso a su tierra y cambió el corazón de Esaú. Aquel encuentro, que podría haber sido trágico, fue transformado en una fiesta de reconciliación. Ellos se abrazaron y restauraron la relación rota hacía más de veinte años. Usted también puede hacer lo mismo. Hoy es tiempo de perdón. ¡Hoy es el día de la reconciliación!

# 7
## de abril

# Jesús sana a diez leprosos

Cuando Él los vio, les dijo: "Id, mostraos a los sacerdotes".
Y aconteció que mientras iban, fueron limpiados.

LUCAS 17:14

El desespero de morir en un lazareto tal vez era mayor que la propia lepra que devastaba a sus víctimas. Jesús iba a Jerusalén cuando pasó por una aldea samaritana. Vinieron a Él diez leprosos, que de lejos gritaron y alzaron la voz, diciendo: "¡Jesús, Maestro, ten misericordia de nosotros!" (v. 13). Al verlos, Jesús les dijo: "Id, mostraos a los sacerdotes" (v. 14). Aconteció que, yendo ellos, fueron purificados. La lepra era una enfermedad incurable y que segregaba. Los leprosos eran separados de la convivencia familiar y arrojados en un lazareto o en una colonia para que vivieran aislados hasta la muerte. Un leproso no podía aproximarse a nadie. Cuando alguien se acercaba, debía gritar: "¡Impuro, impuro!". La lepra era un símbolo de maldición. Como el pecado, separa, insensibiliza, contamina, deja cicatrices y mata. Jesús sanó a los diez leprosos de esta terrible enfermedad, pero solo uno volvió para agradecer. Él recibió no solamente la sanidad física, sino también la salvación de su vida. La Biblia dice que todos pecaron y están destituidos de la gloria de Dios (Romanos 3:23). El pecado hace separación entre usted y Dios. Solamente Jesús puede limpiar su vida, perdonar sus pecados y reconciliarlo con Dios. ¡Jesús aún purifica a los leprosos!

# 8
## de abril

# Mandamientos religiosos y morales

---

Y habló Dios todas estas palabras, diciendo: "Yo soy Jehová, tu
Dios, que te saqué de la tierra de Egipto, de casa de servidumbre".

Éxodo 20:1-2

D ios le dio a Moisés las dos tablas de la ley que contenían los diez mandamientos. Los cuatro primeros mandamientos de la ley de Dios, que
estaban en la primera tabla, tratan acerca de los mandamientos religiosos.
Hablan sobre nuestra relación con Dios. No hay varios dioses. Hay un solo
Dios, pero tres personas distintas: el Padre, el Hijo y el Espíritu Santo. No
podemos tener otros dioses, no podemos hacer ni adorar imágenes de escul-
tura que representen la divinidad, no podemos tomar en vano su nombre, ni
omitir dedicar un día semanal para estrechar la comunión con Dios. Los seis
últimos mandamientos, de la segunda tabla, tratan con los mandamientos
morales y hablan sobre nuestra relación con el prójimo. Somos exhortados a
honrar a padre y madre, a respetar la vida, la honra, los bienes y la reputación
del prójimo. Además de esto, somos exhortados a no codiciar en nuestro corazón lo que es del prójimo. Los mandamientos de la ley de Dios se refieren
a cosas objetivas y también subjetivas. Dios ve no solo nuestras obras, también oye nuestras palabras. Dios conoce no solo nuestras acciones, también
sondea nuestras motivaciones. La ley de Dios es como una tomografía com-
putarizada que hace una lectura de nuestro interior. Aunque no podamos ser
salvos por los mandamientos, no estamos exentos de observarlos. Esta ley
debe regir nuestra vida, nuestra conducta y nuestra postura tanto delante de
Dios como delante de los hombres. Jesús sintetizó toda la ley en un único
mandamiento: amar a Dios por encima de todas las cosas y al prójimo como
a nosotros mismos.

# 9
## de abril

# Es más tarde de lo que usted se imagina

> ... Dinos, ¿cuándo serán estas cosas, y qué señal habrá de tu venida, y del fin del siglo?
>
> **MATEO 24:3B**

El futuro llegó. Los pronósticos hechos ayer sobre el futuro son la realidad de nuestro hoy. El mañana es un tiempo desconocido por el hombre, pero conocido por Dios. El Señor no solo conoce el mañana, también disecciona sus entrañas. En su sermón profético, Jesús apuntó hacia las señales que precederán su segunda venida y el fin del mundo. La primera señal de la segunda venida de Cristo es la proliferación del engaño religioso. Jesús dijo que el tiempo del fin sería caracterizado por el engaño religioso. Se multiplicarían los falsos maestros y las falsas doctrinas. Los falsos maestros, inspirados por el espíritu de la iniquidad, que ya opera en el mundo, realizarían milagros y con eso engañarían a aquellos que no tienen el sello de Dios. El tiempo del fin sería caracterizado no solo por la diseminación del error, sino también por la intolerancia con la verdad. Las personas no soportarán la sana doctrina; por el contrario, sentirán comezón en los oídos, buscando ávidamente las falsas promesas de un falso evangelio. Ese pronóstico futuro es nuestro presente. Esta es la realidad, que no se puede disfrazar, de nuestros días. Es más tarde de lo que podemos imaginar. ¿Usted ya está preparado para aquel glorioso día? ¿Ya entregó su corazón a Jesús? Hoy es el día oportuno. ¡Hoy es el día de la salvación!

# 10
## de abril

# Jesús regresa al cielo

---

Y aconteció que bendiciéndolos, se separó de ellos, y fue llevado arriba al cielo.

LUCAS 24:51

Jesús vino del cielo y al cielo retornó. Él descendió de la gloria, vistió piel humana y habitó entre nosotros. El Dios trascendente se hizo Emanuel, Dios con nosotros. Vivió en santidad, murió por nuestros pecados y resucitó para nuestra justificación. Ascendió al cielo y está sentado a la diestra de Dios, donde intercede por nosotros, gobierna su iglesia y reina soberano sobre todo el universo. La ascensión de Jesús es la prueba de que su misión fue plenamente cumplida y que nuestra redención fue cabalmente realizada. El niño que nació en un pesebre y fue envuelto en pañales es el Rey de los reyes y el Señor de los señores. Él está sentado en la sala de comando del universo y tiene en las manos las llaves de la muerte y del infierno. Él es el Cordero digno de abrir el libro de la historia y conducirla a su consumación gloriosa. La ascensión de Jesús es la garantía de que Él volverá para buscar a su iglesia y reinar para siempre con ella. Jesús vendrá en majestad y gloria para juzgar a vivos y muertos, galardonar a su pueblo y entrar con él a la gran fiesta de las bodas del Cordero. ¿Usted quiere formar parte de esta fiesta? Ríndase, entonces, a Jesús. Él es el camino hacia Dios, la única puerta al cielo. No hay salvación en ningún otro nombre. Él es el Salvador del mundo, el único mediador que nos reconcilia con Dios.

# ¿Cuál es el origen del universo?

En el principio creó Dios los cielos y la tierra.

GÉNESIS 1:1

Tres teorías intentan explicar el origen del universo: la generación espontánea, la explosión cósmica y la evolución de las especies. Las tres son fruto de la visión mecanicista, y ninguna de ellas presupone la existencia de Dios. Hoy sabemos que el universo, con sus innumerables galaxias y mundos estelares, tiene más de diez billones de años luz de diámetro. Eso significa que, si consiguiéramos volar en una nave espacial a la velocidad de la luz, 300.000 kilómetros por segundo, demoraríamos diez billones de años para ir de un extremo al otro. ¿Habría este universo tan vasto y complejo nacido espontáneamente? ¿El universo se habría dado a luz a sí mismo? ¿Podría una colosal explosión originar un universo tan armonioso, con leyes tan precisas y exactas? ¿Podría ser que el caos produjera el cosmos? ¿Que el desorden produjera el orden? Hoy sabemos que el universo está compuesto de materia y energía. Sabemos también que el universo es gobernado por leyes. Y sabemos además que materia y energía no crean leyes. Luego, alguien fuera del universo creó esas leyes. ¿Quién las creó, ya que las leyes no se crean a sí mismas? La única respuesta plausible que tenemos está en la Biblia, la eterna, inerrante e infalible Palabra de Dios: "En el principio creó Dios los cielos y la tierra". El universo no surgió por acaso. Dios lo creó de acuerdo a su voluntad, por la palabra de su poder y para su propia gloria.

# 12
## de abril

## ¿Cuál es el origen del hombre?

Entonces Jehová Dios formó al hombre del polvo de la tierra, y
sopló en su nariz aliento de vida, y fue el hombre un ser viviente.

GÉNESIS 2:7

L os evolucionistas dicen que el ser humano vino del mono y que los simios
son nuestros ancestros más cercanos. ¿Será eso verdad? ¿Dónde están las
pruebas? ¿Dónde están los eslabones perdidos comprobatorios de esa teoría?
Las supuestas pruebas levantadas hasta hoy son inconsistentes e incongruen-
tes. El propio libro de Charles Darwin, *El origen de las especies*, publicado
en Londres en 1859, tiene más de ochocientos verbos en el futuro del sub-
juntivo: "supongamos". La teoría de la evolución no pasa de un puñado de
conjeturas sin amparo de la verdad. La verdad incontrovertible de los hechos
es que fuimos creados. Somos seres genéticamente programados. Marshall
Nirenberg, premio Nobel de biología, descubrió que un ser humano adulto
tiene 60 trillones de células vivas y en cada una de ellas 1,70 metros de hilo
de ADN. Si consiguiéramos extender el hilo de ADN de nuestro cuerpo, lle-
garíamos a 102 trillones de metros. En cada célula están registrados nuestros
datos genéticos: el color de nuestra piel, el color de nuestros ojos y nuestro
temperamento. Los códigos de vida no son producidos por una explosión
cósmica. Los códigos de vida no se desarrollan por medio de una evolución de
millones y millones de años. Estos códigos fueron plantados en nosotros por
el Creador. Que nosotros somos seres creados es probado por la ciencia. Que
fuimos creados por Dios, a su imagen y semejanza, lo aceptamos por la fe.

# 13
## de abril

# ¿Cuál es la naturaleza del matrimonio?

Por esto dejará el hombre a su padre y a su madre, y se unirá a su mujer, y los dos serán una sola carne.

**EFESIOS 5:31**

La sociedad contemporánea ha perdido el sentido de los valores. Está confundida acerca de las cosas más simples de la vida. Desde que el mundo es mundo, se sabe que el matrimonio es una unión de un hombre y una mujer. Hoy se cuestiona el género. Se habla de matrimonio entre hombre y hombre, entre mujer y mujer. Eso es un desatino, un error, una torpeza, una disposición mental reprobable, una abominación. ¿Cuáles son los pilares de un matrimonio? Busquemos en la Palabra de Dios la respuesta: "Por tanto, dejará el hombre a su padre y a su madre, y se unirá a su mujer, y serán una sola carne" (Génesis 2:24). El matrimonio tiene tres pilares. Primero, el matrimonio es heterosexual. El matrimonio es la unión entre un hombre y una mujer y no la unión entre dos hombres o entre dos mujeres. Aunque nuestras cortes supremas legitimen la relación homosexual, esta estará siempre en desacuerdo con los principios divinos. Segundo, el matrimonio es monógamo. La poligamia está en desacuerdo con el proyecto de Dios. Tercero, el matrimonio es monosomático, es decir, marido y mujer llegan a ser una sola carne. El sexo antes del matrimonio es fornicación y fuera de él es adulterio. Las dos prácticas son contrarias a la santidad. Pero el sexo en el matrimonio es una orden divina y un don para ser disfrutado con alegría, placer y santidad.

# 14

## de abril

# Echad fuera la vieja levadura

Limpiaos, pues, de la vieja levadura, para que seáis nueva masa.

1 CORINTIOS 5:7A

La Pascua judía fue instituida la noche de la liberación. El cordero fue inmolado y su sangre, esparcida en el dintel de las puertas. De igual modo, Cristo, nuestro Cordero pascual, fue inmolado. Eso tiene que ver con nuestra redención. En esta fiesta, la levadura debía ser removida de todas las casas, y eso se relaciona con la santificación. El fermento que leuda la masa es un símbolo del pecado que se infiltra en nuestra vida y nos contamina. No podemos participar de la Pascua con el corazón impuro, la mente sucia y la vida contaminada. Las palabras sucias, las actitudes groseras y los pensamientos malos deben ser desterrados de nuestra vida. Como vestidos sucios, necesitan ser despojados. Debemos lanzar fuera la vieja levadura, pues somos nueva masa. Recibimos un nuevo corazón, una nueva mente, una nueva vida. Formamos parte de una nueva familia y tenemos una nueva patria. Somos el pueblo de Dios, separado del mundo para ser luz en el mundo. No podemos imitar al mundo, ser amigos del mundo ni amar el mundo. No podemos conformarnos con el mundo, para no ser con él condenados. Somos un pueblo santo, sin levadura, sin contaminación. Fuimos salvos para la santidad. Por eso, debemos andar en novedad de vida, de modo digno del evangelio, lanzando fuera la vieja levadura.

# 15
## de abril

# Cuando el paraíso parecía una prisión

> Entonces la serpiente dijo a la mujer: "No moriréis; sino que sabe Dios que el día que comáis de él [del fruto del árbol que está en medio del jardín], serán abiertos vuestros ojos, y seréis como Dios, sabiendo el bien y el mal".
>
> GÉNESIS 3:4-5

Satanás, con su astucia, engañó a Eva y llevó a nuestros padres a la caída, cuando ellos estaban en el jardín del Edén. Usando las armas del disfraz, de la sutileza y de la mentira, la serpiente llevó a Eva a creer que el paraíso era una prisión y que el Creador les escondía privilegios a los cuales tenían derecho. Aun teniéndolo todo, Eva se sintió insatisfecha. Aun disfrutando de todos los privilegios, Eva deseó solo lo que Dios había prohibido. Aun teniendo pruebas de la bondad de Dios, Eva prefirió creer en el tentador y desobedecer el mandamiento divino. El fruto prohibido se hizo atractivo a sus ojos y apetitoso a su paladar. Eva comió del fruto prohibido y también dio de él a su marido. Ambos cayeron. Sus ojos fueron abiertos no para ver las glorias de ese nuevo estado, sino para ver su desnudez y vergüenza. Ellos pasaron a tener miedo de Dios. La culpa comenzó a atormentarles la conciencia. Usando mecanismos de defensa, Adán intentó encubrir su error, acusando a la mujer, la mujer acusó a la serpiente, y ambos acusaron a Dios. Por causa del pecado, Adán y Eva fueron expulsados del paraíso. El dolor del parto y el sudor del rostro se hicieron experiencias inevitables. Satanás es un engañador. Promete alegría, pero paga con tristeza; promete libertad, pero esclaviza; promete vida exuberante, pero mata. El pecado es un fraude, una ilusión, un cebo fatal. Promete placeres, pero da desazón. Promete aventuras, pero esclaviza y mata. En ese escenario de desespero, el apóstol Pablo escribió: "Porque la paga del pecado es muerte, mas la dádiva de Dios es vida eterna en Cristo Jesús Señor nuestro" (Romanos 6:23).

# 16
## de abril

# Sentimientos peligrosos

Entonces Jehová dijo a Caín: "¿Por qué te has ensañado, y por qué ha decaído tu semblante?".

GÉNESIS 4:6

Las actitudes son engendradas en el vientre de los sentimientos. Lo que sentimos determina lo que hacemos, pues tal como el hombre piensa en el corazón, así es él. Una prueba incontrovertible de esa realidad es la vida de Caín. El primer hijo de Adán y Eva se dedicó al trabajo del campo como labrador. Su hermano Abel era pastor de ovejas. Ambos recibieron las mismas instrucciones y ambos llevaron una ofrenda al altar de Dios. Caín llevó del fruto de la tierra, y Abel ofreció las primicias de su rebaño. Dios se agradó de Abel y de su ofrenda, pero rechazó a Caín y su ofrenda. ¿Por qué Dios rechazó a Caín y su ofrenda? Primero, porque Caín era un falso adorador. Era del maligno. Intentaba encubrir su pecado trayendo ofrendas a Dios. La religión era solo una fachada para esconder su vida mundana. Segundo, porque Caín era un falso hermano. En lugar de imitar las virtudes de su hermano Abel, pasó a odiarlo. Aun siendo reprendido por Dios por causa de su desorden emocional, rehusó a enmendar sus caminos. Tercero, porque Caín era un falso amigo. Aun nutriendo sentimientos de muerte en el corazón disimuló y armó una emboscada para atraer a su hermano hasta el campo, donde lo mató con refinamientos de crueldad. Cuarto, porque Caín era un falso confesor. Después de su crimen fratricida, negó delante del mismo Dios la autoría del delito. Su conciencia estaba cauterizada antes y después del crimen. Aunque fue sorprendido en su error, no dio pruebas de arrepentimiento. ¡Cuidado con sus sentimientos, pues también pueden llevarlo a usted a acciones peligrosas!

# 17
## de abril

# El sacrificio del amor

Y dijo: "Toma ahora a tu hijo, tu único, Isaac, a quien amas,
y vete a la tierra de Moriah, y ofrécelo allí en holocausto...".

**Génesis 22:2a**

Abraham, el padre de la fe, pasó por muchas pruebas, pero ahora enfrenta la mayor de todas. Después de esperar 25 años para ver nacer a Isaac, el hijo de la promesa, recibió de Dios una dura e casi incomprensible orden: "Toma ahora a tu hijo, tu único, Isaac, a quien amas, y vete a la tierra de Moriah, y ofrécelo allí en holocausto" (v. 2). Abraham no discute con Dios ni prorroga la acción. Aquella misma madrugada se levantó, enalbardó su asno, cortó la leña y, llevando consigo a dos siervos, salió con Isaac en dirección al monte señalado por Dios. Aquella debió ser una dura jornada. Abraham estaba llevando a su propio hijo al holocausto. Después de tres días de camino, avistaron el monte. Abraham, entonces, dijo a sus siervos: "Esperad aquí con el asno, y yo y el muchacho iremos hasta allí y adoraremos, y volveremos a vosotros" (v. 5b). Abraham puso la leña sobre los hombros de Isaac y ambos partieron rumbo a Moriah. En el camino, el chico le preguntó al padre: "He aquí el fuego y la leña; mas ¿dónde está el cordero para el holocausto?" (v. 7b). Abraham respiró profundo y respondió: "Dios se proveerá de cordero para el holocausto, hijo mío" (v. 8). En el monte Moriah Dios proveyó un sustituto e Isaac fue perdonado. Dos mil años después, el Hijo de Dios también fue puesto en el altar del sacrificio; Dios lo perdonó, pero antes lo entregó por todos nosotros. Como Cordero que quita el pecado del mundo, Jesús murió en la cruz, en nuestro lugar, para darnos eterna redención. Ese fue el sacrificio del amor: "Mas Dios muestra su amor para con nosotros, en que siendo aún pecadores, Cristo murió por nosotros" (Romanos 5:8).

# 18
## de abril

# Dios no desiste de usted

> … Con amor eterno te he amado, por eso te he atraído con misericordia.
>
> JEREMÍAS 31:3B - LBLA

El amor de Dios es incansable. Dios no desiste de amarlo a usted. La causa del amor de Dios, sin embargo, no está en usted sino en el mismo Dios. Es un amor incondicional. Esa verdad puede ser vista en la experiencia de Jacob, hijo de Isaac, nieto de Abraham. Aunque escogido por Dios aun antes de nacer, Jacob vivió largos años de su vida en un camino sinuoso de pecado, preso en una red de mentiras. Cierto día, entró en el cuarto de su padre, con los vestidos de su hermano Esaú para arrebatar una bendición paterna. Cuando su padre le preguntó: "¿Quién eres?". Jacob respondió: "Soy Esaú" (Génesis 27:32). En ese tiempo Jacob tenía 73 años. Como resultado de ese conflicto familiar, Jacob tuvo que huir de casa para no ser muerto por su hermano. Pasaron más de veinte años. Él regresó con numerosa familia, pero con la conciencia todavía atribulada. En el vado de Jaboc, el mismo Dios trabó una lucha con Jacob. Este no quería ceder, pero Dios lo hirió en el encaje de su muslo. Entonces, Jacob se aferró al Señor y con lágrimas de arrepentimiento le pidió su bendición. Dios le preguntó: "¿Cómo te llamas?". Él respondió: "Jacob" (32:27). Aquella no fue simplemente una respuesta, sino sobre todo una confesión, pues Jacob significa 'suplantador', 'engañador'. Allí, en el vado de Jaboc, Dios le dio un nuevo nombre, una nueva vida y un nuevo futuro. El amor de Dios por usted también es perseverante, incondicional y eterno. ¡Dios no desiste de usted!

# 19
## de abril

# Tus manos dirigen mi destino

Vosotros pensasteis mal contra mí, mas Dios lo encaminó a bien.

GÉNESIS 50:20A

La vida de José es una prueba incontrovertible de que la mano de Dios dirige nuestro destino. Aun cuando enfrentemos reveses y seamos golpeados por las mayores injusticias, todavía así somos el objetivo de la generosa providencia divina. José, aunque amado por su padre, fue odiado por sus hermanos, vendido como esclavo en una tierra extraña, traicionado por la esposa de su jefe y olvidado por el amigo de prisión. Pasó trece años de su vida navegando por mares revueltos, caminando por desiertos tórridos, cruzando valles oscuros. Parecía que los mejores años de su vida estaban siendo desperdiciados en una maraña de problemas sin solución. Con todo, en medio de esas densas tinieblas estaba la mano providencial de Dios. La vida de José no estaba a la deriva, como pedazo de madera arrojado de un lado para el otro al antojo de las olas del mar de la vida. Las redes de su destino estaban bajo el control de aquel que se sienta en la sala de comando del universo. El sufrimiento no vino a José para destruirle la vida, sino para fortalecer la musculatura de su alma. Dios sacó a José del calabozo y lo puso en el trono. Dios levantó a José como salvador de sus hermanos y proveedor del mundo. Mientras todo parecía perdido a los ojos humanos, Dios estaba escribiendo una linda historia. No se desespere, no pierda la esperanza. El último capítulo de su vida aún no ha sido escrito. Confíe en Dios. Él está al control. ¡Las omnipotentes manos del Señor dirigen su destino!

# 20

## de abril

# Morir si es necesario, pecar nunca

> He aquí nuestro Dios a quien servimos puede librarnos del horno de fuego ardiendo…
>
> DANIEL 3:17A

El pecado es el peor de todos los males. El pecado es peor que la propia muerte. El pecado es hijo de la codicia y madre de la muerte. La muerte no puede separarnos del amor de Dios, pero el pecado puede arrojar al hombre en el infierno. El pecado es muy maligno y engañador. Se presenta vestido con ropa fina, pero sus trajes verdaderos no pasan de un trapo repugnante. Su voz es blanda y seductora, pero esconde detrás de ese hablar suave el anzuelo de la muerte. Promete mundos y fondos, pero quien se rinde a sus encantos termina arruinado. Ofrece vasos rebosantes de placeres, pero en su banquete solo existe el licor de la muerte. Felices son aquellos que prefieren la muerte al pecado, pues es mejor morir en santidad que vivir como esclavo del pecado. José prefirió ir a la cárcel que deleitarse en la cama del adulterio. Prefirió la libertad de conciencia en la prisión que vivir en la cama de su patrona con la conciencia prisionera de la culpa. Prefirió dejar su defensa en las manos de Dios que intentar arrancar su túnica de las manos de la adúltera. En este mundo en el que los valores morales son tan vilipendiados, el adulterio es incentivado y la fidelidad conyugal ridiculizada, necesitamos aprender con el ejemplo de José en Egipto. No vale la pena disfrutar un momento de placer y tener nuestro testimonio manchado por las generaciones postreras. No vale la pena ceder a la presión o a la seducción del pecado y después vivir prisionero de la culpa. Nuestro lema debe ser: ¡Morir si es necesario, pecar nunca!

# 21

## de abril

# No deje de soñar, aun en el cautiverio

*... concibió, y dio a luz un hijo...*

ÉXODO 2:2A

Jocabed nació en el cautiverio y su familia estaba bajo la opresión. Su pueblo amasaba barro, bajo el látigo de los soldados del Faraón. Como si no fuera suficiente la escasez de pan, el trabajo forzado y los rigores del castigo físico, el Faraón ordenó que todos los niños hebreos, nacidos en Egipto, fueran pasados a filo de espada o arrojados al Nilo para alimentar a los cocodrilos. Es en este escenario de opresión que Jocabed quedó embarazada. Aun en el cautiverio, Jocabed no dejó de soñar. A los nueve meses de embarazo, trazó un plan para salvar a su hijo. Su convicción era que no había engendrado un hijo para la muerte. Dios honró la actitud de Jocabed. El Nilo, que debía ser la sepultura de su hijo, llegó a ser el instrumento de su liberación. En lugar de ser devorado por los cocodrilos, fue adoptado por la hija del Faraón. En lugar de caer bajo la espada del adversario, fue a parar a los brazos de su mamá. En lugar de ser oprimido por sus enemigos, llegó a ser el libertador de su pueblo. El nacimiento de Moisés no solo estaba en los planes de sus padres, sino sobre todo en los propósitos de Dios. Aquel niño creció y se fortaleció. Aprendió todas las ciencias de Egipto. Después experimentó todas las dificultades del desierto. Finalmente, enfrentó con un cayado en la mano todo el poder de Egipto y libertó al pueblo hebreo de la dura esclavitud. Dios todavía opera maravillas en la vida de aquellos que osan soñar, aunque el mundo a su alrededor les muestre el ceño fruncido de la opresión.

# 22
## de abril

# Nosotros somos la morada de Dios

*... el templo de Dios es santo, y eso es lo que vosotros sois.*

1 CORINTIOS 3:17B - LBLA

Cuando el pueblo de Israel salió de Egipto, el mismo Dios lo condujo por el desierto, dándole, durante el día, una columna de nubes para protegerlo del calor y, durante la noche, una columna de fuego para guiarlo y darle calor. Más tarde, sin embargo, Dios dijo a Moisés: "Y que hagan un santuario para mí, para que yo habite entre ellos" (Éxodo 25:8). Moisés debía construir el santuario de acuerdo con la prescripción divina. Aquel santuario sería un símbolo de la iglesia. Dentro del santuario, en el lugar santísimo, estaba el arca del pacto, símbolo de Cristo. Cristo está en la iglesia, y la iglesia es la morada del Altísimo. Dios escogió habitar en la iglesia. Aun frágiles vasos de barro, somos el tabernáculo de la morada de Dios. Nuestro cuerpo es el templo del Espíritu Santo. Dios habita en nosotros. En verdad, debemos ser llenos de toda la plenitud de Dios Padre, debemos ser llenos de la plenitud de Dios Hijo y debemos ser llenos de la plenitud del Espíritu Santo. En nosotros habita la propia Trinidad excelsa. El Dios trascendente que no habita en casas hechas por manos y que ni el cielo de los cielos pueden contener, ese Dios escogió habitar en nosotros. En la consumación de los siglos, cuando todas las cosas sean restauradas y estemos en la presencia del Padre, con un cuerpo glorificado, oiremos una voz: "He aquí el tabernáculo de Dios con los hombres, y Él morará con ellos" (Apocalipsis 21:3b). Aquí, Dios habita en nosotros; allá, nosotros habitaremos con Dios por toda la eternidad.

# 23
## de abril

# Esfuércese y sea valiente

Esfuérzate y sé valiente; porque tú repartirás a este pueblo por heredad la tierra de la cual juré a sus padres que la daría a ellos.

**JOSUÉ 1:6**

La peregrinación en el desierto duró cuarenta años. Lo que pudo haber sido hecho en cuarenta días, se extendió todo ese tiempo. Aquella generación que salió del cautiverio egipcio deambuló por el desierto, víctima de la incredulidad. Su propio líder Moisés había muerto. La nueva generación estaba todavía en el desierto, pero en el umbral de la tierra prometida. En ese momento, Dios levantó al joven Josué para conducir al pueblo a la tierra prometida. Era una tarea gigantesca, humanamente imposible. Pero Dios animó a Josué diciéndole: "¿No te envío yo? Esfuérzate y sé valiente" (v. 6). Cuando Dios nos comisiona, también nos capacita. Hacemos su obra no apoyados en nuestro propio entendimiento ni confiados en nuestras propias fuerzas, sino confiados en su poder. No somos fuertes cuando confiamos en nosotros mismos; somos fuertes cuando confiamos en Dios, seguimos sus preceptos y andamos por la fe. Somos fuertes cuando Dios es nuestra fuerza. Somos fuertes cuando el brazo del Omnipotente lucha nuestras guerras. Somos fuertes cuando Dios va al frente de nosotros, abriendo caminos y derrotando a nuestros enemigos. Nuestro ánimo no se deriva de la autoconfianza, sino de la fe en el Dios vivo. Porque Dios está con nosotros, podemos ser alimentados por el coraje y no por el miedo. Porque Dios nos conduce en triunfo, podemos avanzar con audacia, a pesar de los gigantes que se interponen en nuestro camino. Porque Dios es quien nos da la victoria, podemos empuñar las armas de combate, seguros de que saldremos de esta batalla siendo más que vencedores.

# 24
## de abril

## La felicidad de ser creados por Dios

Ahora, así dice Jehová, Creador tuyo…

ISAÍAS 43:1A

El centro del universo no es el hombre, es Dios. El universo gira en torno a Dios, y no en torno al hombre. Encontramos la razón de nuestra vida cuando conocemos a Dios. A lo largo de los siglos, varias preguntas han inquietado el alma humana: ¿Cuál es el origen de la vida? ¿De dónde venimos? ¿Quiénes somos? ¿Por qué estamos aquí? ¿Hacia dónde vamos? Estas son las grandes preguntas filosóficas que intrigan al hombre. Afirmamos, con convicción, que venimos de Dios. Somos hechura de Dios. Fuimos creados a imagen y semejanza de Dios. Estamos aquí para glorificar a Dios. Nuestra vida solo encuentra sentido y propósito en Dios. Estamos yendo hacia la bienaventuranza preparada por Dios. Encontramos la verdadera felicidad en el hecho de que hemos sido creados por Dios para un propósito sublime. No somos un pedazo de madera fluctuando en el mar de la vida. No somos como una hoja arrebatada por el viento. La vida tiene un propósito, un propósito sublime. Venimos de Dios. Somos de Dios. Vivimos para el deleite de Dios. Y volveremos a Dios. Él es la fuente y el destino de la existencia. En Él vivimos y existimos. De Él bebemos el verdadero sentido de la vida. El sentido de la misma vida eterna es conocer a Dios y a su Hijo Jesucristo. En esto consiste nuestra mayor y más completa felicidad.

# Mañana el Señor hará maravillas en medio de vosotros

... santificaos, porque Jehová hará mañana maravillas entre vosotros.

JOSUÉ 3:5B

El pueblo de Israel acababa de entrar en la tierra prometida. El desierto había quedado atrás, pero todavía había enemigos al frente. Delante de ellos estaban ciudades fortificadas y gigantes experimentados en la guerra. No lograrían éxito sino por intermediación de una acción sobrenatural de Dios. Entonces, el Señor les dijo: "Santificaos, porque Jehová hará mañana maravillas entre vosotros". Este texto nos enseña tres verdades: 1) La santidad es la causa de la victoria. El pecado llevó a la generación que salió de Egipto a perecer en el desierto, pero la santificación llevaría a la nueva generación a conquistar la tierra prometida. Cuando nos consagramos a Dios, Él toma en sus manos nuestra causa. ¡La victoria viene de Dios! 2) La santidad precede a la victoria. Primero el pueblo se santifica, después viene la victoria. Primero ponemos nuestra vida en el altar, después Dios se manifiesta a nuestro favor. 3) La santidad abre el camino para las maravillas divinas. Si el pecado provoca la ira de Dios, la santidad abre el camino para su intervención sobrenatural. Cuando buscamos a Dios y santificamos nuestra vida, los cielos se manifiestan a nuestro favor. Dios desalojó a los adversarios y condujo a su pueblo a la tierra prometida. Dios les dio hartura y los hizo prosperar. Todavía es así hoy en día. Si queremos ver las maravillas divinas, necesitamos buscar a Dios y santificar nuestra vida. ¡La santidad es el portal de las maravillas divinas!

# 26
## de abril

## Qué hacer cuando no sabemos qué hacer

... no sabemos qué hacer, y a ti volvemos nuestros ojos.

2 CRÓNICAS 20:12C

Josafat, rey de Judá, estaba acorralado por una confederación de enemigos. La ciudad de Jerusalén estaba cercada por un numeroso ejército listo para atacarla. No había tiempo para planear alguna reacción. La derrota aplastante parecía inminente e inevitable. En ese momento, Josafat tuvo miedo y cayó de rodillas en oración y ayuno. Proclamó que toda la nación buscara a Dios. Confesó no tener fuerzas ni estrategias para enfrentar al adversario, pero reafirmó su confianza en Dios, a pesar de las circunstancias adversas. Su oración fue oída. Dios le dijo que pelearía por el pueblo y que, en lugar de empuñar armas, debían formar un coro para exaltarlo. Cuando ellos comenzaron a cantar y dar alabanza en voz alta, Dios emboscó a los enemigos y los derrotó. La alabanza es el arma de guerra y clamor de victoria. No es el resultado, sino la causa de la victoria. Debemos alabar para triunfar sobre el enemigo. Cuando alabamos a Dios, Él mismo derrota a nuestros enemigos. Cuando alabamos a Dios, Él mismo pelea nuestras guerras. Cuando alabamos a Dios, Él mismo transforma nuestros campos de conflicto en valles de bendición. En el trasegar de la vida, cuando llegamos a momentos difíciles sin saber qué hacer, debemos alabar a Dios y Él nos abrirá una puerta de escape y nos conducirá por los caminos del triunfo. ¡La victoria no viene por la fuerza de nuestro brazo; la victoria viene de Dios por medio de la alabanza!

# 27
## de abril

# Un clamor por la restauración espiritual

¡Señor, haz que cambie de nuevo nuestra suerte, como cambia
el desierto con las lluvias!

**SALMOS 126:4** - DHH[4]

El salmo 126 retrata la alegría del pueblo de Israel por el retorno del cautiverio babilónico. Los tres primeros versículos miran hacia el pasado con gratitud por la liberación por parte de Dios. Los dos últimos miran hacia el futuro, entendiendo que necesitamos sembrar, aunque con lágrimas, para que volvamos con júbilo trayendo abundantes gavillas. Pero el v 4 mira hacia el presente y hace un fuerte clamor: "¡Señor, haz que cambie de nuevo nuestra suerte, como cambia el desierto con las lluvias!". Tres verdades destacan aquí: 1) Las victorias del pasado no son garantía de éxito hoy. El pueblo se alegraba por la liberación del cautiverio, pero ahora, aunque de regreso en su tierra, estaba viviendo un tiempo de sequía y desánimo. 2) En tiempos de crisis necesitamos buscar a Dios en oración. La crisis nunca impidió que la mano de Dios actuara. Los grandes avivamientos nacieron del vientre de la crisis. Es cuando reconocemos nuestra sequedad que clamamos por los torrentes restauradores de Dios. 3) Necesitamos saber que solamente Dios puede cambiar nuestra suerte. Muchos buscan nuevos métodos, se embarcan en nuevas doctrinas y corren tras novedades en el mercado de la fe para revitalizar la iglesia. Pero solamente Dios puede restaurar la suerte de su pueblo. Solamente Dios puede traer vida en un escenario en que la muerte muestra su ceño fruncido. Así como Dios hace brotar torrentes de aguas en el desierto del Négueb, también irrumpe con vida abundante en la sequedad de nuestra alma.

# 28

## de abril

# Temperatura espiritual

---

¡Ojalá fueses frío o caliente! Pero por cuanto eres tibio, y no
frío ni caliente, te vomitaré de mi boca.

APOCALIPSIS 3:15B-16

Jesús le ordenó al apóstol Juan que enviara cartas a las siete iglesias de Asia.
Dos de estas iglesias –Esmirna y Filadelfia– recibieron solo elogios. Cuatro
iglesias –Éfeso, Pérgamo, Tiatira y Sardis– recibieron elogios y censuras. Pero
la iglesia de Laodicea recibió solamente censuras y ningún elogio. Jesús acusó
a Laodicea de ser una iglesia tibia. Por eso, estaba a punto de vomitarla de su
boca. La iglesia de Laodicea tenía un alto concepto de sí misma y se consideraba rica y sin necesidad. La ciudad de Laodicea era un gran centro bancario
de Asia Menor, pero la iglesia era espiritualmente pobre. La ciudad era el
mayor centro oftalmológico de Asia, pero la iglesia estaba espiritualmente
ciega. La ciudad era uno de los mayores centros textiles del mundo, pero la
iglesia estaba espiritualmente desnuda. A los ojos de un observador desatento,
Laodicea era un portento. No había en aquella iglesia falsas doctrinas ni persecución. No había pobreza material ni inmoralidad. Pero Jesús, que todavía
anda en medio de la iglesia y conoce sus obras, observó que era como agua
tibia que provoca náuseas. En lugar de rechazar esa iglesia, Jesús le ofrece vestidos blancos para cubrir su desnudez, colirio para ungir sus ojos y oro refinado
para enriquecerla. Jesús está afuera de esa iglesia, pero golpea la puerta para
entrar y cenar con ella. Después de la comunión íntima, Jesús promete a los
vencedores un reinado público. Aquellos que se sientan con Jesús a la mesa, se
sentarán con Él en el trono.

# 29
## de abril

## Junte sus ramas secas

> Entonces, habiendo recogido Pablo algunas ramas secas, las echó al fuego; y una víbora, huyendo del calor, se le prendió en la mano.
>
> HECHOS 28:3

Pablo estaba de viaje a Roma. Ese era su sueño después de establecer iglesias en las provincias de Galacia, Macedonia, Acaya y Asia Menor. Dios también quería a Pablo en Roma. Pero su viaje a la capital del imperio fue marcado por muchas tensiones y un traumático naufragio. Después de perder toda la carga de la embarcación y ver el propio navío ser destruido por la furia de las olas, Pablo y los demás pasajeros llegaron a la isla de Malta, donde fueron recibidos con urbanidad por los bárbaros. Mojados y con frío, encontraron una hoguera encendida y calor para calentarse. Además del capitán, de los marineros y de la tripulación, había en aquel barco alejandrino doscientos pasajeros más. Todos llegaron a Malta como náufragos, pero solamente Pablo tomó la iniciativa para mantener la hoguera caliente. Solo Pablo juntó ramas secas para lanzarlas al fuego. Tal vez alguien argumente: ¿Qué es un puñado de ramas secas en una hoguera? ¿Qué es una gota de agua en el océano? ¿Qué es un gesto de amor en un mundo de tanta indiferencia? La lección que Pablo nos enseña es que usted debe hacer su parte. Aun cuando nadie lo acompañe en esa noble actitud, haga su parte. Aunque nadie colabore, haga su parte. Aun si todos a su alrededor están desanimados, haga su parte. Aunque todos le acusen por hacer sido mordido por una víbora, haga su parte. Aunque todos a su alrededor estén entrando en el esquema del mundo y retrocediendo en la fe, haga su parte. ¡Junte sus ramas secas!

# 30
## de abril

## Revestimiento de poder

Pero recibiréis poder, cuando haya venido sobre vosotros el
Espíritu Santo…

**HECHOS 1:8A**

Después de la Resurrección y antes de la Ascensión, Jesús dio una orden
a sus discípulos: "… quedaos vosotros en la ciudad de Jerusalén, hasta
que seáis investidos de poder desde lo alto" (Lucas 24:49a). La capacitación
precede a la acción. Antes de que salgamos al campo para realizar la obra,
necesitamos ser revestidos con el poder del Espíritu Santo. Esa capacitación
no viene de técnicas creadas por el hombre. No encontramos ese poder en
los depósitos humanos. No viene del hombre, viene de Dios; no viene de
la tierra, viene del cielo. Hay tres verdades que deben ser destacadas aquí:
1) El lugar del fracaso debe ser el palco de la restauración. Los discípulos se
acobardaron en Jerusalén. Huyeron cuando Jesús fue apresado. Se dispersa-
ron cuando el Pastor fue herido. Sería más cómodo reiniciar el ministerio en
otros lares, pero Jesús les ordena recomenzar exactamente allí donde habían
fracasado. 2) La búsqueda del poder necesita ser hecha con perseverancia. Los
discípulos debían permanecer en la ciudad "hasta que". No tenían autorización para interrumpir esa búsqueda hasta que fueran capacitados de forma
sobrenatural. Ellos no esperaron inactivos ese revestimiento, sino en unánime
y perseverante oración. 3) Ellos debían tener la expectativa de algo grandioso,
la capacitación de poder capaz de superar sus fracasos. Aún hoy necesitamos
ese revestimiento. Nuestras debilidades no pueden ser superadas por nuestros
propios recursos. ¡Necesitamos el poder de lo alto!

# 1

# La prueba del amor de Dios

Mas Dios muestra su amor para con nosotros, en que siendo aún pecadores, Cristo murió por nosotros.

**ROMANOS 5:8**

El amor de Dios por usted es eterno, inmutable e incondicional. Dios no escribió en letras de fuego, en las nubes, su amor por usted; Él esculpió ese amor en la cruz de su Hijo. Dios lo amó a usted al punto de dar a su Hijo unigénito para morir en su lugar. Dios prueba su amor por usted al morir Cristo en su lugar, siendo usted impío, débil, pecador y enemigo. El amor no consiste en que usted ame a Dios, sino en que Dios lo amó a usted enviando a su Hijo como propiciación por sus pecados. Dios no escatimó a su propio Hijo; antes, lo entregó por usted. Lo entregó para ser despojado. Lo entregó para ser humillado. Lo entregó para ser escupido por los hombres y colgado en una tosca cruz. No fue la cruz que engendró el amor de Dios; fue el amor de Dios que proveyó la cruz. Jesús murió en la cruz no para despertar el amor de Dios por usted, sino para revelar el amor de Dios por usted. La cruz no es la causa del amor de Dios por usted; es el resultado de ese amor. Es la prueba más vívida de que Dios se interesa por usted y está determinado a salvar su vida. Usted no necesita buscar más evidencias del amor de Dios. Él ya probó ese amor, en grado superlativo. El amor de Dios por usted es abundante, mayúsculo y eterno.

# 2
## de mayo

# Bautismo en fuego

... Él [Jesús] os bautizará en Espíritu Santo y fuego.

LUCAS 3:16B

Juan el Bautista, el precursor del Mesías, le abrió camino, diciendo que bautizaba con agua, pero Jesús, quien era más poderoso que él, vendría a bautizar en Espíritu Santo y fuego (Mateo 3:11). Algunos estudiosos entienden el bautismo en fuego como un bautismo de juicio, en oposición al bautismo en el Espíritu Santo. Sin embargo, esta interpretación no tiene apoyo en el texto. Jesús no está hablando de dos experiencias antagónicas. Jesús no habla sobre bautismo en el Espíritu o en fuego, sino sobre bautismo en Espíritu Santo y en fuego. El fuego es un símbolo del Espíritu. Cuando Dios entregó la ley en el Sinaí, se manifestó a través del fuego. Cuando Salomón consagró el templo en Jerusalén, la casa se llenó de humo. Cuando Elías clamó en el Carmelo por la intervención divina, Dios descendió a través del fuego. En el día de Pentecostés, el Espíritu descendió en lenguas como de fuego. El bautismo en fuego nos sugiere cuatro verdades: 1) El fuego ilumina: aquellos que son bautizados en fuego caminan en la luz, saben a dónde van y no tropiezan; 2) El fuego purifica: el fuego quema la escoria y refina el oro; limpia el grano y devora la paja; 3) El fuego calienta: necesitamos un bautismo en fuego para salir del letargo espiritual; necesitamos ser calentados por el fuego divino; 4) El fuego se propaga: el fuego apaga o propaga; cuando hay combustible, el fuego se esparce. Una iglesia bautizada en fuego, inflamada por el poder del Espíritu Santo, alarga sus fronteras y esparce su bendita influencia por medio de la predicación fiel y ungida del evangelio.

# 3
## de mayo

# Ataques peligrosos a la Iglesia

Porque no tenemos lucha contra sangre y carne, sino contra
principados, contra potestades...

EFESIOS 6:12A

El libro de Hechos muestra tres armas usadas por el enemigo para alcanzar a la iglesia apostólica. La primera, descrita en Hechos 4, fue la persecución, el ataque de afuera hacia dentro. El sanedrín intentó intimidad a la iglesia metiendo en la cárcel a sus líderes y castigándolos con flagelos físicos. La iglesia, no obstante, responde ese ataque con oración y predicación todavía más osada. La segunda arma, descrita en Hechos 5, fue la infiltración. Ahora, Satanás cambia de táctica: en lugar de atacar a la iglesia desde afuera hacia dentro, intenta destruirla de adentro hacia fuera, poniendo a Ananías y Safira, un matrimonio hipócrita, dentro de la iglesia. Ese matrimonio quería gloria para sí mismo y, por eso, mintió al Espíritu Santo. Si la credibilidad espiritual de la iglesia fuese arañada, la iglesia perdería su reputación y su poder. La tercera arma, descrita en Hechos 6, fue la distracción. La iglesia estaba creciendo y también sus problemas. No tardó para que las viudas de los helenistas comenzaran a murmurar por la falta de asistencia social promovida por los apóstoles. Estos, en lugar de ignorar el problema o redoblarse todavía más al resolverlo por sí mismos, decidieron consagrarse exclusivamente a la oración y al ministerio de la Palabra, constituyendo siete hombres llenos del Espíritu Santo para aquella importante tarea. Con eso, la iglesia apostólica salió victoriosa de todos aquellos ataques y prosiguió firme y valiente para llevar el evangelio hasta los confines de la tierra. Los ataques contra la iglesia continúan. ¡Debemos apercibirnos!

# 4

## de mayo

# Dios no desperdicia sufrimiento en la vida de sus hijos

... sino gozaos por cuanto sois participantes de los padecimientos de Cristo...

1 PEDRO 4:13B

El rey David fue un hombre forjado en el yunque del sufrimiento. Por eso, declaró: "Bueno me es haber sido humillado, Para que aprenda tus estatutos" (Salmos 119:71). El sufrimiento en la vida de los hijos de Dios no es sin propósito. Dios no permite que seamos probados más allá de nuestras fuerzas ni que seamos afligidos sin un bendito designio. Podemos afirmar con inquebrantable certeza: "Y sabemos que a los que aman a Dios, todas las cosas les ayudan a bien, esto es, a los que conforme a su propósito son llamados" (Romanos 8:28). El sufrimiento no viene para destruirnos, sino para fortalecer las fibras de nuestra alma. El sufrimiento del presente redunda en gloria en el futuro. El sufrimiento es pedagógico, pues el mismo Hijo de Dios aprendió por medio de las cosas que padeció. Entonces, cuando Dios nos permite pasar por el valle del dolor, Él está esculpiendo en nosotros el carácter de Cristo y nos está capacitando para que seamos consoladores de aquellos que están pasando por las mismas aflicciones. El sufrimiento es la academia de Dios, en la cual somos entrenados para los grandes embates de la vida. Con el sufrimiento viene el aprendizaje, el aprendizaje de los decretos divinos. Los simples buscan solamente el alivio del dolor. Quieren solo los placeres. Están únicamente tras las diversiones frívolas. No quieren reflexionar. Tapan sus oídos al aprendizaje. ¡Pero los sabios, al pasar por el Getsemaní del dolor, se alegran no porque tienen placer en el sufrimiento, sino porque el sufrimiento es el portal del aprendizaje!

# 5

# Jesús hizo que la higuera se secara

Entonces Jesús dijo a la higuera: "Nunca jamás coma nadie fruto de ti". Y lo oyeron sus discípulos.

**MARCOS 11:14**

Vivir de apariencias es un peligro mortal. Hojas sin frutos son un convite al desastre. Eso fue lo que sucedió con una higuera en las proximidades de Jerusalén. De todos los milagros de Jesús, este es el único con aspecto negativo. Jesús siempre realizó milagros para demostrar su misericordia. En este episodio, sin embargo, revela su juicio. La gran pregunta es, ¿por qué Jesús le ordenó a la higuera que no diera más fruto y se secara? ¿Cuál es el mensaje de este milagro? Jesús pasó por el camino y sintió hambre. Entonces vio la higuera y fue atraído por ella. Buscó algún higo en medio del follaje y no lo encontró. Entonces maldijo la higuera y la condenó a nunca más producir fruto. Al día siguiente, el árbol estaba seco. Sucede que la higuera primero produce fruto y solamente después aparecen las hojas. Consecuentemente, aquella higuera estaba haciendo una propaganda engañosa. Prometía lo que no entregaba. Jesús estaba condenando la hipocresía de aquellos que tienen hojas, pero no frutos; que tienen palabras, pero no obras; que tienen apariencia, pero no vida. Las hojas no satisfacen a Jesús: Él tiene hambre de encontrar frutos en nosotros. Aquellos que viven de apariencias y alardean de frutos que no poseen, serán condenados a la aridez, o sea, a vivir sin frutos para siempre.

# 6
## de mayo

## Ten cuidado de ti mismo y de la doctrina

Ten cuidado de ti mismo y de la doctrina; persiste en ello…

1 Timoteo 4:16a

La teología y la vida andan de la mano. Doctrina y ética no puede separarse. Es imposible tener una teología torcida y una vida recta. La vida deriva de la doctrina. La ética precede a la teología. Infelizmente, hemos visto a muchas personas que se pierden en el bosque de las pasiones porque son gobernadas por falsas doctrinas. Las falsas enseñanzas desembocan en una vida desordenada. Pero también es extremadamente deplorable que alguien profese la sana doctrina y viva una vida rendida al pecado. Estos pecan no porque les falte conocimiento, sino que pecan contra el conocimiento. Son doblemente culpables y enfrentarán un juicio todavía más severo. El consejo del veterano apóstol Pablo a su hijo Timoteo continúa oportuno y actual: "Ten cuidado de ti mismo y de la doctrina". Los peligros están a la vuelta de la esquina. Son constantes las voces seductoras que nos llaman a abrazar nuevas doctrinas y adoptar nuevos patrones morales. Necesitamos cuidado y cautela. Muchas veces, la sana doctrina nos hace remar contra la marea, como hizo el profeta Elías en los días del impío rey Acab. Muchas veces, el compromiso con una vida santa nos hace impopulares en medio de una generación que se corrompe. No podemos, sin embargo, ser como Sansón, que, aun siendo nazareno, dio un banquete porque esa era la costumbre de los muchachos de su época. Necesitamos tener coraje para ser y actuar de forma diferente, aunque eso nos cueste la popularidad y la propia vida. ¡Nuestro llamado no es para que seamos populares, sino para que seamos fieles!

# 7
## de mayo

# ¡Cuidado con el miedo!

Porque no nos ha dado Dios espíritu de cobardía, sino de poder,
de amor y de dominio propio.

2 TIMOTEO 1:7

El miedo es más que un sentimiento, es un espíritu. Pablo dice que Dios
no nos dio espíritu de miedo sino de poder, amor y dominio propio. El
miedo nos paraliza, congela la sangre en nuestras venas y nos impide vivir
victoriosamente. El miedo quita nuestros ojos de Dios y hace que los pon-
gamos en la enormidad de los problemas. El miedo opaca nuestra visión,
aturde nuestra mente, acelera nuestro corazón y roba nuestra confianza en
Dios. Es común que seamos asaltados por el miedo cuando nubes oscuras de
tempestades borrascosas se acumulan sobre nuestra cabeza. Sentimos miedo
de aquello que no conocemos ni administramos. Siempre que enfrentamos
circunstancias desconocidas y adversas somos acorralados por el miedo. En
esas horas nos encogemos asustados, aceptando precozmente el decreto de la
derrota. Muchas veces somos derrotados no por las circunstancias sino por
los sentimientos. Jesús les dijo a los discípulos que enfrentaban una tremenda
tempestad en el mar de Galilea: "¡Tened ánimo; yo soy, no temáis!" (Mateo
14:27). Antes de calmar el mar revuelto, Jesús calmó el corazón atribulado
de los discípulos. Antes de calmar las circunstancias, serenó los corazones.
Antes de poner fin a la tempestad, puso fin al miedo que los atormentaba.
La tempestad que venía de dentro era mayor que la tempestad que asolaba
afuera. Jesús puede hacer lo mismo por usted. Aunque usted descienda a las
cavernas más oscuras de la tierra, como el valle de la sombra de muerte, puede
encontrar paz en los brazos del Buen Pastor.

# 8
## de mayo

# La mayor prueba de amor

Mas Dios muestra su amor para con nosotros, en que siendo
aún pecadores, Cristo murió por nosotros.

ROMANOS 5:8

Cuando Abraham salió de en medio de su parentela, probó que amaba a
Dios más que a sus padres; con todo, cuando fue al monte Moriah para
ofrecer a Isaac como sacrificio, probó que amaba a Dios más que a su propio
hijo. Después de hacer que Abraham pasara por las más diversas pruebas,
Dios probó a Abraham de una forma más profunda. Le pidió a Isaac, el hijo
de la promesa, en holocausto. Abraham podría haber cuestionado tan extraña
orden. Podría haber prorrogado la decisión de obedecer. Podría haber ofrecido
sustitutos para absolver a Isaac. Pero el padre de la fe obedeció prontamente, incondicionalmente, completamente. En lugar de tomar el camino de la
huida como hizo Jonás, Abraham se levantó de madrugada y caminó en dirección al monte del sacrificio. Aquel viaje de tres días proporcionaba tiempo
suficiente para que Abraham reflexionara. Su obediencia a Dios no fue algo
momentáneo, irreflexivo. Abraham descansaba no en sus sentimientos, sino
en la fidelidad del Altísimo, el Jehová Jireh. Cuando Isaac, su hijo, le preguntó: "He aquí el fuego y la leña; mas ¿dónde está el cordero para el holocausto?", Abraham respondió: "Dios se proveerá de cordero para el holocausto"
(Génesis 22:7-8). De hecho, Dios proveyó el cordero sustituto para Isaac,
pues no quería la muerte del hijo y sí la obediencia del padre. Dos mil años
después, sin embargo, el Hijo de Dios fue llevado al monte Gólgota y allí no
hubo sustituto para Jesús. Él murió en nuestro lugar y a nuestro favor. Dios
no absolvió a su propio hijo; antes, por todos nosotros lo entregó. Esa es la
mayor prueba de amor.

# 9
## de mayo

# Jesús libra a la distancia

---

Entonces respondiendo Jesús, dijo: "Oh mujer, grande es tu
fe; hágase contigo como quieres". Y su hija fue sanada desde
aquella hora.

**MATEO 15:28**

Jesús se retiró a las regiones de Tiro y Sidón, fuera de los límites de Israel.
Una mujer extranjera, profundamente afligida, clamó a Jesús: "¡Señor, Hijo
de David, ten misericordia de mí! Mi hija es gravemente atormentada por
un demonio" (v. 22). Espíritus malignos atormentaban a su hija, y el sufrimiento de la hija era su propio sufrimiento. La mujer no dijo: "Señor, ten
compasión de mi hija", sino "ten compasión de mí". El dolor de su hija era su
dolor. El drama de su hija era su drama. Frente al silencio de Jesús al clamor
de la mujer, los discípulos intervinieron, rogándole que la despidiera. Jesús
rompió el silencio mostrando que fue enviado a las ovejas perdidas de Israel.
La mujer, no obstante, en lugar de desistir, adoró a Jesús, diciendo: "¡Señor,
socórreme!" (v. 25). Pero Jesús respondió: "No está bien tomar el pan de los
hijos, y echarlo a los perrillos". Y ella dijo: "Sí, Señor; pero aun los perrillos
comen de las migajas que caen de la mesa de sus amos". Entonces respondiendo Jesús, dijo: "Oh mujer, grande es tu fe; hágase contigo como quieres". Y su
hija fue sanada desde aquella hora (vv. 26-28). Aquella madre no desistió de
ver libre a su hija. No renunció a ver un milagro en su casa. Buscó a Jesús,
clamó, adoró y triunfó por la fe. ¿Esa es su experiencia?

# 10

## de mayo

## Huir no siempre es la mejor opción

Aconteció en los días que gobernaban los jueces, que hubo
hambre en la tierra. Y un varón de Belén de Judá fue a morar
en los campos de Moab...

RUT 1:1A

Elimelec y Noemí, con sus dos hijos Mahlón y Quelión, vivían en Belén
en el período de los jueces. Belén significa 'la casa del pan'. Pero en aquel
tiempo hubo hambre en Belén, probablemente debido a una sequía severa o
a la opresión de algún enemigo. En ese tiempo de crisis, la familia betlemita
resolvió salir de la ciudad para ir a Moab, una región dominada por la idolatría. Partieron en búsqueda de supervivencia pero encontraron enfermedad y
muerte. En aquella tierra extranjera Elimelec enfermó y murió. Más tarde, los
dos jóvenes Mahlón y Quelión, después de haber desposado a unas jóvenes
moabitas, también enfermaron y murieron. Querían huir de la crisis, pero
caminaron todavía más rápido en su dirección. Buscaban pan y encontraron
enfermedad. Querían la vida y tuvieron que enfrentar la muerte. No siempre
es prudente huir. Es verdadero el dicho: "En el fragor de la tempestad, no es
prudente cambiar de barco". La solución no es abandonar la casa del pan
cuando falta el pan, sino recurrir a aquel que tiene pan en abundancia. La iglesia es la casa del pan. En la iglesia, los hambrientos pueden saciarse con el pan
vivo que descendió del cielo. Hay momentos, sin embargo, en los que falta el
pan en la casa del pan. En ese caso no es seguro salir de la iglesia para buscar
las respuestas en Moab. En lugar de huir, debemos volvernos a Dios y rogar
que Él visite nuevamente la casa del pan, trayendo alimento para su pueblo.
¡La solución para aquellos que están en crisis no es abandonar la iglesia, sino
buscar profunda y sinceramente el verdadero avivamiento!

# 11
## de mayo

# ¿Remordimiento o arrepentimiento?

Deje el impío su camino, y el hombre inicuo sus pensamientos, y vuélvase a Jehová, el cual tendrá de él misericordia, y al Dios nuestro, el cual será amplio en perdonar.

ISAÍAS 55:7

El remordimiento es un arrepentimiento completo e ineficaz. El arrepentimiento involucra tres tipos de cambio: de mente, de emoción y de voluntad. Arrepentirse es cambiar de mente, es sentir tristeza por el pecado, dar media vuelta y volver a los brazos de Dios. El remordimiento involucra los dos primeros cambios, pero no el último. Vamos a ilustrar esta verdad haciendo un contraste entre Judas Iscariote y Pedro. Ambos pecaron. Judas traicionó a Jesús, y Pedro lo negó. Pedro se arrepintió y fue restaurado; Judas, sin embargo, tomado por el remordimiento, se suicidó. Judas reconoció su error. Le dijo al sumo sacerdote que había traicionado sangre inocente. Judas también sintió tristeza por su pecado, lo confesó y, aún más, devolvió las treinta monedas de plata que recibió para traicionar a Jesús. Pero no dio el último paso para completar el ciclo del arrepentimiento. No dio media vuelta para volverse a Jesús. Por eso, salió y fue a ahorcarse. La diferencia entre Pedro y Judas es que el primero completó los tres elementos del ciclo del arrepentimiento. Pedro reconoció su pecado, sintió tristeza por él, al punto de llorar amargamente y, finalmente, se volvió al Señor para encontrar en Él perdón y restauración. El remordimiento es un arrepentimiento incompleto e ineficaz; un falso arrepentimiento. Lleva a las personas al desespero y no a la esperanza, a la prisión y no a la libertad, a la muerte y no a la vida. No es prudente quedarnos presos en el bosque del remordimiento; ¡podemos encontrar la libertad del perdón!

# 12
## de mayo

## El perdón, la asepsia del alma

Y si siete veces al día pecare contra ti, y siete veces al día volviere
a ti, diciendo: "Me arrepiento"; perdónale.

LUCAS 17:4

El perdón es la cura de las emociones, la emancipación de la mente, la asepsia del alma. El perdón es mayor que el odio, es más poderoso que la sed de venganza. El perdón sana, restaura y transforma. Guardar amargura es una actitud insensata. Es lo mismo que beber una copa de veneno pensando que el otro es quien va a morir. Nutrir el resentimiento es vivir en un calabozo emocional, es andar unido con quien menos nos gustaría convivir en la vida. Cuando su corazón está lleno de amargura, usted se hace prisionero de su descontento. Esa persona lo domina y esclaviza a usted. Cuando usted se sienta para tomar un refrigerio, su descontento se sienta con usted a la mesa y le quita el apetito. Cuando usted regresa a casa, cansado del trajín del día, esa persona se acuesta con usted y se transforma en su pesadilla. Cuando usted sale de vacaciones con la familia, su descontento se sube al carro y estropea sus vacaciones. La única manera de librarse es ejerciendo el perdón. El perdón no es fácil, pero es necesario. Quien no perdona no puede orar ni ofrendar. Quien no perdona no puede ser perdonado. La falta de perdón produce enfermedad física y emocional. Quien no perdona es entregado a los flageladores del alma y a los verdugos de la conciencia. El perdón, sin embargo, libera el alma, calma el corazón y transforma la vida. El perdón no es fruto de una personalidad dócil, sino expresión de la gracia de Dios. Es cuando Dios actúa en nosotros que llegamos a ser instrumentos en sus manos para perdonar así como Él, en Cristo, nos perdonó.

# 13
## de mayo

# El desierto, el gimnasio de Dios

Y te acordarás de todo el camino por donde te ha traído Jehová tu Dios estos cuarenta años en el desierto, para afligirte, para probarte...

**DEUTERONOMIO 8:2A**

El desierto es la escuela de Dios, donde Él entrena a sus más importantes líderes. El desierto no es un accidente en el recorrido, sino una agenda divina. El desierto es el gimnasio de Dios, la escuela superior del Espíritu Santo, donde Dios nos entrena y nos capacita para los grandes embates de la vida. El desierto no nos promueve; al contrario, nos humilla. En la escuela del desierto aprendemos que nada somos, pero Dios es todo. En el desierto, Dios trabaja "en" nosotros para después trabajar a través de nosotros. Eso porque Dios está más interesado en quienes somos que en lo que hacemos. La vida con Dios precede el trabajo para Dios. La mayor prioridad de nuestra vida no es hacer la obra de Dios, sino conocer al Dios de la obra. El Dios de la obra es más importante que la obra de Dios. La vida con Dios precede el trabajo para Dios. En la escuela del desierto, aprendemos a depender más del proveedor que de la provisión. Depender de la provisión es fácil, pues nosotros la tenemos y la administramos. El desafío es confiar en el proveedor, aun cuando la provisión se acabe. Cuando nuestra provisión escasea, podemos confiar en el proveedor. Nuestra fuente se puede secar, pero los manantiales de Dios continúan borboteando. Nuestra despensa puede estar vacía, pero los graneros de Dios continúan abarrotados. Cuando nuestros recursos se acaban, Dios abre para nosotros el cofre de sus tesoros. ¡Nuestra confianza debe estar en el proveedor, y no en la provisión!

# 14
## de mayo

# Convicción inquebrantable en la vida y en la muerte

Porque para mí el vivir es Cristo, y el morir es ganancia.

FILIPENSES 1:2

Muchas personas andan desesperadas, con miedo de vivir y sin esperanza en la hora de la muerte. Caminan inseguros por la vida y se tambalean aterrorizadas al llegar al valle de la sombra de la muerte. El apóstol Pablo, preso en Roma, tenía una actitud diferente. Aunque esposado, en el corredor de la muerte y en la antesala del martirio, con nubes oscuras anunciando la llegada de una gran tempestad sobre su vida, escribió: "para mí el vivir es Cristo, y el morir es ganancia". Dos verdades benditas son proclamadas aquí, por este valiente apóstol. La primera es que Cristo es la razón de la misma vida. Muchos intentan encontrar sentido a la vida en la belleza, en la fama, en el dinero o en el éxito profesional. Aun conquistando todos estos trofeos, descubren que en la cúspide de la pirámide, la felicidad permanece ausente. Nada de este mundo puede satisfacer el alma humana. Ninguna cosa ni experiencia puede llevar el vacío del corazón humano. Solamente Cristo puede dar sentido a nuestra vida. La segunda verdad proclamada por Pablo es que, cuando Cristo es la razón de nuestra vida, el morir para nosotros es ganancia. La muerte no es el punto final de la vida. No es la culminación de la existencia. Morir es dejar el cuerpo para habitar con el Señor. Es partir para estar con Cristo, lo que es incomparablemente mejor. Los que mueren en el Señor son bienaventurados, pues preciosa es a los ojos del Señor la muerte de sus santos. Aquellos que creen en el Señor Jesús tienen convicción inquebrantable tanto en la vida como en la muerte.

# 15
## mayo

# La cura de la ansiedad

Echando toda vuestra ansiedad sobre él, porque él tiene cuidado de vosotros.

1 PEDRO 5:7

L a ansiedad es una enfermedad y un pecado. Es un pecado porque involucra incredulidad; es una enfermedad porque puede hacerse mórbida. Los psicólogos consideran la ansiedad la madre de la neurosis y la enfermedad más común de nuestra generación. Jesús dijo que no debemos vivir ansiosos con respecto al día de mañana en cuanto a lo que habremos de comer, beber o vestir. Dijo que los pájaros del cielo y los lirios del campo reprueban nuestra ansiedad, pues, aunque no siembran ni juntan en graneros, confían en la provisión divina día tras día. El apóstol Pedro, en esa misma línea, afirma: "Por nada estéis afanosos, sino sean conocidas vuestras peticiones delante de Dios en toda oración y ruego, con acción de gracias. Y la paz de Dios, que sobrepasa todo entendimiento, guardará vuestros corazones y vuestros pensamientos en Cristo Jesús" (Filipenses 4:6-7). Tres remedios se ofrecen para la cura de la ansiedad: adoración, petición y acción de gracias. La palabra "oración" es la misma para "adoración". Adoramos a Dios por quién es Él y le damos gracias a Dios por aquello que Él hace. Cuando enfocamos nuestra atención en los atributos exclusivos de Dios –su autoexistencia, infinitud, inmensidad, eternidad, inmutabilidad, omnipotencia, omnipresencia, omnisciencia y trascendencia–, nuestros problemas empequeñecen. Cuando nos aproximamos a Dios como nuestro Padre, depositando a sus pies nuestro cuidado, podemos darle gracias por la cura de la ansiedad.

# 16
## de mayo

# El salmo del Buen Pastor

> Y yo les doy vida eterna; y no perecerán jamás, ni nadie las [a mis ovejas] arrebatará de mi mano.
>
> JUAN 10:28

El salmo 23 es mundialmente conocido como uno de los textos más amados y consoladores de toda la literatura universal. David, el pastor de ovejas, lo escribió inspirado por el Espíritu Santo. Este salmo habla sobre los privilegios de la oveja del Buen Pastor. Jesús es ese Buen Pastor. Él dio su vida por las ovejas. Él vive para las ovejas y para ellas volverá. ¿Qué bendiciones especiales reciben las ovejas del Buen Pastor? En primer lugar, provisión en todas las circunstancias: "Jehová es mi pastor; nada me faltará". En segundo lugar, abundancia aun en tiempos de sequía: "En lugares de delicados pastos me hará descansar". En tercer lugar, paz y descanso a pesar de las aflicciones: "Junto a aguas de reposo me pastoreará". En cuarto lugar, dirección a pesar de todos los peligros: "Me guiará por sendas de justicia por amor de su nombre". En quinto lugar, refrigerio espiritual a pesar de las presiones de la vida: "Confortará mi alma". En sexto lugar, presencia divina en los valles oscuros de la vida: "Aunque ande en el valle de sombra de muerte, No temeré mal alguno, porque tú estarás conmigo; tu vara y tu cayado me infundirán aliento". En séptimo lugar, triunfo y alegría a pesar del ataque de los enemigos: "Aderezas la mesa delante de mí en presencia de mis angustiadores; unges mi cabeza con aceite; mi copa está rebosando". En octavo lugar, buena compañía en el presente y bienaventurada morada por toda la eternidad: "Ciertamente el bien y la misericordia me seguirán todos los días de mi vida, y en la casa de Jehová moraré por largos días". ¿Usted ya es oveja de Jesús, el Buen Pastor?

# 17
## de mayo

## ¿Qué haré para heredar la vida eterna?

… Señores, ¿qué debo hacer para ser salvo?

**HECHOS 16:30B**

Pablo y Silas estaban presos en Filipos, después de haber sido azotados en plaza pública. Con los pies amarrados a un tronco y el cuerpo ensangrentado, estos dos obreros de Dios fueron lanzados al interior de una prisión inmunda, entre criminales de alta peligrosidad, por haber sido instrumentos de Dios en la liberación de una joven endemoniada. Lejos de lamentar aquella injusta situación o reivindicar sus derechos como ciudadanos romanos, resolvieron orar y cantar alabanzas a Dios a media noche. Ese hecho inusual llamó la atención de los otros prisioneros. Todos oían atentamente ese testimonio extraordinario. Dios oyó sus oraciones y se agradó de su alabanza, enviando un terremoto para abrir las puertas de la prisión y sacudir al carcelero. Responsable por los prisioneros y temeroso de que hubieran huido, sacó la espada para matarse. En ese momento, Pablo gritó, ordenándole que no se hiciera mal alguno. El hombre, tembloroso, sacándolos fuera de la prisión, se inclinó delante de los mensajeros de Dios y preguntó: "¿Qué debo hacer para ser salvo?". Pablo prontamente respondió: "Cree en el Señor Jesucristo, y serás salvo, tú y tu casa". La salvación no es el resultado de las obras, sino de la fe. No es consecuencia del mérito, sino expresión de la gracia. La salvación puede ser recibida ahora, y no solo en el futuro. Aun siendo individual, puede ser disfrutada por toda la familia. ¿Usted ya fue salvo por Jesús?

# 18
## de mayo

# La corrupción,
# la cultura de la explotación

… porque vendieron por dinero al justo…

Amós 2:6b

Desde que Brasil fue descubierto por los navegantes portugueses, se instaló en esta tierra una cultura de explotación. Nuestros colonizadores no vinieron para invertir su inteligencia en la construcción de una gran nación, sino para extraer nuestras riquezas y enviarlas a Europa. La actitud de tomar ventaja en todo y sacar provecho de toda y cualquier situación llegó a ser endémica. Aunque Brasil sea la sexta economía del planeta, todavía hay grandes focos de miseria tanto en las regiones suburbanas como en las regiones rurales. Somos una nación rica en recursos naturales. Tenemos la mayor reserva forestal del mundo y el mayor potencial hidrográfico del planeta. Tenemos un suelo fértil y un clima favorable. Con todo, a pesar de tantas ventajas, tenemos una clase política que, con raras excepciones, sube al poder solamente para disfrutar del erario público. Hombres de cuello blanco, con mucho poder en las manos, pero sin ningún compromiso con la ética. Hombres que aman el poder, pero no al pueblo. Hombres que aman el lucro deshonesto, pero no el trabajo honrado. Hombres que explotan la nación en lugar de servirla con patriotismo. Los escándalos financieros se multiplican en los altos escaños de los gobiernos federal, estatal y municipal. Cambian los gobernantes y cambian los partidos políticos, pero la corrupción continúa. ¡La única solución para la nación brasileña es volverse a Dios y hacer una conversión de sus malos caminos!

# 19
## de mayo

# Jesús, la puerta de las ovejas

---

Yo soy la puerta; el que por mí entrare, será salvo; y entrará, y saldrá, y hallará pastos.

JUAN 10:9

Los pastores orientales guardaban sus rebaños en apriscos, lugares seguros en tiempos de frío. Pero en las noches calientes de verano se quedaban en las campiñas protegiendo sus rebaños de los depredadores. Las ovejas eran reunidas en apriscos improvisados y los mismos pastores funcionaban como la puerta de entrada para las ovejas en ese redil. Es en ese contexto que Jesús afirma ser la puerta de las ovejas. Esa metáfora nos sugiere tres verdades: Primera, Jesús es la puerta de Salvación. "El que por mí entrare, será salvo". No hay salvación fuera de Jesús. Él es el camino hacia Dios, la puerta de la salvación. Nadie puede llegar a Dios por sus obras, ni siquiera por su religiosidad. Solamente Cristo es la puerta. La segunda verdad: Jesús es la puerta de la libertad. Él dijo: "…[por mí]… entrará, y saldrá…". Muchas puertas conducen al cautiverio y a la esclavitud. Son puertas largas y espaciosas, pero que desembocan en callejones estrechos y oscuros que llevan a mazmorras insalubres. Aquellos que entran por esas puertas no pueden salir. Se hacen prisioneros del pecado, de los vicios, de las muchas pasiones mundanas. Jesús, sin embargo, es la puerta de la libertad. La tercera verdad: Jesús es la puerta de la provisión. "Y hallará pastos". Jesús es la misma provisión de las ovejas. Él vino para que sus ovejas tengan vida, y vida en abundancia. En Él usted encontrará paz, descanso, dirección, protección, victoria y compañía eterna.

# 20
## de mayo

# ¿Mayor crimen o mayor prueba de amor?

El que no escatimó ni a su propio Hijo, sino que lo entregó
por todos nosotros, ¿cómo no nos dará también con él todas
las cosas?

ROMANOS 8:32

La muerte de Cristo fue el mayor crimen de la historia y también el mayor gesto de amor. El apóstol Pedro sintetiza estas dos verdades en un único versículo: "a este, entregado por el determinado consejo y anticipado conocimiento de Dios, prendisteis y matasteis por manos de inicuos, crucificándole" (Hechos 2:23). Primero, la muerte de Cristo fue el mayor crimen de la historia. Sus jueces contrataron testigos falsos para acusarlo. Lo acusaron de blasfemia y sedición, pecado contra Dios y contra César. La motivación de los acusadores era la envidia, y el gobernador que lo condenó a muerte de cruz estaba convencido de su inocencia. Entonces, ¿por qué murió Cristo? Él no fue a la cruz porque los sacerdotes lo entregaran por envidia. No fue condenado a muerte porque Judas lo traicionó por ganancia y Pilato lo condenó cobardemente. Jesús fue a la cruz porque el Padre lo entregó por amor y porque Él se ofreció voluntariamente para morir en nuestro lugar. Dios no escatimó a su propio hijo. Lo entregó como sacrificio por nuestro pecado. Él fue traspasado por nuestras transgresiones y molido por nuestras iniquidades. Dios probó su amor para con nosotros por el hecho de que Cristo murió por nosotros, siendo todavía pecadores. La cruz es el palco de la más desorbitante maldad humana y la expresión más elocuente del amor de Dios. En la cruz, la justicia y la paz se besaron. En la cruz resplandece, como el sol en su fulgor, el amor eterno, incondicional e incomprensible de Dios.

# 21

## de mayo

# Una lucha de sangriento sudor

Y estando en agonía, oraba más intensamente; y era su sudor
como grandes gotas de sangre que caían hasta la tierra.

**LUCAS 22:44**

El Getsemaní fue el palco de la más reñida batalla del mundo. Allí, en la
cúspide del monte de los Olivos, el Hijo de Dios sudó sangre y sintió los
horrores del infierno soplando en su alma. En el mismo lugar donde había
una prensa de aceite, Jesús fue aplastado bajo el peso cruel de nuestros pecados. Allí, en aquel escenario de horror, Jesús lloró copiosamente y clamó al
Padre por su liberación. Cinco verdades deben ser destacadas aquí: 1) El Getsemaní es el lugar de la oración agónica: Jesús oró intensamente aun cuando
sus amigos más cercanos estaban dominados por el sueño; 2) El Getsemaní
es el lugar de la rendición absoluta a la soberana voluntad del Padre: Jesús se
dispuso a obedecer, aunque esa obediencia pasara por la cruz; 3) El Getsemaní
es el lugar de la soledad más cruel: Jesús estuvo solo en la hora más agónica
de su vida; 4) El Getsemaní es el lugar del lloro y del fuerte clamor regado de
lágrimas: Jesús lloró copiosamente en el Getsemaní no para huir de la voluntad del Padre, sino para realizarla; 5) El Getsemaní es el palco del consuelo
celestial y del triunfo sobre los enemigos: Jesús oró, lloró y sangró solo en el
Getsemaní; no recibió ninguna ayuda de la tierra ni consuelo alguno de sus
amigos, pero también allí, el ángel de Dios descendió para consolarlo y de allí
Él salió victorioso para triunfar sobre sus enemigos. Su muerte en la cruz no
fue una derrota, sino su más retumbante victoria, pues fue en la cruz que él
aplastó la cabeza de la serpiente y adquirió para nosotros eterna redención.

# 22

## de mayo

## El drama de la pasión

Y estaba Amnón angustiado hasta enfermarse por Tamar su hermana...

2 SAMUEL 13:2A

La pasión es un sentimiento devastador. Crepita como el fuego, se extiende como una llama y devasta como un incendio. La pasión no es amor; es egoísmo patológico. El amor busca la felicidad continua del otro; la pasión busca la satisfacción inmediata de sí mismo. Todos los días los periódicos imprimen titulares de crímenes pasionales. Personas que matan en nombre del amor. Matan porque fueron traicionadas. Matan porque fueron violentadas. Matan por odio enfermizo. La familia de David también enfrentó ese drama. Amnón, el hijo mayor de David, se apasionó perdidamente por su hermana Tamar, al punto de que su semblante decayó. David, como padre, no percibió nada, pero Jonadab, primo de Amnón, que era muy sagaz, no solo obtuvo el secreto de Amnón, sino que le dio consejos insensatos que lo empujaron hacia la muerte. Amnón terminó violando a su propia hermana y después sintió náuseas por ella inmediatamente. Eso llevó a Absalón, hermano de Tamar, a tramar y ejecutar la muerte de Amnón, dos años después. Muchas personas todavía perecen por causa de la pasión enfermiza. Muchos jóvenes botan su propia vida por ese sentimiento avasallador. La pasión no es amor. Este es benigno y no arde en envidias, pero aquella es un volcán que escupe lava y fuego y produce tormento y muerte. Es una avalancha que arrastra la vida hacia el abismo de la perdición.

# 23
## de mayo

# Victoria sobre la muerte

... Sorbida es la muerte en victoria.

1 CORINTIOS 15:54C

La muerte entró en el mundo por causa del pecado y pondrá sus heladas manos sobre todos: reyes y vasallos, siervos y jefes, doctores y analfabetos, religiosos y agnósticos, viejos y niños. La muerte es el rey de los terrores. Entra en los palacios y cabañas, en los templos religiosos y en los reductos más oscuros de la iniquidad, en los hospitales más sofisticados y en las plazas más concurridas. Nacemos con el virus de la muerte y caminamos en dirección a ella inevitablemente. Hasta que Jesús regrese, la muerte continuará su actuar implacable. Pero la muerte fue vencida. Jesús quebró la espina dorsal de la muerte y arrancó su aguijón. Jesús mató la muerte al resurgir de entre los muertos. Ahora, la muerte ya no tiene más la última palabra. No debemos temerle más. Su poder fue destruido. Jesús se presenta como la resurrección y la vida. Quien cree en Él, nunca morirá eternamente, sino que pasó de muerte a vida. En el glorioso día del regreso triunfante de nuestro bendito Dios y Salvador, los que estén muertos resucitarán con un cuerpo inmortal, incorruptible, poderoso, glorioso y celestial, semejante al cuerpo de la gloria de Cristo; y los que estén vivos serán transformados y arrebatados para estar con Cristo para siempre. La misma muerte, que esparció tanto terror y provocó tantas lágrimas, será lanzada al lago de fuego, y nosotros habitaremos en los nuevos cielos y la nueva tierra, donde Dios enjugará de nuestros ojos toda lágrima.

# 24

## de mayo

# La sanación producida
# por la confesión

Confesaos vuestras ofensas unos a otros, y orad unos por otros,
para que seáis sanados...

SANTIAGO 5:16A

Hay enfermedades físicas y enfermedades emocionales. Hay enfermedades del cuerpo y enfermedades del alma. Guardar rencores y esconder pecados enferma. Llamamos a esta situación deplorable enfermedades "hamartiagénicas", o sea, enfermedades producidas por el pecado. Santiago habla de este asunto cuando dice: "Confesaos vuestras ofensas unos a otros, y orad unos por otros, para que seáis sanados". El rey David adulteró con Betsabé y mandó matar a su marido. Se casó con la viuda y continuó su vida como si nada hubiese sucedido. La mano de Dios, sin embargo, pesó sobre él, y el rey enfermó. Su vigor se hizo como sequedad de estío. Sus huesos ardían, sus lágrimas inundaban su lecho y su alma estaba de luto. Hasta el día en que el rey fue confrontado por el profeta Natán y, cayendo en sí, confesó su pecado. La confesión le trajo sanación y liberación, perdón y restauración. El pecado escondido es como una cadena invisible. La peor prisión es la cárcel de la conciencia culpable. La Palabra de Dios nos señala el camino de la sanación, cuando afirma: "El que encubre sus pecados no prosperará; mas el que los confiesa y se aparta alcanzará misericordia" (Proverbios 28:13). La confesión es el fruto del arrepentimiento, y el arrepentimiento es la puerta de entrada al perdón y la curación. Hay muchas personas enfermas que no necesitan ser tratadas con remedios y cirugías, en las clínicas y hospitales, sino con la terapia de la confesión. El pecado genera enfermedad, pero la confesión trae curación. El pecado esclaviza y atormenta, pero la confesión libera y restaura.

# 25
## de mayo

# Las pruebas de la vida son multicolores

En lo cual vosotros os alegráis, aunque ahora por un poco de tiempo, si es necesario, tengáis que ser afligidos en diversas pruebas.

1 PEDRO 1:6

Nadie pasa por la vida sin beber el cáliz del sufrimiento. Entramos en el mundo llorando, lavamos el rostro con nuestras propias lágrimas y luego de la jornada y, no es raro, cerramos las cortinas de la vida con lágrimas en los ojos. La vida no es indolora. Enfrentamos diversas pruebas. Santiago dijo: "Hermanos míos, tened por sumo gozo cuando os halléis en diversas pruebas" (Santiago 1:2). La palabra griega *poikilos*, traducida aquí por "diversas", significa 'policromática' o 'multicolor'. Hay pruebas leves y pruebas pesadas. Pruebas rosa-claro y pruebas rosa-oscuro. Pruebas rojo-carmesí y pruebas oscuras como brea. A pesar de esto, Santiago nos enseña aquí algunas verdades importantes. Primero, las pruebas son compatibles con la fe cristiana. Santiago se dirige a hermanos y no a paganos. La vida cristiana no es un invernadero espiritual, sino un área de lucha; no es un parque de diversiones, sino un campo de batalla. Segundo, las pruebas son compatibles con la alegría. Santiago dice que en lugar de rendirnos a la tristeza y a la murmuración, debemos tener una actitud de inmensa alegría al pasar por esas diversas pruebas. Tercero, las pruebas son compatibles con la esperanza, pues son pasajeras y no permanentes. Vamos a pasar por ellas, en lugar de quedarnos presos en sus garras. Si las pruebas son multicolores, también lo es la multiforme *(poikilos)* gracia de Dios. ¡Para cada prueba, tenemos gracia suficiente para enfrentarla!

# 26

de mayo

# El remedio para el corazón afligido

Has cambiado mi lamento en baile…

**SALMOS 30:11A**

Jesús se estaba despidiendo de sus discípulos y dándoles sus últimas instrucciones. Era jueves, el fatídico día de la traición de Judas, del abandono de los discípulos, de la lucha de sangriento dolor, de la prisión humillante y del juicio ilegal en el sanedrín. Los discípulos estaban con sus corazones afligidos y turbados. Jesús, entonces, les dijo: "No se turbe vuestro corazón; creéis en Dios, creed también en mí. En la casa de mi Padre muchas moradas hay; si así no fuera, yo os lo hubiera dicho; voy, pues, a preparar lugar para vosotros. Y si me fuere y os preparare lugar, vendré otra vez, y os tomaré a mí mismo, para que donde yo estoy, vosotros también estéis" (Juan 14:1-3). Jesús ofrece tres remedios para la cura de un corazón afligido. Primero, la fe en Cristo. La fe es un ancla firme cuando navegamos los mares revueltos de la vida. No debemos mirar la furia de las olas ni amedrentarnos con el rugido de los vientos. ¡Debemos mirar hacia Jesús! Segundo, la certeza del cielo. El cielo es la casa del Padre, donde hay muchas moradas. Es el lugar preparado para personas preparadas. La vida no es solo el aquí y el ahora. Hay un futuro de gloria para aquellos que creen en el Señor Jesús. El fin de nuestro camino no desemboca en una tumba fría, sino en el cielo de gloria. Tercero, la segunda venida de Cristo. Jesús volverá para buscarnos. Subiremos con Él, reinaremos con Él y disfrutaremos con Él de las venturas benditas del Paraíso. La aflicción no debe ser nuestro cáliz, tampoco nuestro corazón debe sobresaltarse por la angustia. Podemos levantar nuestros ojos y contemplar, por la fe, las glorias del futuro.

# 27
## de mayo

# La esperanza que no desespera

Él creyó en esperanza contra esperanza...

**ROMANOS 4:18A**

Una cosa es esperar aquello que es posible, plausible y asequible; otra bien diferente es esperar aquello que solo hace desesperar. Abraham no solo esperó con paciencia, sino que esperó contra la esperanza. Dios le prometió el hijo de la promesa. Prometió que Abraham sería el padre de una numerosa multitud y que, por medio de él, todas las familias de la tierra serían benditas. Los años pasaron, pero la promesa no se cumplía. Abraham ya estaba con el cuerpo moribundo, y Sara, su mujer, además de estéril, ya no tenía más chance de concebir. El escenario era de desánimo para el mayor de los optimistas, pero no para el padre de la fe. Esperando contra la esperanza, Abraham creyó, para venir a ser padre de muchas naciones. Él sabía que Dios es poderoso para vivificar a los muertos y llamar a la existencia a las cosas que no existen. Aun cuando tenía 100 años de edad y su mujer, con 90 años, no dudó de la promesa. El milagro creído se hizo el milagro realizado. Promesa de Dios y realidad son la misma cosa. Ninguna de las promesas de Dios cae a tierra. En todas ellas tenemos el sí y el amén. Él vela por el cumplimiento de su Palabra. El cristiano no vive según las emociones ni conforme a los dictámenes del entendimiento. Vive por la fe, y fe no es mera sugestión, sino la certeza de hechos y convicción de cosas. La fe descansa no en las evidencias de la lógica humana, sino en la promesa divina. No mira las circunstancias, sino al Dios vivo que está al control de todas las situaciones.

# 28
## de mayo

## Consuelo para el luto

Y cuando el Señor la vio, se compadeció de ella, y le dijo:
"No llores".

LUCAS 7:13

El luto es una de las aflicciones más profundas de la vida. Nadie pasa por ese valle con una sonrisa en los labios o fiesta en el alma. Es un cáliz amargo, y no un manjar fino. La muerte es el rey de los terrores. Arranca de nuestros brazos a aquellos que amamos. El apóstol Pablo, sin embargo, nos dice: "Bendito sea el Dios y Padre de nuestro Señor Jesucristo, Padre de misericordias y Dios de toda consolación, el cual nos consuela en todas nuestras tribulaciones, para que podamos también nosotros consolar a los que están en cualquier tribulación, por medio de la consolación con que nosotros somos consolados por Dios" (2 Corintios 1:3-4). Hay tres verdades consoladoras aquí. En primer lugar, Dios es la fuente de consuelo. Podemos recibir su ayuda en las horas más amargas de la vida. El valle del luto es oscuro y profundo, pero no lo atravesamos solos. Dios camina con nosotros, acogiéndonos en sus brazos eternos, pues Él es el Dios y Padre de toda consolación. En segundo lugar, Dios no desperdicia sufrimiento en la vida de sus hijos. Nadie es consolado a menos que esté pasando por un sufrimiento. Dios nos conforma para que seamos consoladores. Cuando enfrentamos el dolor del luto, Dios nos equipa para que seamos instrumentos de consuelo en la vida de otros enlutados. En tercer lugar, Dios nos capacita para que seamos consoladores y consolemos con los mismos consuelos con que somos consolados. Repartimos aquello que recibimos. Repartimos en la misma proporción que recibimos. Llegamos a ser no solo receptáculos del sufrimiento, sino sobre todo instrumentos del consuelo.

# 29
## de mayo

# La felicidad de tener un corazón puro

Bienaventurados los de limpio corazón, porque ellos verán a Dios.

MATEO 5:8

Jesús dijo que felices son los puros de corazón, porque ellos verán a Dios. Se engañan aquellos que piensan que la felicidad está en los manjares del mundo. La felicidad está exactamente en abstenerse de ese banquete. Los licores del pecado pueden ser dulces al paladar, pero son amargos en el estómago. Pueden dar placer por un momento, pero no satisfacen el corazón para siempre. No son aquellos que disfrutan las aventuras de la vida quienes son felices, sino los que se mantienen castos. No son aquellos que se entregan al deleite que encuentran la felicidad, sino los que guardan puro el corazón. La felicidad no está en el banquete del pecado, sino en la fiesta de la santidad. La felicidad no está en las aventuras crepitantes del sexo ilícito, sino en la vida regida por la pureza. Solo los puros de corazón verán a Dios. Solo los puros de corazón se deleitan en Dios y se sentirán en casa en la casa del Padre. Una persona impura no se sentiría bien en el cielo, pues allá no entrará nada contaminado. Aquellos que se alimentan de impureza pasarán toda la eternidad recibiendo lo que siempre desearon: la impureza. Aquellos que sembraron impureza en el tiempo, cosecharán la impureza en la eternidad. Aquellos que buscaron la santidad, sin embargo, verán a Dios y se deleitarán en Él por los siglos de los siglos.

# 30

## de mayo

# Salvos por la sangre

Y la sangre os será por señal en las casas donde vosotros estéis;
y veré la sangre y pasaré de vosotros...

ÉXODO 12:13A

La Pascua fue celebrada la noche en que Dios libertó a los hebreos de la esclavitud de Egipto. La resistencia del Faraón llegó a su fin cuando murieron todos los primogénitos de aquella tierra milenaria. Un cordero sin defecto murió por cada familia, y su sangre fue puesta en los dinteles de las puertas. Cuando el ángel pasó aquella fatídica noche y vio la sangre esparcida en las puertas, no hirió allí al primogénito. Lo que salvó a los hebreos de la muerte no fue el cordero, sino la sangre del cordero esparcida en los dinteles de las puertas. Lo que libró a los hebreos no fue alguna virtud que ellos pudiesen ostentar, ni siquiera el sufrimiento y las injusticias sufridos por ellos en la esclavitud. La única diferencia entre los hebreos y los egipcios aquella noche fue la sangre del cordero. Así es aún hoy en día. Solo hay dos grupos de personas: los que están bajo la sangre de Cristo y los que todavía no lo están. No se trata de pertenecer a esta o aquella iglesia. No se trata de obras o méritos. La única cosa que cuenta a los ojos de Dios es si estamos bajo la sangre del Cordero inmaculado o no. Cuando Dios ve la sangre, no aplica allí el juicio. Aquella sangre del Cordero en los dinteles de las puertas era un símbolo de la sangre de Cristo vertida en la cruz. Solamente la sangre de Cristo puede purificarnos de todo pecado. Solamente por la sangre de Cristo somos redimidos de nuestros pecados. Solamente por la sangre de Cristo tenemos paz con Dios. Solamente por la sangre de Cristo somos salvos de la muerte eterna y del juicio venidero.

# 31
## de mayo

# Las aguas amargas
# se hicieron dulces

Y Moisés clamó a Jehová, y Jehová le mostró un árbol; y lo
echó en las aguas, y las aguas se endulzaron...

ÉXODO 15:25A

El pueblo de Israel acababa de atravesar el mar Rojo de forma milagrosa. El
mar se hizo camino abierto para los hebreos y sepultura para sus enemigos. Ahora, el pueblo tenía al frente el desierto de Shur. Después de tres días
de camino, ellos no encontraron agua. Finalmente, llegaron a Mara, pero allí
no pudieron beber las aguas, porque eran amargas. El pueblo murmuró contra Moisés, y Moisés clamó a Dios, quien le señaló una solución: arrojar un árbol sobre las aguas de Mara. Allí Dios probó al pueblo y le dio estatutos. Dios
prometió al pueblo que si ellos andaban en obediencia, las enfermedades que
vinieron sobre los egipcios no los alcanzarían. Allí Dios se reveló al pueblo con
un nuevo nombre, Jehová Rafá, "Jehová tu sanador" (v. 26). Al salir de Mara,
llegaron a Elim, donde había doce fuentes de agua y setenta palmeras. Allí
acamparon junto a las aguas. Las aguas amargas de Mara son un símbolo de la
vida antes de la conversión. No hay nada en este mundo que nos pueda satisfacer. Sin embargo, cuando la cruz de Cristo es puesta en esas aguas amargas,
ellas se hacen dulces. Cuando Cristo entra en nuestra vida, somos transformados, restaurados y transmutados en instrumentos de vida y no de muerte,
de deleite y no de tormento, de alivio y no de pesar. Es por la cruz de Cristo
que esa transformación sucede. Ningún poder en la tierra ni en el cielo puede cambiar nuestra vida, nuestra suerte y nuestro futuro a no ser Cristo, y
este crucificado. ¡Tenemos vida por su muerte, tenemos sanidad por su cruz!

# 1

## de junio

## ¡Cuidado con las pasiones infames!

No te echarás con varón como con mujer; es abominación.

LEVÍTICO 18:22

El hombre y la mujer fueron creados por Dios a su imagen y semejanza. Dios los unió en una relación de amor y fidelidad. Hombre y mujer, por el matrimonio, se hacen una sola carne. El matrimonio fue establecido por Dios, en Génesis 2:24, como una relación heterosexual, monogámica y monosomática. El matrimonio no es la relación de un hombre con otro hombre, ni de una mujer con otra mujer. No es la relación de un hombre con más de una mujer, ni de una mujer con más de un hombre. El perverso corazón humano, sin embargo, rebelado contra Dios, rehúsa obedecer los preceptos divinos. Por eso, relaciones ilícitas son inventadas y uniones abominables son sostenidas para sustituir lo que Dios estableció desde el principio. Una de esas relaciones abominables es la práctica sexual con personas del mismo sexo. La Palabra de Dios dice: "No te echarás con varón como con mujer; es abominación". El apóstol Pablo afirma que el homosexualismo, o sea, la relación entre hombre y hombre, o entre mujer y mujer, es una expresión del juicio divino a una generación que rechaza el conocimiento de Dios. Esa relación homosexual es tratada por el apóstol como una disposición mental reprobable, un error, una inmundicia, una deshonra, una torpeza, algo contrario a la naturaleza (Romanos 1:24-28). Por más que la sociedad contemporánea apruebe y haga legal el "matrimonio homosexual", a los ojos de Dios continúa siendo abominación. ¡Debemos, por lo tanto, tener mucho cuidado con las pasiones infames!

# 2

## de junio

# Miedo a la muerte

Yo sé que mi Redentor vive, y al fin se levantará sobre el polvo.

**JOB 19:25**

El apóstol Pablo estaba en el corredor de la muerte, en la antesala del martirio, preso en una mazmorra romana. Convencido de que la hora de su martirio había llegado, en lugar de estar desesperado, escribió a Timoteo con singular lucidez: "Porque yo ya estoy para ser sacrificado, y el tiempo de mi partida está cercano" (2 Timoteo 4:6b). En el entendimiento de Pablo, no era Roma quien lo iba a matar; era él mismo quien se iba a ofrecer a Dios en sacrificio. Eso porque, en su entendimiento, la muerte tenía tres importantes significados, de acuerdo con el sentido de la palabra "partida" en griego: 1) Quitar la carga de las espaldas de una persona: para el cristiano, morir es descansar de sus fatigas; 2) Desatar un bote, navegar las aguas del río y cruzar a la otra orilla: para el cristiano, morir es hacer el último viaje de la vida, rumbo al puerto divino; 3) Aflojar las estacas de una tienda, levantar el campamento e ir a su casa permanentemente: para el cristiano, morir es cambiar de dirección, e ir a la casa del Padre. Pablo no tenía miedo de morir, porque sabía en quién había creído y para dónde estaba yendo. No debemos, de igual modo, temer a la muerte. Ella ya fue vencida. Jesús ya quitó el aguijón de la muerte. Jesús ya mató la muerte por su propia muerte y resurrección. Ahora, la muerte, el último enemigo a ser vencido, el rey de los terrores, no tiene más poder sobre nosotros. La muerte no tiene ya la última palabra. ¡Sorbida fue la muerte en victoria!

# 3
## de junio

# El poder del evangelio

... el evangelio es poder de Dios para salvación...

ROMANOS 1:16b

E l apóstol Pablo, en la carta a los Romanos, su mayor tratado teológico, habla sobre el poder del evangelio. "Porque no me avergüenzo del evangelio, porque es poder de Dios para salvación a todo aquel que cree; al judío primeramente, y también al griego". ¿Por qué Pablo se avergonzaría del evangelio en la capital del imperio? ¡Porque el evangelio habla sobre el Mesías que fue crucificado y muerto en una cruz! Eso era una vergüenza para los romanos. Pablo, sin embargo, dice que el evangelio es la buena nueva sobre la vida, la muerte, la resurrección, la ascensión y el señorío de Cristo. El evangelio no es señal de debilidad; es señal del poder de Dios. El evangelio es tan poderoso como su autor. El evangelio no es un poder cualquiera ni un poder destructor; es el poder de Dios para salvación. Ningún otro poder en el cielo o en la tierra puede salvar al hombre de la ira venidera sino el evangelio. Pero el evangelio establece un límite: es el poder de Dios para salvación solamente de los que creen. El evangelio no trae salvación a los incrédulos, sino solamente a aquellos que confían en Cristo. Ese evangelio no hace acepción de personas. La salvación está disponible para todos, judíos y griegos, de igual forma. La condición para la salvación de ambos, no obstante, es la misma: la fe en Cristo. El evangelio es universal: alcanza a todos sin acepción, pero no a todos sin excepción, toda vez que solamente los que creen que son salvos.

# La paciencia, una virtud necesaria

---

... pacientes en la tribulación.

**ROMANOS 12:12B** - RVA[5]

La paciencia no es una actitud natural, fruto de una personalidad amable. Naturalmente no somos pacientes. La paciencia es fruto del Espíritu; es una virtud cristiana que se desarrolla a medida que entregamos nuestras acciones y reacciones al control del Espíritu Santo. Job fue un hombre paciente. Sufrió duros y severos golpes en la vida. Perdió sus bienes, sus hijos y su salud. Además de estas pérdidas radicales, perdió también el apoyo de su mujer y la solidaridad de sus amigos. En ese valle oscuro de dolor, él exprimió el pus de la herida y gritó a los cielos, exponiendo su queja. No sufrió callado como un estoico. No se encogió amargado contra Dios ni levantó sus puños contra los cielos. Nutrió la esperanza en la intervención divina, aunque su cuerpo estuviera arrugado y la sepultura pareciera ser su única recompensa. Aun en los portales de la muerte, sabía que su Redentor estaba vivo. Aun con el pie en la sepultura, sabía que un tiempo de restauración podría brillar en su vida. Aun acusado de muchos pecados, sabía que Dios saldría en su defensa. Job fue paciente para ver el tiempo de la restauración. Fue paciente para ver a sus amigos perdonados por Dios y a su descendencia prosperando en la tierra. Tenía paciencia. El último capítulo de su vida aún no ha sido escrito. Lo mejor de Dios todavía está por venir. Dios aún está trabajando en usted. ¡Después, Él trabajará "a través" de usted!

# 5

## de junio

# ¿Mayor crimen o mayor amor?

A este, entregado por el determinado consejo y anticipado conocimiento de Dios, prendisteis y matasteis...

**HECHOS 2:23A**

La muerte de Cristo fue el mayor crimen de la historia. Él fue muerto por un motivo torpe, la envidia. Los testigos que lo acusaron eran falsos. Su juicio fue un escandaloso error jurídico. Judas lo entregó a los sacerdotes por ganancia y después confesó haber entregado sangre inocente. Los sacerdotes prendieron a Jesús por envidia. Pilato lo condenó por cobardía, porque, como juez que lo sentenció a muerte, estaba convencido de su inocencia. El mayor crimen de la historia, sin embargo, no fue un accidente, sino que formaba parte de la agenda de Dios. Jesús fue entregado por el determinado designio y presciencia de Dios. Ese auspicioso hecho, no obstante, no eximió a sus ejecutores de responsabilidad, pues el apóstol Pedro afirmó: "... (vosotros) prendisteis y matasteis por manos de inicuos" (v. 23b). Esta fue la faceta sombría de la muerte de Cristo. Hay otra gloriosa: La muerte de Cristo fue la mayor expresión de amor. Jesús no fue a la cruz porque Judas lo traicionó, ni porque los judíos lo entregaron, tampoco porque Pilato lo sentenció. Jesús fue a la cruz porque se dio, voluntariamente, como sacrificio por nuestro pecado. Al mismo tiempo, la muerte de Cristo fue el mayor crimen de la historia y también el mayor gesto de amor del mundo; la mayor expresión de maldad de los hombres y la mayor expresión de la bondad de Dios.

# 6
## de junio

# El amor conyugal, un tesoro precioso

Las muchas aguas no podrán apagar el amor…

CANTARES 8:7A

El libro del Cantar de los Cantares exalta el amor conyugal, un símbolo del amor de Cristo por su iglesia. En el capítulo 8 encontramos cuatro características del amor conyugal. Primero, es un amor inviolable: "Ponme como un sello sobre tu corazón…" (v. 6a). El sello es un símbolo de inviolabilidad. El amor conyugal debe ser íntegro, puro, confiable, fiel. Segundo, es un amor sacrificial: "… porque fuerte es como la muerte el amor" (v. 6b). El amor verdadero se entrega sin reservas a la persona amada. Cristo amó a la iglesia y se entregó por ella. El marido debe amar a la esposa como Cristo amó a la iglesia, entregándose y estando dispuesto a morir por ella. Tercero, es un amor indestructible: "Las muchas aguas no podrán apagar el amor, ni lo ahogarán los ríos" (v. 7a). Las crisis y las tempestades de la vida no pueden destruir el amor verdadero. Ninguna turbulencia puede sacudir las estructuras del amor. El amor navega osado por los mares revueltos y cruza los ríos caudalosos con inquebrantable seguridad. Cuarto, es un amor incorruptible: "Si diese el hombre todos los bienes de su casa por este amor, de cierto lo menospreciarían" (v. 7b). El amor no es un producto barato que se compra en el mercado, ni una moneda de cambio que se canjea para alcanzar ventajas inmediatas. El amor no se corrompe ni se vende. Es sincero, puro y confiable. Ese amor es el oxígeno del matrimonio, es el vector que gobierna la relación, es la mayor recompensa de la relación conyugal.

# 7
## de junio

# Getsemaní, la batalla decisiva

Velad y orad, para que no entréis en tentación; el espíritu a la
verdad está dispuesto, pero la carne es débil.

MATEO 26:41

Getsemaní es un jardín y está en la cúspide del monte de los Olivos. Significa "prensa de aceite". Era un lugar conocido y frecuentado por Cristo.
La noche en que fue traicionado, Jesús se dirigió a ese jardín con los discípulos
y allí enfrentó una lucha de sangriento sudor. Fue la más decisiva batalla que
se trabó en la historia. Allí el destino de la humanidad estaba en juego. El alma
del Hijo de Dios estaba angustiada hasta la muerte. Los horrores del infierno
respiraban sobre Él. La cruz y su suplicio indescriptible estaban frente a Él.
El Creador del universo estaba pronto a ser entregado en las manos de los pecadores. Aquel que es bendito estaba pronto a ser escarnecido y escupido por
los hombres. En ese momento, Jesús avanzó al interior del jardín para orar al
Padre. Su oración fue intensa, agónica y regada de lágrimas. En Getsemaní,
Jesús enfrentó el drama de la soledad. Jesús dijo algunas cosas a la multitud;
otras, solo a los discípulos. Pero cuando sudó sangre, estaba completamente
solo. En Getsemaní, Jesús enfrentó el drama de la tristeza. Jesús no solo estaba
angustiado por causa del sufrimiento físico, sino, sobre todo, porque siendo
santo, se hizo pecado; y, siendo bendito, fue hecho maldición. En Getsemaní,
Jesús lidió con la rendición. Jesús sudó sangre no para huir de la voluntad del
Padre, sino para hacer la voluntad del Padre. Finalmente, en Getsemaní, Jesús
recibió el consuelo del Padre, por medio de un ángel. Por eso salió victorioso
de esa batalla y caminó hacia la cruz como un rey camina a la coronación.

# 8

## de junio

# Una señal del favor de Dios

Muéstrame una señal de bondad.

**Salmos 86:17a** - LBLA

David estaba pasando por un valle profundo. Afligido y necesitado, ahogado en la tristeza, estaba dominado por una gran angustia. Su alma estaba cercada de los poderes de la muerte. Los soberbios se levantaron contra él. Una banda de violentos, que despreciaban a Dios, atentaba contra su vida. En esa situación de opresión y persecución, David se vuelve a Dios en oración, proclamando misericordia. David pide liberación y socorro. Es en ese contexto que David ruega al Señor: "Muéstrame una señal de bondad". Hay momentos en la vida en los que las circunstancias conspiran contra nuestra fe. Aunque seamos conscientes de que Dios es poderoso para librarnos, no vemos ninguna evidencia de esa liberación. Es como si estuviéramos dentro de una niebla oscura. Los enemigos se fortalecen y nos sentimos amenazados por peligros que vienen de fuera y por angustias que vienen de dentro. En esas horas necesitamos también una señal del favor de Dios. Necesitamos una prueba de que Dios está al control de la situación y, en tiempo oportuno, nos librará. Tal vez usted también haya hecho esa oración de David. Tal vez usted también ya haya pasado o esté pasando por esa noche tenebrosa de dolor y miedo. Sepa que su Dios es compasivo. Él es grande en fuerza y poder y jamás va a desampararlo o entregarlo a usted al propósito de sus enemigos. ¡No se desespere, espere en Dios! ¡No se entregue al desespero, ore a Dios! ¡No se rinda a la incredulidad, pida a Dios una señal de su favor!

# 9
de junio

## Terapia por medio de la palabra

La ley de Jehová es perfecta, que convierte el alma.

SALMOS 19:7A

Después de hablar acerca de la revelación natural, David pasa a tratar sobre la revelación especial. La creación revela el poder de Dios, mientras que la Palabra habla sobre su amor. La creación es una revelación dirigida a los ojos, pero la Palabra es la revelación dirigida a los oídos. Después de declarar que la ley del Señor es perfecta, fiel, recta, pura, limpia y verdadera, David añade que la Palabra es más deseable que el oro y más dulce que la miel. Hay gran recompensa en obedecer la Palabra. Ella tiene virtudes excelentes y una acción eficaz. Restaura el alma, da sabiduría a los simples, alegra el corazón, ilumina los ojos y permanece para siempre. Cuando examinamos la Palabra, la Palabra nos examina. Cuando nos sumergimos en su mensaje, ella nos diagnostica. La Palabra nos trae entendimiento, pues ilumina nuestros ojos. La Palabra nos trae sanidad, pues restaura nuestra alma. La Palabra nos trae discernimiento, pues da sabiduría a los simples. La Palabra nos trae contentamiento, pues alegra el corazón. La Palabra nos provee seguridad, pues permanece para siempre. Encontramos en la Palabra de Dios una fuente de vida, pues las palabras de Dios son espíritu y vida. Encontramos en la Palabra de Dios un tesoro inagotable, pues ella es mejor que mucho oro refinado. Encontramos en la Palabra de Dios una mesa llena con finos manjares, pues su sabor es mejor que el de la miel, y que el de miel que destila del panal. ¿Usted se ha alimentado de la Palabra?

# 10
## de junio

# Los hijos, flechas en las manos del guerrero

Como saetas en mano del valiente, así son los hijos habidos en la juventud.

**SALMOS 127:4**

No criamos a nuestros hijos para nosotros mismos. Nosotros los criamos para Dios. Nosotros los preparamos para la vida. El salmo 127 presenta una sugestiva figura de los hijos: son flechas en las manos del guerrero. Feliz aquel que llena de ellos su aljaba. Cuando se piensa en una flecha, tres ideas vienen a nuestra mente. La primera es que un guerrero, antes de usar sus flechas, necesita cargarlas en los hombros. Las madres cargan a los hijos en el vientre y los padres los cargan en los brazos. Nuestros hijos necesitan cuidado, protección y amor. Necesitamos implementar disciplina con ánimo; exhortación con consuelo. La segunda idea es que un guerrero carga sus flechas para lanzarlas lejos. Los padres no crían a los hijos para sí mismos. Ellos preparan a los hijos para la vida. Y, muchas veces, los padres lanzan a los hijos lejos, a fin de responder a los proyectos de Dios. Nuestros hijos no son nuestros: son de Dios y deben estar al servicio de Dios. La tercera idea es que un guerrero no desperdicia sus flechas. Él las lanza a un objetivo correcto. También los padres deben preparar a los hijos para que sean vasos de honra, instrumentos de bendición en las manos de Dios. Los padres no desperdician a los hijos. Los hijos deben ser criados con sabiduría para que sean bendición en la familia, en la iglesia y en la sociedad.

# 11
## de junio

# No siempre Dios nos exime
# de los problemas

---

Cuando pases por las aguas, yo estaré contigo...

ISAÍAS 43:2A

L a vida es como un viaje. No siempre es calmada y tranquila. En esa jornada navegamos aguas revueltas, escalamos montañas escarpadas, descendemos valles profundos, cruzamos desiertos inhóspitos. Dios nunca nos prometió ausencia de problemas. La vida no es indolora. No pocas veces nuestro cuerpo es golpeado por el dolor. Las lágrimas calientes, con frecuencia, borbotean de nuestros ojos como torrentes caudalosos. La enfermedad sutil o agresiva mina nuestro vigor. En esas horas, nuestras rodillas se debilitan; nuestros brazos decaen; y nuestros ojos se empañan. Muchos, movidos por una teología errada, se rebelan contra Dios. No consiguen conjugar el sufrimiento con el amor divino. Reclaman de Dios una intervención y se amargan contra Él cuando la respuesta negativa viene. Necesitamos entender que Dios nunca nos prometió ausencia de aflicción. En este mundo tendremos aflicción, pues nos es necesario entrar en el reino de Dios a través de muchas tribulaciones. Aquí hay lloro y dolor, lágrimas y sufrimiento. Aquí es el cielo. Pero aquí tenemos la presencia consoladora de Dios. Aquí tenemos la promesa de que Dios nunca nos probará más allá de nuestras fuerzas. Aquí tenemos la convicción de que nuestra tristeza se convertirá en alegría, y nuestro sufrimiento en recompensa gloriosa. En la perspectiva de la eternidad, nuestras tribulaciones aquí son leves y momentáneas. No estamos de camino a una noche oscura, sino a un amanecer glorioso.

# 12
## de junio

# El plan de Dios es perfecto

Y sabemos que a los que aman a Dios, todas las cosas les ayudan a bien…

ROMANOS 8:28A

El apóstol Pablo escribió su mayor tratado teológico y lo envió como una
carta a la iglesia de Roma. Los estudiosos dicen que esa carta es como
la cordillera del Himalaya de la revelación bíblica, su pico culminante. En
el versículo que consideramos, Pablo dice que Dios tiene un propósito establecido en la eternidad. Ese propósito es eterno, perfecto y victorioso. El
soberano Dios no improvisó las cosas. Lo hizo todo de acuerdo con un plan
que no puede ser frustrado. Su vida está incluida en ese plan. Usted, que ama
a Dios, tiene su vida en las manos de aquel que también tiene las riendas del
universo bajo su control. No hay acaso ni coincidencia. No hay suerte ni azar.
No hay determinismo ni desastre. La historia no está a la deriva como un camino desenfrenado, ni está rodeando en círculos como pensaban los griegos.
La historia camina hacia una consumación gloriosa. Pablo dice que todas las
cosas cooperan para nuestro bien. No algunas cosas ni las mejores cosas, sino
todas las cosas. Esas cosas no se encajan por sí mismas como en un juego de
coincidencias. Ellas no son gobernadas por un destino aleatorio. La verdad
llana y sencilla es que Dios está trabajando las circunstancias de nuestra vida,
como si tejiera un tapete, como si montara un mosaico, para que el resultado
sea nuestro bien. Obviamente, Pablo no está diciendo que todas las cosas
que nos suceden son buenas; lo que está diciendo es que Dios actúa en esas
circunstancias, convirtiéndolas para nuestro bien.

# 13
## de junio

## Jesús resucitó de entre los muertos

No está aquí, pues ha resucitado, como dijo. "Venid, ved el
lugar donde fue puesto el Señor".

MATEO 28:6

L a resurrección de Cristo es su brazo de triunfo. Es el amén de Dios a la
agonía de la cruz. La tumba vacía de Cristo es la cuna de la iglesia. Jesús
nació en un pesebre, creció en una carpintería y murió en una cruz. Aquel
que caminó por todas partes haciendo el bien y librando a los oprimidos
del diablo, fue apresado, condenado, colgado en una cruz y sepultado, pero
resucitó al tercer día. Su tumba fue abierta de adentro hacia fuera. Los grilletes de la muerte no pudieron retenerlo. Él arrancó el aguijón de la muerte
y mató a la muerte con su propia muerte, pues resucitó de entre los muertos
como primicia de aquellos que duermen. Ahora, la muerte no tiene ya la
última palabra. La muerte fue vencida y tragada por la victoria de Cristo.
Jesús es la resurrección y la vida. Aquel que cree en Él no está más debajo del
yugo de la muerte, el rey de los terrores, sino que pasó de muerte a vida. Ya
no debemos tener miedo del mañana, pues la muerte no es el punto final de
la existencia. Caminamos no hacia una sepultura cubierta de polvo, sino a la
gloriosa resurrección. Nuestro destino no es una noche eterna de oscuridad,
sino la ciudad santa, el paraíso de Dios, donde el Cordero será su lámpara. Recibiremos un cuerpo inmortal, incorruptible, poderoso, glorioso, celestial, semejante al cuerpo de la gloria de Cristo. Podemos, entonces, decir con Pablo:
"Porque para mí el vivir es Cristo, y el morir es ganancia" (Filipenses 1:21).

# 14

# Alegría indecible y llena de gloria

A quien amáis sin haberle visto, en quien creyendo, aunque
ahora no lo veáis, os alegráis con gozo inefable y glorioso.

1 PEDRO 1:8

El apóstol Pedro escribió a los creyentes dispersos y forasteros de Asia Menor. Era un tiempo de gran sufrimiento. Las persecuciones patrocinadas
por el emperador Nerón ya habían comenzado. Los creyentes enfrentaban
variadas persecuciones. No obstante, en medio de ese fuego de prueba, los creyentes debían regocijarse en la salvación con alegría indecible y llena de gloria.
El mundo ansía la alegría. Las personas invierten dinero buscando comprar la
alegría. Pero ¿dónde está la alegría? ¿En las aventuras sexuales? ¿En las bebidas
refinadas? ¿En los banquetes lujosos? ¿En la ropa cara? ¿En las riquezas de este
mundo? ¿En el lujo extremo? Muchas personas prueban todas estas cosas y todavía continúan infelices. Otras, sin embargo, aun desprovistas de estas cosas,
experimentan una alegría indecible y llena de gloria. La verdadera alegría es
más que un sentimiento. Es más que una emoción. La verdadera alegría es una
persona, es Jesús. Aquellos que lo conocen y disfrutan de su salvación experimentan una felicidad mayúscula y superlativa. Aquellos que toman posesión
de la salvación y nutren en el alma una esperanza viva, disfrutan de la alegría
que no puede ser comunicada con palabras, una alegría gloriosa. ¿Usted es
una persona feliz? ¿Conoce esa alegría indecible y llena de gloria? ¿Ha usufructuado esa alegría? ¿Se ha saturado de ese banquete de Dios? Ahora mismo
usted puede tomar posesión de esa alegría. Ella es un banquete delicioso en el
espléndido banquete de la gracia.

# 15
## de junio

## La felicidad de una familia unida

He aquí que así será bendecido el hombre que teme a Jehová.
SALMOS 128:4

No hay felicidad verdadera sin la bienaventuranza de la familia. No podemos construir nuestra felicidad personal sobre los escombros de nuestra casa. No podemos nutrir nuestra alegría con la tristeza de nuestro hogar. Los salmos 127 y 128 hablan de las cuatro etapas de la familia: la familia que se fundamenta en Dios; la familia que recibe a los hijos como herencia de Dios; la familia que continúa unida alrededor de una mesa, disfrutando del fruto de su trabajo; y la familia que se multiplica, dejando para las generaciones postreras una descendencia santa. No podemos construir nuestra felicidad sobre las ruinas de un hogar fracasado. Ningún éxito compensa el fracaso de la familia. El mayor patrimonio que poseemos es nuestra familia. Un matrimonio feliz vale más que fortunas. Una familia unida vale más que riquezas. La herencia del Señor no son las cosas, sino los hijos. Por eso, la mayor inversión que podemos hacer para el futuro es valorar a nuestra familia. El hombre feliz es aquel que dedica lo mejor de su tiempo a su familia. Es aquel que tiene espacio en su agenda para cultivar relaciones profundas dentro del hogar. Es aquel que ve a su esposa como un olivo fructífero, y a sus hijos como retoños alrededor de la mesa.

# 16
## de junio

# Una rama fructífera junto a una fuente

Rama fructífera es José, rama fructífera junto a una fuente, cuyos vástagos se extienden sobre el muro.

GÉNESIS 49:22

José era hijo de Jacob y nieto de Abraham. Fue íntegro en la adversidad y en la prosperidad. Caminó con Dios en las sombras espesas del sufrimiento y en la luz resplandeciente de la popularidad. Su vida fue resumida de forma magistral: "Rama fructífera es José... junto a una fuente, cuyos vástagos se extienden sobre el muro". Tres verdades son destacadas aquí. En primer lugar, José tenía una vida bendecida. Él era una rama fructífera. Su vida no era estéril; daba frutos con abundancia. Su presencia producía bendición, como esclavo y como príncipe. Segundo, José tenía una vida de intimidad con Dios. Él era una rama fructífera junto a la fuente. El poder que impactaba a las personas no venía de sí mismo, sino de Dios. Era un hombre que influenciaba, porque se abastecía de la fuente, que es Dios. Era un agente de bendición, porque vivía en comunión con Dios, la fuente de toda bendición. Finalmente, José tenía una vida de gran influencia. Él era una rama fructífera que extendía sus ramas más allá de los muros. Era bendición dentro y fuera de la casa, en su país y en el extranjero, como esclavo y como gobernador. No eran las circunstancias las que determinaban su vida. No era influencia por el medio, sino que influenciaba el medio. Aun siendo objetivo de injusticias y persecuciones, él se mantuvo íntegro. Aunque pasó trece años de su juventud como esclavo y prisionero, se conservó fiel. Aun cuando fue elevado a la posición de gobernador de Egipto, persistió en humildad.

# 17
## de junio

# El Cordero vencedor

... y estuve muerto; mas he aquí que estoy vivo por los siglos de los siglos.

APOCALIPSIS 1:18B

El apóstol Juan era el único sobreviviente del colegio apostólico. Todos los demás apóstoles ya habían sido martirizados. El emperador Domiciano lo deportó a la isla de Patmos, en una tentativa de callar su voz. Sin embargo, cuando todas las puertas de la tierra estaban cerradas para Juan, el Señor le abrió una puerta en el cielo. Se le reveló. Juan tuvo una visión del Cristo glorificado, cuyos cabellos eran blancos como la nieve y cuyo rostro brillaba como el sol en su fulgor. Sus ojos eran como llamas de fuego, y sus pies, como de bronce pulido. Su voz era como la voz de muchas aguas y de su boca salía una afilada espada de dos filos. Juan cayó como muerto a los pies de Cristo, pero oyó: "No temas; yo soy el primero y el último; y el que vivo, y estuve muerto; mas he aquí que vivo por los siglos de los siglos" (Apocalipsis 1:17b-18a). El Cristo vencedor es el Cordero que fue muerto, pero resucitó. Él mató a la muerte con su propia muerte y triunfó sobre ella en su resurrección. El Cordero vencedor está sentado en el trono del universo y gobierna sobre cielos y tierra. No adoramos al Cristo que estuvo vivo y está muerto, sino al Cristo que estuvo muerto y está vivo por los siglos de los siglos. El Cordero de Dios venció para abrir el libro de la historia y conducirla a la consumación. ¡No debemos temer el futuro, pues aquel que se sienta en el trono del universo tiene las riendas de la historia en las manos!

# 18

## La ansiedad, el fantasma del alma

Así que, no os afanéis por el día de mañana.

**MATEO 6:34A**

L a palabra "ansiedad" significa en griego 'estrangulamiento' y se relaciona con sacar el oxígeno, apretar el cuello, sofocar. Muchas personas viven con la respiración jadeante, atormentadas por el fantasma de la ansiedad. Jesús dijo que la ansiedad es inútil, pues no podemos añadir un solo codo a nuestra existencia. Dijo también que la ansiedad es perjudicial, pues ya tiene el día sus propios males. Ansiedad es ocuparse en el presente de un problema futuro. Es afligirse por algo que todavía no está sucediendo. Está probado que más del setenta por ciento de los asuntos que nos ponen ansiosos nunca se concretan. Sufrimos innecesariamente. Estar ansioso hoy no nos ayudará de forma alguna a resolver los problemas de mañana. Finalmente, Jesús dijo que la ansiedad es una señal de incredulidad, pues los gentiles que no conocen a Dios son quienes se preocupan por el día de mañana, acerca de lo que van a comer, beber o vestir. Nosotros, sin embargo, debemos buscar en primer lugar el reino de Dios y su justicia, sabiendo que las demás cosas nos serán añadidas. El fantasma de la ansiedad es apartado de nuestro camino cuando confiamos en Dios y le entregamos nuestros cuidados. Vencemos la ansiedad cuando adoramos a Dios, haciéndole peticiones y súplicas, con acciones de gracias. El resultado de esta actitud es que la ansiedad se va y la paz de Dios, que sobrepasa todo entendimiento, viene a habitar en nuestra mente y en nuestro corazón.

# 19
## de junio

# El drama de la maledicencia

Porque: El que quiere amar la vida y ver días buenos, refrene su
lengua de mal, y sus labios no hablen engaño.

1 PEDRO 3:10

L a manera más indigna en que alguien se promueve es hablar mal de los
otros. La lengua mata más que la espada y destruye más que el fuego.
La maledicencia es una espada afilada que sangra a sus víctimas. La lengua
es fuente de vida o fosa de muerte. Es árbol fructífero que alimenta o espino
que hiere; es medicina que sana o veneno que mata. Como el timón de un
navío, puede dirigirlo a usted en seguridad por los mares de la vida o lanzarlo
sobre los peñascos de las intrigas. La lengua es como una chispa que incendia
todo un bosque. Hacer un comentario maledicente es como lanzar un saco de
plumas desde lo alto de una montaña: es imposible recogerlas. El maledicente
esparce contiendas entre los hermanos, y ese es el pecado que Dios más abomina. Existen muchas personas prisioneras de la lengua suelta. Hay muchas
relaciones quebradas y muchos hogares heridos por causa de la maledicencia.
La Biblia habla de Doeg, el chismoso, el hombre que incitó al rey Saúl a cometer una matanza en la ciudad de Nob. La Palabra de Dios reiteradas veces dice
que aquel que domina su lengua abre grandes avenidas para una vida feliz.
Nuestras palabras necesitan ser verdaderas, agradables y provechosas. Necesitan transmitir gracia a los que las oyen. Nuestras palabras deben glorificar a
Dios y edificar al prójimo.

# 20
## de junio

# Doctrina y vida, un binomio necesario

Ten cuidado de ti mismo y de la doctrina...

1 TIMOTEO 4:16A

E l apóstol Pablo recomendó a Timoteo, su hijo espiritual y pastor de la iglesia de Éfeso, cuidar de sí mismo y de la doctrina. Ortodoxia y piedad son hermanas gemelas. Teología y vida no pueden separarse. Doctrina sin vida o vida sin doctrina son posturas insuficientes. Necesitamos asociar a la verdad el testimonio. El testimonio necesita ser regido por el vector de la verdad. Hay muchas personas ortodoxas que descuidan la vida. Abominan de las herejías y profesan la sana doctrina, pero fallan en la práctica. Son ortodoxos de cabeza y herejes de conducta. Tienen luz en la mente, pero les falta amor en el corazón. Son como la iglesia de Éfeso de acuerdo a la evaluación de Cristo: elogiada por mantenerse firme en la sana doctrina, pero reprendida por haber abandonado su primer amor. Otros, no obstante, desprecian la sana doctrina, pero son celosos en la práctica del amor. Así era la iglesia de Tiatira, que estaba abriendo las puertas a una falsa profetisa al mismo tiempo que era celosa en la práctica del amor. Esa iglesia también fue reprendida por Jesús por tal actitud. No podemos separar lo que Dios unió. No podemos volar apenas con un ala. No podemos correr con solo una pierna. No podemos vivir de forma agradable a Dios con solo doctrina, sin vida; ni podemos atender a los preceptos de Dios con vida solamente, sin doctrina. Doctrina y vida son un binomio necesario. La orden de Pablo a Timoteo cruza los siglos y llega hasta nosotros: "Ten cuidado de ti mismo y de la doctrina".

# 21

## de junio

# No se llene de vino, llénese del espíritu

No os embriaguéis con vino, en lo cual hay disolución; antes bien sed llenos del Espíritu.

**EFESIOS 5:18**

Cuanto más llenas estén de alcohol, más vacías las personas estarán. El hombre siempre está lleno de alguna cosa. Está lleno de Dios o de sí mismo. Está practicando las obras de la carne o produciendo el fruto del Espíritu. El apóstol Pablo dice que no debemos embriagarnos con vino, sino llenarnos del Espíritu. El vino produce disolución; el Espíritu Santo produce comunión, adoración, gratitud y sumisión. El vino produce una alegría pasajera y superficial; el Espíritu, una alegría permanente y profunda. El vino produce una alegría mundana; el Espíritu, una alegría indecible y llena de gloria. El vino esclaviza; el Espíritu libera. El vino lleva al hombre a perder el control; el Espíritu produce dominio propio. El vino trae vergüenza y oprobio; el Espíritu produce honra y reconocimiento. El autor de Proverbios pregunta: "¿Para quién será el ay? ¿Para quién el dolor? ¿Para quién las rencillas? ¿Para quién las quejas? ¿Para quién las heridas en balde? ¿Para quién lo amoratado de los ojos? Para los que se detienen mucho en el vino, para los que van buscando la mistura" (Proverbios 23:29-30). Las cárceles están abarrotadas de protagonistas de la embriaguez, y los cementerios están sembrados de sus víctimas. Mantenga a su familia lejos de la embriaguez. Ese camino es escurridizo. El fin de esa línea es el vicio, la vergüenza, la esclavitud y la muerte.

# 22
## de junio

# El resplandor
# de la nueva Jerusalén

… Ven acá, yo te mostraré la desposada, la esposa del Cordero.

**APOCALIPSIS 21:9B**

El apóstol Juan fue llamado para ver a la novia del Cordero, la ciudad santa, la Nueva Jerusalén. Las figuras de la novia y de la ciudad se interrelacionan. Esa ciudad gloriosa tiene características singulares. Primero, es bonita por fuera, pues la gloria de Dios esparce su luz sobre ella. Segundo, es bonita por dentro, pues en su fundamento hay doce tipos de piedras preciosas. Tercero, está edificada sobre el fundamento de los apóstoles, o sea, su estructura reposa sobre la verdad de Dios. Cuarto, su calle es de oro puro, como de cristal transparente, o sea, en ella no hay nada contaminado. Quinto, es una ciudad abierta a todos, pues hay las puertas sin cerrojo hacia el norte y hacia el sur, hacia el este y hacia el oeste. En la ciudad santa entrarán aquellos que proceden de toda tribu, pueblo, lengua y nación. Sexto, no es una ciudad abierta a todo, pues en ella no entrará nada contaminado. Los pecadores redimidos por la sangre del Cordero entrarán por sus puertas, pero el pecado no tendrá acceso a ella. Muy frecuentemente, las iglesias de hoy están abiertas a todo, pero no a todos. Franquean sus puertas al pecado y las cierran a los pecadores. Séptimo, es suficientemente espaciosa para abrigar a todos los que creen. Las dimensiones de esta ciudad son únicas. Mide 2.400 kilómetros tanto de ancho, como de largo y alto. Aun si tomamos esas medidas de forma simbólica, describen que en la casa del Padre muchas moradas hay, suficientes para abrigar a todos aquellos que creerán en Jesús.

# 23

## de junio

# Temperamento controlado
# por el Espíritu

Airaos, pero no pequéis; no se ponga el sol sobre vuestro enojo.

**EFESIOS 4:26**

Nuestro mayor problema no es con la acción, sino con la reacción. Podemos convivir pacíficamente con alguien cuando somos respetados. Pero ¿cómo reaccionamos cuando somos insultados? El rey Salomón advierte: "La blanda respuesta quita la ira; mas la palabra áspera hace subir el furor" (Proverbios 15:1). Note que Salomón no dice que la palabra blanda desvía el furor, sino que la respuesta blanda lo hace. En ese caso, la persona que da la respuesta ya fue agredida e insultada. Una ley de la física determina: "Toda acción provoca una reacción igual y contraria". Esa ley de la física no puede gobernar nuestra vida espiritual. No somos seres autómatas. No somos gobernados por nuestro temperamento, listos a reaccionar con la misma vehemencia con que la acción llegó a nosotros. No podemos pagar mal con mal. No podemos hablar mal de aquellos que hablan de nosotros. Jesús nos enseñó que si alguien nos hiere el rostro, debemos poner la otra mejilla. Si alguien nos fuerza a andar una milla, debemos caminar dos. Si alguien nos toma la túnica, debemos dar también la capa. Jesús no está hablando de acción, sino de reacción. Cuando nuestro temperamento es controlado por el Espíritu, podemos tener reacciones transcendentales. Podemos tener el mismo sentimiento que hubo también en Cristo Jesús. Podemos dar respuestas blandas a aquellos que nos insultan con palabras rudas. Podemos bendecir a aquellos que nos maldicen. Podemos orar por aquellos que nos persiguen. Podemos vencer el mal con el bien.

# 24
## de junio

# El milagro de la encarnación del verbo

Y aquel Verbo fue hecho carne, y habitó entre nosotros (y vimos su gloria, gloria como del unigénito del Padre), lleno de gracia y de verdad.

JUAN 1:14

La palabra "Trinidad" no aparece en la Biblia, pero su realidad sí. Dios es uno y trino al mismo tiempo. Hay un solo Dios que subsiste en tres Personas de la misma sustancia: el Padre, el Hijo y el Espíritu Santo. Jesús es Dios. Él no comenzó a existir cuando se hizo carne. Él existe desde los tiempos eternos; es el Padre de la eternidad. El apóstol Juan dice: "En el principio era el verbo, y el verbo era con Dios y el verbo era Dios" (v. 1). Jesús es el Verbo de Dios, y el Verbo es personal, eterno y divino. Ese mismo Verbo se hizo carne y habitó entre nosotros lleno de gracia y de verdad. Aquel que ni los cielos de los cielos pueden contener, se despojó y fue concebido por el Espíritu Santo en el vientre de María. Nació en un pesebre, fue envuelto en pañales y creció en sabiduría, estatura y gracia delante de Dios y de los hombres. El eterno entró en el tiempo, el infinito se hizo finito y el Dios trascendente vistió la piel humana y descendió hasta nosotros, para rescatarnos de la esclavitud del pecado. Jesús descendió de la gloria, nació en un pesebre, caminó por todas partes haciendo el bien, murió en una cruz, pero resucitó y está asentado a la diestra de Dios Padre, de donde ha de venir para juzgar al mundo con justicia.

# 25
## de junio

# Si crees, verás la gloria de Dios

Jesús le dijo: "¿No te he dicho que si crees, verás la gloria de Dios?".

JUAN 11:40

Lázaro, amigo de Jesús, estaba enfermo. Un mensaje urgente dirigido a Jesús fue enviado por Marta y María, hermanas de Lázaro: "He aquí, el que amas está enfermo" (v. 3). Ante la demora de Jesús, Lázaro murió, y los judíos que estaban con la familia en aquel momento de dolor cuestionaron la legitimidad del amor de Jesús por Lázaro. La expectativa de que Jesús llegara para hacer retroceder la muerte fue frustrada. Solo cuatro días después del entierro de Lázaro, Jesús entró en la aldea de Betania (v. 17ss). Marta, con el alma llena de dolor, y tal vez hasta de decepción, fue al encuentro de Jesús y le dijo: "Si hubieses estado aquí, mi hermano no habría muerto". Jesús le dijo que Lázaro resucitaría. Marta replicó: "Yo sé que resucitará en la resurrección, en el día postrero". Jesús, sin embargo, declaró: "Yo soy la resurrección y la vida". En ese ínterin, Marta fue a llamar a María, quien corrió al encuentro de Jesús, postrándose a sus pies para llorar. Jesús se dirigió al sepulcro de Lázaro y ordenó a los que estaban cerca: "Quitad la piedra". Marta protestó: "Señor, hiede ya, porque es de cuatro días". Jesús, no obstante, le respondió: "¿No te he dicho que si crees, verás la gloria de Dios?". No hay causa perdida cuando Jesús interviene. No hay problema que no se solucione cuando lo ponemos en las manos del Hijo de Dios. Si cree, usted también verá la gloria de Dios.

# 26
## de junio

# Fundamentos destruidos

---

Si fueren destruidos los fundamentos, ¿qué ha de hacer el justo?

**SALMOS 11:3**

L os historiadores dicen que el Imperio romano solo cayó en las manos de los bárbaros porque ya estaba podrido por dentro. El pecado es el oprobio de las naciones. Una nación no puede ser fuerte si destruye sus propios fundamentos. David estaba acorralado por terribles enemigos. Escapar parecía imposible. Los más apresurados dirían que lo mejor era huir para librarse de las flechas ocultas disparadas contra el corazón de los justos. ¿Qué hacer cuando los fundamentos están siendo destruidos? ¿Qué hacer cuando los valores morales están siendo pisoteados? ¿Qué hacer cuando las autoridades constituidas en lugar de promover el bien y cohibir el mal, promueven el mal y amordazan el bien? ¿Qué hacer cuando leyes injustas y hasta inmorales son creadas para conspirar contra los valores que deben gobernar a la familia y a la nación? Aun con la situación caótica, en lugar de huir cobardemente, David reconoció que Dios está en su templo, sentado en el trono, observando a los hijos de los hombres, para derramar su juicio sobre los impíos y conducir a los justos a la gloria. Las crisis de la tierra no sacuden el trono de Dios. Aun cuando las cosas parecen fuera de control, Dios continúa al control. Aunque los fundamentos sean destruidos, los justos no perecerán, sino que contemplarán el rostro del Señor. Los impíos sufrirán la justa retribución de su error, pero aquellos que confían en Dios jamás serán conmovidos.

# 27
## de junio

## ¿Dónde está su fuerza?

Estos confían en carros, y aquellos en caballos; mas nosotros
del nombre de Jehová nuestro Dios tendremos memoria.

SALMOS 20:7

En la época del rey David, los carros y los caballos eran el mayor símbolo
de fuerza. Nadie podía resistir a un ejército invasor aparejado con carros
y caballos. David dijo que algunas personas confiaban en carros; otras, en
caballos. Pero nuestra mayor fuerza es impotente e incapaz de dar libertad
en la hora del aprieto. David declaró: "Ellos flaquean y caen, mas nosotros
nos levantamos, y estamos en pie" (v. 8). Nuestra fuerza no está en los recursos de la tierra, sino en el poder que viene del cielo. Nuestra victoria no
viene del hombre, sino de Dios. Aún hoy, muchas personas confían en su
riqueza, en su fuerza y en su sabiduría. Pero esas columnas son frágiles. Esos
pilares no sustentan el edificio de nuestra vida en los días tenebrosos de la
calamidad. Ni siquiera los grandes imperios se mantuvieron en pie por largo
tiempo. Los reyes, por más fuertes y poderosos, cayeron, y su gloria se hizo
polvo. Las naciones más ricas y más opulentas de la tierra, aun escalando a la
cima de la pirámide a causa de su riqueza económica o su poderío bélico, no
permanecieron incólumes en las alturas. Ellas también se doblaron y cayeron.
En lugar de gloriarnos en nuestra fuerza, debemos gloriarnos en Dios. Él es
quien da la victoria al rey. Él es quien nos conduce en triunfo. ¡En Él debe
estar nuestra confianza!

# 28
## de junio

# La oveja del Buen Pastor

Jehová es mi pastor; nada me faltará.

**SALMOS 23:1**

El salmo 23 es el texto más conocido de la Biblia. Es fuente de consuelo en el dolor y puerto seguro en el que muchas almas encuentran abrigo. En el versículo citado, destacan tres verdades: La primera es la competencia del pastor. David dice: "Jehová es mi pastor". El Señor es el Dios Jehová, y Jehová es el Dios autoexistente, Todopoderoso, Creador del universo, fuente de vida, Salvador del mundo. El mismo Dios que trajo a existencia las cosas que no existían y de la nada creó los mundos estelares, ese Dios es nuestro pastor. Él tiene competencia para cuidar de nosotros, cargarnos en sus brazos y refrescar nuestra alma. La segunda verdad es la relación estrecha de la oveja con el pastor. David dice: "Jehová es mi pastor". De nada serviría que Dios sea Todopoderoso si no tenemos una relación personal e íntima con Él. La omnipotencia divina suple la fragilidad humana. Somos ovejas frágiles, pero tenemos como pastor al Dios omnipotente. No podemos protegernos a nosotros mismos ni suplir nuestras propias necesidades, pero tenemos como pastor al omnipotente Dios que nos guarda y al providente Dios que nos bendice con toda suerte de bendiciones. La tercera verdad es la confianza inconmovible de la oveja. David concluye: "Jehová es mi pastor; nada me faltará". La provisión divina incluye descanso, paz, dirección, compañía y victoria en esta vida y, al final, la bienaventuranza eterna. ¿Usted ya es oveja de Jesús, el buen pastor?

# 29

## de junio

# El Cordero mudo

Angustiado él, y afligido, no abrió su boca...

ISAÍAS 53:7A

El profeta Isaías anunció a Jesús de forma incomparable, setecientos años antes de su nacimiento, como el cordero mudo que fue llevado al matadero y no abrió su boca. El Hijo de Dios fue traspasado por nuestras iniquidades y molido por nuestras transgresiones. Él fue herido, pero por sus heridas nosotros fuimos sanados. Él fue ultrajado, pero no devolvió mal por mal. Él fue llevado a la cruz bajo el abucheo de una multitud sedienta de sangre, pero no profirió ninguna palabra de maldición. Tal como un cordero mudo, se ofreció como sacrificio por nuestro pecado. Pacientemente soportó burla, escarnio y azotes. Fue humillado hasta la muerte, y muerte de cruz. Valientemente marchó bajo el bullicio de una multitud enloquecida, rumbo a las penurias del calvario. Aun padeciendo sufrimiento atroz, no tomó en cuenta la vergüenza de la cruz, por la alegría que estaba por delante. Aun siendo obediente hasta el fin, soportó el duro golpe de la ley que violamos. Aun siendo bendito eternamente, fue hecho maldición por nosotros, al asumir nuestro lugar. Cargó en su cuerpo nuestros pecados y vertió su sangre para redimirnos del cautiverio y de la muerte. Su padecimiento nos trajo alivio. Su muerte nos trajo vida. Allí en el calvario, Jesús abrió para nosotros la fuente inagotable de la salvación.

# 30
## de junio

# El abrigo de la casa de Dios

Una cosa he demandado a Jehová, esta buscaré; que esté yo en la casa de Jehová todos los días de mi vida, para contemplar la hermosura de Jehová, y para inquirir en su templo.

SALMOS 27:4

El rey David vivió días de gran dificultad. Sus enemigos no le dieron descanso. Las circunstancias eran aciagas. El miedo intentó sentarse en el trono de su corazón. En esas horas, David reafirmaba la confianza en Dios como su fortaleza. No temía los malhechores que se levantaban contra él, ni tampoco los ejércitos que declaraban la guerra contra su pueblo. En esa turbulencia externa, David oraba a Dios y pedía y buscaba una única cosa: el privilegio de morar en la casa de Dios para meditar y contemplar la belleza del Altísimo. Él sabía que, en el día de la adversidad, Dios era poderoso para ocultarlo bajo su bandera. Sabía que Dios era quien lo exaltaba sobre sus enemigos. Sabía que Dios oía su clamor y respondía sus oraciones en las horas más oscuras de la prueba. Sabía que, aunque su padre y su madre lo desampararan, Dios lo acogería. Sabía que Dios no lo entregaría en las manos de sus enemigos, que astutamente levantaban contra él falsos testimonios y cruelmente lo atacaban. David termina el salmo 27 haciendo una confesión personal: "Hubiera yo desmayado, si no creyese que veré la bondad de Jehová en la tierra de los vivientes" (v. 13) y también una exhortación pública: "Aguarda a Jehová; esfuérzate, y aliéntese tu corazón; sí, espera a Jehová" (v. 14).

# 1

## de julio

# La poderosa voz de Dios

Voz de Jehová con potencia; voz de Jehová con gloria.

**SALMOS 29:4**

Dios hace oír su voz a través de las obras de la creación, de los destellos de la conciencia, de las verdades que emanan de las Escrituras. Pero sobre todo Dios hace oír su voz poderosa por medio de Cristo, su Hijo bendito. La voz de Dios es poderosa. Despide llamas de fuego, hace temblar al desierto y despedaza los cedros del Líbano. Cuando Dios truena desde las alturas y hace oír su voz, el universo entero se dobla ante esa poderosa manifestación. Dios habló, y todo vino a la existencia. Dios creó todas las cosas por la palabra de su poder. El poder creador está en su voz. La voz de Dios se hace oír también en nuestra conciencia. La conciencia es un tribunal interior de acusación y defensa. Dios puso en nosotros la noción de lo correcto y de lo errado. Siempre que practicamos el pecado, una luz roja se enciende en nuestro interior. Aunque el pecado haya afectado directamente esa noción, al punto de que una persona pueda tener una mala conciencia o aun una conciencia cauterizada, todavía podemos oír la voz de Dios a través de la conciencia. La voz de Dios está clara en las Escrituras. La Palabra de Dios es la voluntad expresa de Dios para nuestra vida. Cuando leemos e interpretamos correctamente la Palabra, oímos la propia voz de Dios. La carta a los Hebreos dice: "Dios, habiendo hablado muchas veces y de muchas maneras en otro tiempo a los padres por los profetas, en estos postreros días nos ha hablado por el Hijo" (Hebreos 1:1-2a).

# 2
## de julio

# ¿Usted quiere ser sanado?

Cuando Jesús lo vio acostado, y supo que llevaba ya mucho tiempo así, le dijo: "¿Quieres ser sano?".

**JUAN 5:6**

Jerusalén estaba en fiesta. Las calles estaban apiñadas de peregrinos que llegaban de todas partes. Jesús también fue a la fiesta. Con todo, en vez de permanecer entre la multitud que celebraba aquel momento histórico en el calendario judío, Jesús fue al estanque de Betesda, la casa de la misericordia, donde había una multitud de enfermos. Eran cinco pabellones obstruidos de gente ciega, paralítica, padeciendo su dolor y nutriendo la esperanza de una cura milagrosa. Jesús caminaba por esos pabellones y vio a un hombre paralítico echado en su cama, prisionero de su enfermedad hacía 38 años. Era un caso perdido, un problema sin solución. Jesús miró al hombre y le preguntó: "¿Quieres ser sano?". Esa pregunta es perturbadora, pues aparentemente era lo más obvio que un enfermo deseara; por otro lado, es posible que algunas personas rendidas a la enfermedad se hayan conformado con el sufrimiento. El mismo Jesús que preguntó también dio una orden: "Levántate, toma tu lecho y anda" (v. 8). Si la pregunta parecía por demás obvia, la orden ahora parece aún más absurda. Levantarse y andar es todo lo que un paralítico siempre ha querido, pero nunca ha podido. El mismo Jesús que ordena también da el poder para que la orden se cumpla. El resultado de la pregunta y de la orden de Jesús es que el hombre se ponga en pie y comience a andar. El milagro fue inmediato y completo. Jesús aún hoy en día nos visita en nuestros valles de dolor. ¡Él tiene todo el poder para ponernos en pie y afirmarnos en el camino de la esperanza!

# 3

## de julio

# Nombre bonito y vida fea

... sé ejemplo de los creyentes en palabra, conducta, amor, espíritu, fe y pureza.

1 TIMOTEO 4:12B

Absalón era hijo del rey David. Además de príncipe, era el joven más bello de su nación. Para engrosar el caldo de su popularidad, también ostentaba un nombre fabuloso: Absalón, "padre de paz". Ciertamente, era uno de los jóvenes más codiciados de su generación. Sin embargo, ese muchacho, con tantos puntos a su favor, arrojó su vida por la rejilla. No supo administrar sus sentimientos. No supo honrar su nombre. Absalón podía ser todo, menos el padre de paz. Cuando su hermana Tamar fue violada cobardemente por Amnón, Absalón tomó la decisión de matarlo en lugar de confrontarlo. En lugar de resolver las disputas con su padre, David resolvió conspirar contra él, robando el corazón del pueblo y marchando con su ejército para tomar el trono de su padre y quitarle la vida. En esa infame empresa, Absalón murió y David lloró. Aquel joven que era tan bello y tenía un nombre tan pomposo vivió una vida muy fea. Arrojó por la borda sus oportunidades. Inundó su alma de amargura. Agrió su corazón y fue destruido por su propio odio. Absalón no fue el padre de la paz, sino el padre del rencor y el progenitor del dolor. Su vida negó su nombre. Su historia destruyó su futuro. Cuidado con sus sentimientos. Ellos pueden colocarlo a usted en el camino del odio, del dolor y de la conspiración. Sus sentimientos pueden abrir una cueva para sus propios pies.

# 4

## de julio

# Ríos de agua viva

El que cree en mí, como dice la Escritura, de su interior correrán ríos de agua viva.

**JUAN 7:38**

La Fiesta de los Tabernáculos era la más alegre del calendario de Israel. Peregrinos venían de todas las regiones a Jerusalén y durante una semana habitaban en cabañas, festejando con gratitud las cosechas. Durante la fiesta, había una ceremonia muy bonita, en la que el pueblo, liderado por los sacerdotes, llevaba agua del estanque de Siloé hasta el templo, reavivando en la memoria del pueblo la promesa de salvación. El último día de la fiesta era el punto culminante. Esa procesión sucedía siete veces al día. Y fue en ese período que Jesús se puso en pie y exclamó: "Si alguno tiene sed, venga a mí y beba. El que cree en mí, como dice la Escritura, de su interior correrán ríos de agua viva" (Juan 7:37-38). Vemos aquí dos verdades preciosas. En primer lugar, una invitación preciosa. La invitación es dirigida a todos, sin distinción. Es una invitación personal y al mismo tiempo universal para una relación personal con Cristo. Es una invitación dirigida a los sedientos. Es una invitación que implica una ruptura con el pasado y una marcha en dirección a Jesús. Es la invitación de la salvación. En segundo lugar, una promesa preciosa. Jesús ofrece vida santa, abundante y espléndida a aquellos que creen en Él. Para que no quede duda alguna, Jesús aclara la manera correcta de creer en Él: "Como dice la Escritura". No basta creer; no basta creer como dice la iglesia; no basta creer según nuestro entendimiento. Es necesario creer en Cristo como dice la Escritura. El resultado es correcto: "De su interior correrán ríos de agua viva".

# 5
## de julio

# Cantando a medianoche

---

Pero a medianoche, orando Pablo y Silas, cantaban himnos
a Dios...

HECHOS 16:25A

Pablo y Silas estaban en Filipos, colonia romana en la provincia de Macedonia. En esa ciudad, Lidia, una empresaria de la ciudad de Tiatira y vendedora de púrpura, se convirtió a Cristo. Una joven poseída de un espíritu de adivinación acababa de ser liberada, hecho que provocó profundo disgusto entre aquellos que se lucraban con su adivinación. Llevados por la ira, arremetieron contra Pablo y Silas y los apresaron. Incitaron al pueblo y sus autoridades contra los dos misioneros. El resultado fue que ambos fueron azotados en la plaza pública y después lanzados al interior de una prisión inmunda, con el cuerpo ensangrentado. La injusticia, la humillación y el dolor no consiguieron apagar las llamas del fervor espiritual en el corazón de estos dos obreros. A medianoche, ellos oraban y cantaban alabanzas a Dios. Aquella prisión oscura, húmeda e insalubre se convirtió en templo de adoración, y sus pies amarrados al cepo, en una razón todavía más elocuente para levantar la voz y cantar alabanzas al Señor. Nuestro Dios inspira canciones de alabanza en las noches oscuras. La alabanza no es consecuencia de las circunstancias favorables. La alabanza coexiste con el dolor y, muchas veces, es sazonada con lágrimas. Aquella reunión de oración en la cárcel trajo el cielo a la tierra. Dios envió un terremoto que abrió las puertas de la prisión. El carcelero, asustado al ver las puertas abiertas y concluir que los prisioneros habían huido, tomó la decisión de matarse. Aquella no fue, sin embargo, la noche de su muerte, sino la noche de su salvación, pues allí en la prisión él conoció a Cristo y fue salvo.

# 6
## de julio

# La sangre que purifica

... y la sangre de Jesucristo su Hijo nos limpia de todo pecado.

1 JUAN 1:7B

El pecado es una realidad innegable. Sus efectos pueden ser notados todos los días en nuestra vida, familia y sociedad. El pecado es la transgresión de la ley de Dios y la falta de conformidad con esa ley. Pecamos contra Dios por palabras, obras, omisión y pensamientos. No somos pecadores porque pecamos; pecamos porque somos pecadores. Fuimos concebidos en pecado, nacimos en pecado y vivimos en pecado. No podemos purificarnos a nosotros mismos. El pecado alcanzó nuestra razón, emoción y voluntad. Todas las áreas de nuestra vida fueron afectadas por el pecado. Ningún ritual religioso puede limpiarnos del pecado. Ningún sacrificio hecho por nosotros puede restaurar nuestra relación con Dios, toda vez que el pecado hizo separación entre nosotros y Dios. Aquello que no podemos hacer, no obstante, Jesús, el Hijo de Dios, lo hizo por nosotros. Por su muerte tenemos vida y por su sangre tenemos purificación de todo pecado. No solo de algunos pecados, sino de todo pecado. En Jesús tenemos pleno perdón y abundante redención. El apóstol Juan es enfático al decir que la sangre de Jesús, el Hijo de Dios, nos purifica no solo de algunos pecados, sino de "todo" pecado. En otras palabras, no hay vida irrecuperable para Jesús. Cualquier pecador, por más sucio, por más depravado, por más bajo que haya caído, puede llegar a ser nueva criatura y ser completamente limpio por la sangre purificadora de Jesús. El profeta Isaías llega a decir que aunque nuestros pecados sean como escarlata, llegarán a ser blancos como la nieve; aunque sean rojos como el carmesí, llegarán a ser como la lana (Isaías 1:18).

# 7
## de julio

# ¡Amor, tan grande amor!

Porque de tal manera amó Dios al mundo, que ha dado a su
Hijo unigénito, para que todo aquel que en él cree, no se pierda, mas tenga vida eterna.

**JUAN 3:16**

Q uién podría describir la inmensidad del amor de Dios? ¿Qué lenguaje
podría expresar esa verdad tan extraordinaria? El poeta así lo expresó:
"Si los mares fueran tinta y las nubes papel; si los árboles fueran pena y los
hombres escritores; aun así, no se podría describir el amor de Dios". Dios
amó de forma superlativa al mundo hostil y a los pecadores rebeldes. Los amó
no simplemente con palabras, sino con el mayor de todos los sacrificios. Por
amor a pecadores indignos, Dios entregó a su propio Hijo. Lo entregó para
ser humillado, escupido, burlado y colgado en la cruz. Lo entregó para morir
por nuestros pecados. Lo entregó como nuestro representante y fiador. El
propósito de Dios en esa entrega fue doble: librarnos de la perdición eterna
y concedernos la vida eterna. Cristo no murió para que los incrédulos fueran
salvos, sino para que los que creen sean salvos. La salvación es la dádiva de
Dios, y la fe es el medio de apropiación de esa dádiva. El amor de Dios por nosotros es más que un sentimiento; es una entrega, un sacrificio. Dios nos amó
y dio todo, se dio a sí mismo, dio a su unigénito Hijo. La muerte de Cristo en
la cruz no fue la causa del amor de Dios, sino su consecuencia. Ese es un amor
superlativo y mayúsculo. ¡Ese es el amor de Dios por usted y por mí!

# 8

## de julio

# La tentación, una realidad innegable

Jesús, lleno del Espíritu Santo, volvió del Jordán, y fue llevado por el Espíritu al desierto por cuarenta días, y era tentado por el diablo.

LUCAS 4:1-2A

La tentación no es una ilusión, es un hecho. El tentador no es un mito, es un ser real. La vida no es un campo neutro ni una zona segura, sino un campo minado. Nuestro adversario es asesino, ladrón, padre de la mentira, engañador, acusador, adversario, destructor y maligno. Vino para robar, matar y destruir. Es la antigua serpiente, el dragón cruel, el león que ruge a nuestro alrededor. Ese enemigo es un ángel caído, llamado diablo y Satanás. Él no duerme ni tiene vacaciones. Todo el tiempo y en todo tiempo, él nos investiga buscando una brecha en nuestra vida. Tiene un gran arsenal y usa muchas armas para atacarnos. Sus trampas son astutas y su furia implacable. Es feroz como un dragón y sutil como una serpiente. Usa tanto la presión como la seducción. No es pecado ser tentado; pecado es ceder a la tentación. Después del bautismo en el Jordán, Jesús fue llevado por el Espíritu al desierto para ser tentado durante cuarenta días. No hubo intervalo entre la sonrisa del Padre en el Jordán y el ceño fruncido del diablo en el desierto. El hecho de que seamos llenos del Espíritu, oremos y ayunemos, no nos exime de la tentación. El enemigo, con su astucia, cuestiona nuestra identidad y también la bondad de Dios. Pero vencemos sus artimañas con la Palabra y apagamos sus dardos inflamados con el escudo de la fe. Por medio de la oración y el ayuno, llenos del Espíritu y de la Palabra, saldremos de ese campo incendiado de lucha victoriosos, porque la victoria no viene de la tierra, sino del cielo; no viene del hombre, sino de Dios.

# 9
## de julio

## Vuelve a los brazos del padre

Me levantaré e iré a mi padre, y le diré: Padre, he pecado contra
el cielo y contra ti.

LUCAS 15:18

Hay muchos hijos pródigos que abandonaron la casa del padre y partieron
para probar las aventuras de la vida. Aun teniendo amor, provisión y
seguridad en la casa paterna, comenzaron a sentir un profundo vacío y una
inmensa insatisfacción en el alma, pensando que la felicidad estaba del lado
de afuera de las puertas. Muchos pródigos partieron llevando su herencia an-
ticipada, con la ilusión de que encontrarían en el "país distante" experiencias
arrebatadoras. Pero los festines del mundo, aunque apetitosos, no satisfacen
el alma ni llenan el vacío del corazón. Las amistades de las fiestas se evaporan
como nube pasajera. El hijo pródigo gastó todo lo que tenía en una vida disoluta y, al final, quedó solo y hambriento. Cuando comenzó a pasar necesidad,
recordó la casa paterna y tomó la decisión de volver. Para su sorpresa, antes
de ver al padre, el padre lo vio. Antes de correr hacia el padre, el padre corrió
a su encuentro. Antes de completar su pedido de perdón, el padre le anunció
la gracia de la restauración, besándolo, abrazándolo y restaurándolo a la dignidad de hijo. Tal vez usted esté lejos de Dios, de la iglesia y de la familia. Tal
vez sus amigos lo hayan abandonado, y usted se encuentre solo. ¡Vuelve, hijo,
vuelve! ¡El Padre celestial lo espera con los brazos abiertos!

# 10
## de julio

# Una gran transacción en el calvario

Al que no conoció pecado, por nosotros lo hizo pecado, para que nosotros fuésemos hechos justicia de Dios en él.

2 CORINTIOS 5:21

Nuestra redención le costó mucho a Dios. No fue mediante cosas perecederas como oro o plata que él nos compró, sino mediante la sangre de Jesús. En el calvario, tres transacciones fueron realizadas para consumar ese rescate. La primera es que Dios no puso en nuestra cuenta la deuda que teníamos con Él. Dios estaba en Cristo reconciliando consigo al mundo, no imputando a los hombres sus transgresiones. Nuestra deuda es impagable, pero Dios la perdonó completa y eternamente. La segunda transacción es que Dios puso nuestra deuda en la cuenta de Cristo. Aquel que no conoció pecado, Dios lo hizo pecado por nosotros. Dios arrojó sobre Cristo todas nuestras transgresiones. Él fue traspasado por nuestras iniquidades y molido por nuestros pecados. Murió por nuestros pecados. En la cruz, rompió el escrito de deuda que era contrario a nosotros y dio un gran grito: "¡Consumado es! [¡Pagado está!]" (Juan 19:30). Aquello que no podíamos hacer, Dios lo hizo por nosotros. Jesús quitó nuestra deuda y murió nuestra muerte. La tercera transacción efectuada en el calvario es que Dios depositó en nuestra cuenta la infinita justicia de su Hijo. Cristo fue hecho pecado por nosotros para que nosotros fuéramos hechos justicia de Dios. Toda la justicia de Cristo fue acreditada en nuestra cuenta. Ahora, estamos libres con respecto a la ley de Dios y con las demandas de la justicia divina. Nuestros pecados fueron borrados y nuestro nombre fue escrito en el Libro de la Vida. Tenemos la vida eterna. No pesa más sobre nosotros ninguna condenación. ¡Fuimos justificados!

# 11

## de julio

# Clame a Dios,
# y él escuchará su oración

E invócame en el día de la angustia; te libraré, y tú me honrarás.

SALMOS 50:15

En este versículo aprendemos tres grandiosas verdades: una orden, una promesa y una reacción. La orden de Dios es: "Invócame en el día de la angustia". Tenemos angustias. La vida no es indolora. Pasamos por valles oscuros y desiertos abrasadores. Cruzamos mares revueltos y ríos caudalosos. Enfrentamos pantanos lodosos y hornos calientes. En esas horas en que nos sentimos aplastados por el temor, se nos ordena invocar al Señor. La promesa de Dios es meridianamente clara: "[Yo] te libraré". Los oídos de Dios están atentos al clamor del afligido. Sus ojos sondean a aquellos que están siendo probados en la jornada de la aflicción. Sus manos poderosas y providentes no están encogidas, sino extendidas, listas a socorrer y librar a aquellos que lo invocan. Finalmente, tenemos aquí una reacción y una respuesta a la liberación divina: "Y tú me honrarás". Aquellos que en la angustia experimentan la liberación de Dios abren las compuertas del alma para derramar en ráfagas su expresión elocuente de gratitud, su homenaje de alabanza, en torrentes de exaltación y glorificación al Señor. La oración desemboca en la alabanza. El clamor del afligido desagua en las acciones de gracias del adorador. Cuando levantamos al cielo nuestra voz en el valle de la aflicción, recibimos la liberación divina y ofrecemos nuestra adoración a aquel que libra, perdona y salva a su pueblo.

# 12
## de julio

# No ame el dinero

Porque raíz de todos los males es el amor al dinero, el cual codiciando algunos, se extraviaron de la fe, y fueron traspasados de muchos dolores.

1 Timoteo 6:10

El dinero es la palanca que mueve el mundo. El dinero es más que una moneda, es un ídolo. Es Mamón. En el altar de Mamón, muchos matan y mueren, se casan y se divorcian, corrompen y son corrompidos. El dinero es uno de los mayores puntos de discordia dentro de la familia. Los cónyuges pelean por causa del dinero. Muchas personas buscan el dinero ávidamente, pensando que es la fuente de la felicidad. Acumulan bienes y juntan tesoros, pero descubren que el dinero no llena el vacío del alma. El apóstol Pablo dijo que aquellos que quieren hacerse ricos caen en tentación y atormentan su alma con azotes, pues el amor al dinero es raíz de todos los males. Nada hemos traído a este mundo y nada nos llevaremos de él. Nuestra felicidad no está en el dinero, sino en Dios. Debemos juntar tesoros en el cielo, y no en la tierra. En el funeral de John Rockefeller, el primer billonario del mundo, un curioso le preguntó a su contador: "¿Y, entonces, cuánto dejó John Rockefeller? El contador respondió: "Dejó todo. No se llevó ni un centavo". No hay camión de mudanza en el entierro ni caja fuerte en el ataúd. El problema no es el dinero, sino el amor al dinero. El dinero es una bendición. Con él, suplimos nuestras necesidades, ayudamos al prójimo y promovemos el reino de Dios.

# 13
## de julio

## Sufrimiento, preludio de la gloria

Pues tengo por cierto que las aflicciones del tiempo presente
no son comparables con la gloria venidera que en nosotros ha
de manifestarse.

ROMANOS 8:18

E l camino hacia la gloria pasa por la cruz. El cielo es nuestro destino, pero
el camino es estrecho y la puerta angosta. En su famoso libro *El Peregrino*[6], John Bunyan describe el camino del cristiano rumbo al paraíso. En esa
jornada hay despeñaderos escurridizos, ríos caudalosos, pantanos lodosos y
pasos estrechos. El camino está plagado de espinos y cercado de enemigos peligrosos. Es imposible andar ese camino sin enfrentar el sufrimiento. Vivimos
en un mundo hostil. Aquí sufrimos, lloramos y sangramos. Aquí pasamos por
aflicciones. Lo importante es que entremos en el reino, habiendo enfrentado
muchas tribulaciones. No estamos en casa en este mundo. Aquí no es nuestra
patria. Somos peregrinos y extranjeros. El mundo nos odia. El diablo nos per-
sigue. Nuestra naturaleza caída todavía nos humilla. Dios, entonces, nos enseña por medio del sufrimiento. El sufrimiento no viene para destruirnos, sino
para santificarnos y fortalecernos. El desierto no es un accidente del recorrido,
sino una anotación de Dios. El desierto es la escuela superior del Espíritu
Santo, donde Dios nos entrena. En el desierto, Dios nos humilla y nos prueba; pero del desierto salimos fortalecidos y victoriosos. El sufrimiento es el
preludio de la gloria. Aquí hay lágrimas y dolor, pero, cuando crucemos los
umbrales de la eternidad, Dios enjugará de nuestros ojos toda lágrima y el
dolor no existirá más. Cuando miramos el presente a la luz del futuro, nuestra
leve tribulación momentánea produce en nosotros un eterno peso de gloria.

# 14

## de julio

# La humillación de Jesús

Y estando en la condición de hombre, se humilló a sí mismo,
haciéndose obediente hasta la muerte, y muerte de cruz.

**FILIPENSES 2:8**

L a encarnación del Hijo de Dios es uno de los mayores misterios de la historia. Hay un solo Dios, que subsiste en tres personas distintas: el Padre, el Hijo y el Espíritu Santo. Estos tres son de la misma sustancia, de tal manera que el Hijo es coigual, coeterno y cosustancial con el Padre y el Espíritu Santo. Sin embargo, para realizar nuestra redención, el Dios Hijo se hizo carne, se despojó de su gloria y, en la plenitud de los tiempos, nació de mujer, bajo la ley, para ser nuestro fiador y sustituto. Siendo Dios, se hizo hombre; siendo rico, se hizo pobre; siendo Señor, se hizo siervo. El Padre de la eternidad entró en el tiempo y vistió piel humana. Se humilló hasta la muerte, y muerte de cruz. Aun frente a las más severas aflicciones, no retrocedió en su propósito de salvarnos. Aunque perseguido, escupido y burlado por la furia de los pecadores, nos amó hasta el fin. Aun colgado de una cruz, rogó al Padre para que perdonara a sus verdugos. Aunque alcanzado por las saetas de la muerte, mató a la muerte con su propia muerte y triunfó sobre ella en su gloriosa resurrección. En su humillación extrema, nos abrió el camino al paraíso. Porque Cristo se humilló, nosotros podremos ser exaltados. Porque Cristo murió, nosotros podremos vivir eternamente. Porque Cristo sufrió dolor atroz, nosotros podremos ser consolados para siempre. Porque Cristo fue abandonado, nosotros podremos ser aceptados. La humillación de Cristo nos abrió el camino de regreso a Dios.

# 15

## de julio

## ¡Cuidado con la amargura!

... que brotando alguna raíz de amargura, os estorbe, y por ella
muchos sean contaminados.

**HEBREOS 12:15B**

La amargura es una especie de autofagia. Tener amargura en el corazón es
lo mismo que beber una copa de veneno pensando que es el otro quien
va a morir. La amargura es una prisión. Quien no perdona no es libre ni tiene
paz. La Biblia habla de Absalón, hijo de David. Aunque su nombre significa
'padre de paz', y no obstante haber sido el campeón de la belleza en todo
Israel, su corazón estaba dominado por la amargura. Lo que sucedió fue que
Amnón abusó de su hermana Tamar para después rechazarla como un trapo
inmundo. Por dos años, Absalón maquinó en su corazón matar a Amnón. La
amargura fue creciendo como un parásito hasta dominar completamente su
corazón. En lugar de confrontar a Amnón, reprenderlo y después perdonarlo,
Absalón engendró astutamente un plan para matarlo. La amargura en el corazón de Absalón a veces se desbordaba hasta el punto de que algunas personas
muy atentas leyeron eso en su semblante. Un día de fiesta en su casa, Absalón
ordenó que sus capataces mataran a Amnón. El sentimiento se desbordó en
acción. El odio desembocó en asesinato. Un abismo llamó a otro abismo. En
lugar de solucionar el problema, Absalón creó otros tantos: tuvo que huir
de Israel, perdió la comunión con su padre, y un silencio helado se estableció entre ellos. Después de varios años de estremecimiento, Absalón resolvió
conspirar contra su padre, a fin de matarlo y tomar el trono. En esa ignominiosa empresa, Absalón murió y David lloró copiosamente. La amargura es un
veneno letal, una hierba mortífera. ¡Manténgase lejos de ella!

# 16
## de julio

## Fervor espiritual

Yo conozco tus obras, que ni eres frío ni caliente. ¡Ojalá fueses frío o caliente!

**APOCALIPSIS 3:15**

De todas las iglesias de Asia Menor, Laodicea, la más rica, fue la única que recibió de Cristo solo censuras, ningún elogio. Aquella iglesia no tenía problemas de herejías. Ninguna falsa doctrina se había infiltrado en ella. Su problema no era la herejía, sino la apatía. Aquella iglesia no enfrentaba ningún tipo de persecución. Había ortodoxia interna y también paz en las fronteras. Aquella iglesia no lidiaba con ningún pecado moral. No había escándalos entre sus miembros. Aquella iglesia no lidiaba con la pobreza. Por el contrario, era rica y sin necesidad. Jesús, sin embargo, diagnostica falta de fervor y falta de discernimiento. Aquella iglesia no era caliente como las aguas termales de Hierápolis ni fría como las aguas terapéuticas de Colosas. Por el contrario, era una iglesia tibia, floja, como las aguas que llegaban a la ciudad por los acueductos. Lo que le faltaba a la iglesia de Laodicea era fervor espiritual. Por eso, en lugar de ser el deleite de Cristo, aquella iglesia provocaba náuseas en el Hijo de Dios. Jesús también nos sondea. Investiga nuestra alma y conoce lo que está en nuestro corazón. Él no se satisface solo con la ortodoxia y la moralidad. No es suficiente simplemente tener prosperidad material. Jesús busca en nuestra vida fervor. Una vida tibia provoca náuseas en Jesús. A pesar de nuestra falta de fervor, Jesús no desiste de nosotros. Él nos exhorta y nos disciplina porque nos ama. Él golpea a nuestra puerta porque quiere tener comunión con nosotros.

# 17
## de julio

# El poder terapéutico del afecto

Entonces hubo gran llanto de todos; y echándose al cuello de
Pablo, le besaban.

**HECHOS 20:37**

E l apóstol Pablo se despedía de los ancianos de Éfeso en el puerto de Mi-
leto. En aquel encuentro, el veterano apóstol daba sus últimas instrucciones a los líderes de la iglesia. Recordó cómo fue su proceder entre ellos y
los exhortó a cuidar del rebaño de Dios con fidelidad. Después, se despidió
de los ancianos y viajó rumbo a Jerusalén. En aquella despedida hubo abra-
zos, besos y lágrimas. Había entre aquellos hombres profunda amistad, cálida
comunión y sincero afecto. Aunque eran hombres maduros, no vacilaron en
expresar sus emociones. No represaron en el alma sus sentimientos ni repri-
mieron sus gestos de amor. El amor necesita ser demostrado. El afecto debe
mostrarse en nuestras actitudes. Las personas necesitan de Dios, pero también
necesitan de las otras personas. El afecto es esencial para que vivamos de forma saludable. En cierta ocasión, una mujer me dijo en la puerta de la iglesia:
"Pastor, valoro mucho su abrazo después del culto, pues es el único que recibo
en la semana". En otra ocasión, una señora me llamó para decirme que estaba
frecuentando una iglesia más cercana a su casa, pues era más cómodo para
ella. Yo le respondí al teléfono: "El problema es que usted es una persona tan
amada y tan especial para nosotros que no podemos prescindir de su presencia". Aquella mujer arrancó a llorar al otro lado de la línea y confesó: "Pastor,
yo no quería salir de la iglesia; solo necesitaba oír eso de usted". ¡Demuestre el
amor! Dígales a las personas que usted las ama. Muéstreles cuán importantes
son para usted. ¡Eso tiene un poder terapéutico!

# 18
## de julio

# Comunicación: vida o muerte en las relaciones personales

> La muerte y la vida están en poder de la lengua, y el que la ama comerá de sus frutos.
>
> **PROVERBIOS 18:21**

La comunicación produce vida o muerte en las relaciones. La Biblia dice que la muerte y la vida están en el poder de la lengua; quien la utiliza bien, comerá de sus frutos. Podemos avivar o matar las relaciones, dependiendo de cómo nos comuniquemos. Nuestra lengua debe ser medicina que sana, no veneno que mata. Debe ser bálsamo que restaura, no fuego que destruye. La Biblia dice que nuestras palabras deben ser sazonadas con sal. Debemos hablar la verdad en el amor. De nuestra boca no deben salir palabras corrompidas, sino únicamente las que sean buenas para la edificación, de acuerdo a la necesidad, transmitiendo gracia a los que nos oyen. Debemos ser profusos en los elogios y cautelosos en las críticas. Debemos estar prestos para oír y ser tardos para hablar. Quien mucho habla, mucho yerra. Quien habla sin reflexionar termina siendo azotado por el propio látigo de la lengua. La comunicación es vital para construir relaciones saludables en el matrimonio y en la familia. Vivimos en el siglo de la comunicación virtual, pero vemos la decadencia de la comunicación real. Somos la generación que entabla animadas conversaciones por los medios sociales, pero no consigue sentarse alrededor de una mesa para un refrigerio familiar. Necesitamos invertir en la comunicación en nuestra familia.

# 19

## de julio

# ¡Ríos de agua viva!

... Si alguno tiene sed, venga a mí y beba.

**JUAN 7:37B**

Jerusalén estaba de fiesta. Era la Fiesta de los Tabernáculos. El pueblo venía de todas las partes de la nación y vivía en cabañas durante una semana, recordando el viaje de cuarenta años por el desierto y agradeciendo por la providencia de Dios. Al mismo tiempo, el pueblo nutría la esperanza de la llegada del Mesías, el pan vivo que descendió del cielo, la fuente del agua de la vida. Todos los días había una ceremonia en la cual el sacerdote sacaba agua del pozo de Siloé y la derramaba sobre el altar del templo. Con eso, ellos esperaban el cumplimiento de la promesa acerca del Mesías, que les traería agua de vida. Fue en el clímax de esa fiesta cuando Jesús se levantó y dijo: "Si alguno tiene sed, venga a mí y beba. El que cree en mí, como dice la Escritura, de su interior correrán ríos de agua viva" (Juan 7:37-38). Hay aquí una invitación y una promesa. La invitación es personal y universal. Una invitación para una experiencia individual con Cristo. Una invitación condicional, dirigida a aquellos que tienen sed. Quien atiende a la invitación recibe la promesa. La promesa es de una vida pura y abundante. Jesús no habla de aguas reposadas o lodosas, sino de agua viva. No habla sobre una porción limitada, sino sobre ríos de agua viva. La vida que Cristo ofrece es abundante, mayúscula y superlativa. ¿Cómo se recibe esa vida? Creyendo en Cristo, como dice la Escritura. ¡No es creer en Cristo como dice la iglesia, sino como dice la Escritura!

# 20
## de julio

# El miedo,
# un sentimiento avasallador

Respóndeme pronto, oh Jehová, porque desmaya mi espíritu.

**SALMOS 143:7A**

El miedo puede ser bueno o malo. Puede librarnos de grandes peligros o puede paralizarnos. El miedo es un freno que nos impide caer en profundos abismos o una muralla que impide nuestro camino. Quiero destacar aquí ese miedo paralizante, que nos hace encoger. El apóstol Pablo escribió a su hijo Timoteo: "Porque no nos ha dado Dios espíritu de cobardía, sino de poder, de amor y de dominio propio" (2 Timoteo 1:7). El miedo es más que un sentimiento, es un espíritu. Ese espíritu atormenta a muchas personas, dejándolas prisioneras e impotentes. Hay individuos que tienen miedo de la vida, y otros que tienen miedo de la muerte. Hay quienes temen quedarse solteros y otros que temen casarse. Hay personas que sufren de agorafobia, miedo a los lugares públicos, y otras que sufren de claustrofobia, miedo a los lugares cerrados. Hay quien tiene miedo de la luz y quien tiene miedo de la oscuridad. Hasta hay algunos que tienen miedo de tener miedo. La Palabra de Dios dice que el amor echa fuera todo temor (1 Juan 4:18). La orden más repetida en la Biblia es: "No temas". Dios nos creó y nos conoce. Conoce nuestra estructura y sabe que somos polvo. Por eso, nos exhorta a que no tengamos miedo. ¡En lugar de mirar hacia nuestros sentimientos o hacia las circunstancias, debemos mirar hacia Dios, sabiendo que Él nos creó, nos formó, nos redimió, nos llamó y está con nosotros en todas las circunstancias!

# 21
de julio

## La depresión, la mazmorra del alma

Saca mi alma de la cárcel, para que alabe tu nombre...

SALMOS 142:7A

La depresión es una enfermedad que alcanza a más del diez por ciento de la población mundial. Es la principal causa del suicidio y la razón de muchas otras enfermedades graves. La depresión dirige sus tentáculos a todo tipo de gente, sin importar el color de la piel, el grado cultural o las cifras de la cuenta bancaria. La depresión es como un parásito que chupa nuestras energías y roba nuestros sueños. Es como un corredor sin ventanas, un túnel sin luz, un pozo sin respiradero. Estar en depresión es como vestir ropa de madera. Es como sufrir el propio funeral dos veces por día. Las personas que enfrentan ese drama muchas veces pierden el entusiasmo por la vida y flirtean con la muerte. No es que ellas quieran morir; más bien que la vida se torna una carga tan pesada, que prefieren morir. La muerte, sin embargo, no alivia ese dolor que palpita en el alma. Por eso, es necesario decir en alto y buen sonido que hay solución para el problema de la depresión. Su ciclo pasará. La luz volverá a brillar. El ceño fruncido de la muerte será deshecho y la vida sonreirá nuevamente. El salmista oró al Señor: "Saca mi alma de la cárcel". Por más oscura que sea esa mazmorra y por más fuertes que sean los grilletes, Dios es poderoso para iluminar el recinto y romper nuestras cadenas. En Dios encontramos alivio para el dolor que asola nuestro pecho, libertad para los dramas que afligen nuestra alma, cura para la depresión. ¡Jesús vino para darnos vida, y vida en abundancia!

# 22
## de julio

# El privilegio de socorrer a los necesitados

A Jehová presta el que da al pobre, y el bien que ha hecho, se lo volverá a pagar.

**PROVERBIOS 19:17**

L a ganancia y la avaricia son características de una sociedad materialista. Muchos piensan que la felicidad consiste en acumular para sí mismos lo máximo que puedan abastecer. Para eso toman a la fuerza incluso lo que pertenece al prójimo. Arrebatan lo ajeno. La Biblia dice, sin embargo, que feliz es el hombre que ayuda al necesitado, y no el avaricioso. Aquel que se compadece del pobre es asistido por Dios en su aflicción y le acolcha la cama en la hora de la enfermedad. La generosidad es el camino más corto hacia una vida feliz. La felicidad no es gobernada por el egoísmo, sino por el altruismo. No encontramos la felicidad cuando retenemos todo en nuestras manos, sino cuando repartimos con los necesitados lo que tenemos en las manos. Los generosos prestan a Dios, quien a nadie queda debiendo. Los generosos hacen una siembra bendita y cosechan con abundancia los frutos benditos de esa siembra. Dios mismo multiplica su siembra, para continuar sembrando con manos dadivosas. Cuando socorremos a los necesitados, Dios nos ayuda en nuestra aflicción. Cuando aliviamos el sufrimiento del pobre, Dios acolcha nuestra cama en la hora del dolor. Cuando abrimos nuestro corazón, nuestras manos y nuestra billetera para repartir un poco de lo que Dios nos dio, encontramos en ese gesto gran privilegio y verdadera felicidad.

# 23

## de julio

# Prosperando en el desierto

Y sembró Isaac en aquella tierra, y cosechó aquel año ciento por uno; y le bendijo Jehová.

**GÉNESIS 26:12**

Isaac, hijo de Abraham y padre de Esaú y Jacob, fue un hombre manso. No le gustaba pelear. Renunciaba a sus derechos para no entrar en una confusión. Prosperó en la tierra de Gerar. Volvió a abrir los pozos antiguos cavados por su padre Abraham y abrió otros nuevos. Por eso, sembró en aquel desierto y cosechó al ciento por uno. Prosperó y llegó a ser riquísimo. Su éxito, no obstante, fue visto con malos ojos por el pueblo de aquella tierra. Los filisteos resolvieron tapar sus pozos. En vez de pelear, Isaac seguía al frente cavando nuevos pozos. El agua brotaba de las entrañas de la tierra, y los filisteos, movidos por la envidia, venían y llenaban de escombros los pozos. Isaac avanzaba en su proyecto de abrir pozos, y los filisteos avanzaban en su intento de llenarlos de tierra. Cuando la situación se tornó insostenible, Isaac salió de aquella tierra y, por donde iba, cavaba nuevos pozos y Dios lo hacía prosperar. Más tarde, sus enemigos reconocieron que él era bendecido por el Señor y lo buscaron. Isaac no hizo retaliación; antes, los recibió con honores y bendiciones. La mayor prosperidad no es aquella que acumulamos, sino la que distribuimos. Somos bendecidos cuando, teniendo la oportunidad de venganza, perdonamos; cuando teniendo el derecho de defensa, renunciamos y entregamos nuestra causa a Dios. De esta forma, Dios reconcilia con nosotros a nuestros enemigos y nos abre nuevas puertas de oportunidad.

# 24
## de julio

# Los hijos son muy preciosos

He aquí, herencia de Jehová son los hijos; cosa de estima el fruto del vientre.

**SALMOS 127:3**

En el salmo 127 leemos que los hijos son herencia de Dios y flecha en las manos del guerrero. Esas dos figuras son preciosas. La primera muestra que nuestra herencia no es plata u oro. No son los bienes que amontonamos en el cofre, sino los hijos que abrigamos en los brazos. Nuestra herencia no es la fortuna que obtenemos y retenemos en las manos, sino los hijos que Dios nos da. Nuestros hijos son nuestra mayor riqueza. Las cosas no pueden satisfacernos. No pueden llenarnos. No pueden perpetuar nuestra memoria, ni nuestra descendencia. Debemos usar las cosas y amar a nuestros hijos en lugar de amar las cosas y olvidarnos de nuestros hijos. La segunda figura muestra que los hijos son como flechas en la mano del guerrero. Un guerrero carga sus flechas en las espaldas. Los padres cargan a los hijos en el corazón, en el vientre, en el bolsillo, en el alma. Después, el guerrero lanza esas flechas a lo lejos. No criamos hijos para nosotros mismos, sino para Dios. No criamos hijos para realizar nuestros propios sueños, sino para cumplir los propósitos divinos. Finalmente, un guerrero no desperdicia sus flechas. Las lanza a un objetivo definido. Así son los padres. Ellos deben criar a sus hijos para la gloria de Dios, en la disciplina y en la amonestación del Señor, enseñándoles a guardar las sagradas letras, inculcando en su mente las mismas verdades benditas que habitan en su corazón.

# 25

## de julio

## Salvo en la última hora

Buscad a Jehová mientras puede ser hallado, llamadle en tanto que está cercano.

ISAÍAS 55:6

Era viernes de Pascua en Jerusalén. A las 9 de la mañana, los soldados romanos levantaron tres cruces en la cima del monte de la Calavera, el conocido Gólgota. En la cruz del centro estaba Jesús, el nazareno, y de cada lado suyo, dos ladrones. Al lado de la cruz, el vocerío de la multitud profiriendo palabras de blasfemia hacía el cuadro todavía más sombrío. En medio de las penurias del sufrimiento, el ladrón de la derecha fue tocado por la palabra de Jesús proferida en la cruz y se arrepintió de sus pecados. Reconoció que era culpable y que Jesús era Salvador y Rey. Clamó por misericordia y, a pesar de haber vivido hasta el portal de la muerte como un proscrito, fue perdonado y salvado. El ladrón arrepentido clamó: "Acuérdate de mí cuando estés en tu reino". Jesús le aseguró: "De cierto te digo que hoy estarás conmigo en el paraíso" (Lucas 23:42-43). No hay casos perdidos para Jesús. No hay vida irrecuperable para el Hijo de Dios. No hay situación irremediable cuando se reconoce al Salvador. El ladrón crucificado a la diestra de Jesús reconoció su pecado y lo confesó. Reconoció que solo Jesús salva y clamó a Él. Encontró perdón en la última hora. Recibió la garantía del cielo en los instantes finales de su vida. Su salvación no fue fruto de merecimiento, sino de gracia. El paraíso de Dios le fue dado no porque él lo mereció por sus obras, sino que fue un presente inmerecido. ¡La gracia es mayor que el pecado!

# 26
## de julio

## Triunfo constante

Mas a Dios gracias, el cual nos lleva siempre en triunfo en
Cristo Jesús.

2 Corintios 2:14A

La vida cristiana es una carrera triunfante, aun siendo una jornada por caminos plagados de espinos. Podemos tener un optimismo indestructible no en virtud de las facilidades del peregrinaje, sino a pesar de las dificultades del camino. No porque pisamos en tapetes abullonados, sino a pesar de cruzar desiertos sofocantes. Nuestro entusiasmo no proviene de las circunstancias, sino del Dios que controla las circunstancias. Nuestro éxito no viene de nosotros mismos, viene de Dios. No viene de dentro, viene de arriba. No es fruto de la autoayuda, sino de la ayuda de lo alto. Es Dios quien nos conduce en triunfo. Y eso no por causa de nuestros dones y talentos, sino por el triunfo de Cristo. Todas las bendiciones que tenemos, las recibimos de Dios por medio de Cristo. No es un asunto de mérito, sino una expresión de gracia. Triunfamos no porque somos fuertes, sino a pesar de que seamos débiles. No porque somos sabios, sino a pesar de que somos limitados. No porque somos ricos, sino a pesar de ser pobres. El triunfo no es conquista, es dádiva. No lo recibimos como premio, sino como presente inmerecido. Todo proviene de Dios, para que toda la gloria sea dada a Él. Dios, y no el hombre, es el origen de todas las cosas. Dios, y no el hombre, es el agente de todas las cosas. Dios, y no el hombre, es el fin de todas las cosas. Porque de Dios, por medio de Dios y para Dios son todas las cosas. ¡A Dios, pues, sea la gloria por los siglos de los siglos!

# 27
## de julio

## Pascua: ¿chocolate o sangre?

Pues mucho más, estando ya justificados en su sangre...

ROMANOS 5:9A

La sociedad secularizada cambió no solo el cordero por el conejo, también la sangre por el chocolate. La sangre nos causa repulsión, pero el chocolate es dulce al paladar. El chocolate nos agrada y nos da placer, pero la sangre nos deja constreñidos y atónitos. Sin embargo, ¿qué tiene que ver el chocolate con la Pascua? ¡Absolutamente nada! Esa es la religión secularizada. Crea símbolos que agradan al gusto del hombre, pero aparta a las personas del camino de Dios. La redención del cautiverio no sucede por causa del chocolate, sino por causa de la sangre. No nuestra propia sangre, sino la sangre de un cordero sustituto. Aquel cordero sin defecto, inmolado a favor de cada familia, era un tipo de Cristo, el Cordero de Dios que quita el pecado del mundo. No somos salvos por nuestras obras; somos salvos por la sangre de Cristo. Él es nuestro Cordero pascual. Es por su muerte que tenemos vida. Es por su sangre que somos librados y purificados de todo pecado. El chocolate es bueno y agradable, pero no como símbolo de la Pascua. Nuestras obras pueden ser útiles, pero no para nuestra redención. No son nuestras obras las que nos justifican, sino la obra de Cristo en la cruz por nosotros.

# 28
## de julio

# Hogar, dulce hogar

Tu mujer será como vid que lleva fruto a los lados de tu casa;
tus hijos como plantas de olivo alrededor de tu mesa.

SALMOS 128:3

El hogar fue planeado por Dios para ser un lugar de abrigo, una fuente en el yermo, un oasis en el desierto, un vergel de frutos deliciosos para saciar nuestra hambre de afecto. En el hogar encontramos intimidad y somos amados no por causa de nuestras virtudes, sino a pesar de nuestros defectos. En el hogar, nos despedimos de nuestras vanidades y, a pesar de nuestras cicatrices emocionales, somos aceptados y perdonados. El hogar es tanto un campo de entrenamiento como una clínica de recuperación. Es en el territorio de la familia donde trabamos las mayores batallas y es en esa arena que somos cargados en los brazos cuando somos derribados por un golpe de la vida. El hogar es nuestra ciudad de refugio, a donde corremos cuando somos acosados por el enemigo de sangre. En el hogar encontramos una mesa puesta, una cama caliente, un abrazo cariñoso y una sonrisa acogedora. En el hogar rehacemos nuestras fuerzas para el camino de la vida y es allí también donde levantamos nuestra voz para llorar. En el hogar celebramos la alegría del nacimiento y lloramos de nostalgia a la hora de la muerte. En el hogar nacemos, crecemos y morimos. El hogar es nuestra casa, nuestro terruño, nuestra herencia. El hogar puede ser rico o pobre, pero es el mejor lugar del mundo para vivir, cuando en él aflora el perfume del amor.

# 29

## de julio

# Tiempo de volver a comenzar

Entonces se levantó con sus nueras, y regresó de los campos
de Moab; porque oyó en el campo de Moab que Jehová había
visitado a su pueblo para darles pan.

**RUT 1:6**

R ut, la moabita que llegó a ser bisabuela del rey David y miembro del
linaje del Mesías, tiene una dramática pero bellísima historia. Se casó
con Malhón, hijo de Elimelec y Noemí, para en seguida quedar viuda y sin
hijos. En lugar de retornar a su pueblo y a sus dioses en Moab, decidió volver
a comenzar su vida siguiendo a Noemí, su suegra, a Belén. No es que Noemí
tuviera alguna ventaja para darle; al contrario, Noemí era extranjera, vieja,
viuda, pobre y desamparada. Rut tuvo que aprender a lidiar con los nuevos
comienzos. Para eso, se dispuso a amar a su suegra incondicionalmente. También tomó la decisión de confiar su futuro en las manos del Dios de Israel.
Rut actuó con coraje y humildad. Dios proveyó para ella un marido noble,
un hogar feliz y un hijo prometedor. De su descendencia nacieron reyes y el
propio Hijo de Dios. El escenario gris de las pérdidas fue transformado en un
horizonte multicolor de conquistas maravillosas. Todo eso porque Rut se dispuso a volver a comenzar. Es tiempo de que usted también deje el pasado en el
pasado y coloque los pies en el camino de la esperanza. La crisis no durará para
siempre. El dolor que asola su alma pasará, y un tiempo de refrigerio vendrá
sobre su vida. No levante un monumento a su dolor; mire hacia delante, mire
hacia arriba, mire hacia Dios, y sepa que Él también puede conducir su vida
en triunfo.

# 30
## de julio

# Un padre que ora por sus hijos

… Job enviaba y los santificaba, y se levantaba de mañana y
ofrecía holocaustos conforme al número de todos ellos.

**JOB 1:5B**

Job era el hombre más rico de Oriente. Tenía una agenda apretada, pero encontraba tiempo para orar por sus hijos, que eran objeto de sus peticiones cada madrugada. Job sabía que éxito financiero sin vida con Dios es fracaso consumado. Job entendía que riqueza terrenal sin salvación es pobreza. Los hijos de Job eran ricos, pero eso no era todo. Él necesitaba la gracia de Dios. Todavía hoy, nosotros necesitamos padres que encuentren tiempo para orar por los hijos. Padres convertidos a los hijos. Padres que no provoquen la ira a los hijos ni los desalienten. Padres que críen a sus hijos en la disciplina y amonestación del Señor. Necesitamos padres que enseñen a los hijos "en el" camino, y no solamente "el" camino. Padres que amen a Dios e inculquen las verdades eternas en la mente de los hijos. Necesitamos padres que sean reparadores de brechas, intercesores fervorosos, y que no renuncien a sus hijos. Necesitamos padres parecidos a Job, que oren por los hijos y sean ejemplo para ellos; padres que cultiven la amistad entre los hijos y los presenten a Dios.

# 31
de julio

## Sudando sangre en Getsemaní

*... y era su sudor como grandes gotas de sangre...*

**LUCAS 22:44B**

Jesús trabó la más sangrienta batalla de la humanidad en el jardín de Getsemaní. Los horrores del infierno respiraban sobre el alma del Hijo de Dios. Postrado con el rostro en tierra, Jesús oró tres veces, enfrentando una angustia de muerte. Sus discípulos dormían mientras Jesús levantaba a los cielos su clamor regado de lágrimas. En aquella fatídica noche, las autoridades judías tramaban contra Jesús, urdiendo planes llenos de mentiras y violencia, mientras Él sudaba sangre en Getsemaní. Capitaneados por Judas Iscariote, soldados del templo, armados hasta los dientes, entraron en el jardín para prender a Jesús, pero este, consolado por el ángel y fortalecido por el Padre, se entregó a las manos de los pecadores. Fue escarnecido, escupido y ultrajado, pero caminó hacia la cruz como un rey camina a la coronación. La angustia de Jesús no era porque temía el sufrimiento físico, sino porque sabía que, en la cruz, asumiría nuestro lugar, cargaría en su cuerpo nuestros pecados y sería hecho maldición para rescatarnos del pecado y de la muerte. Jesús no fue a la cruz porque Judas lo traicionó por ganancia, ni porque los judíos lo entregaron por envidia, ni siquiera porque Pilato lo sentenció cobardemente. Fue a la cruz por amor, voluntariamente. ¡La cruz no fue la causa del amor de Dios por nosotros; fue su prueba más elocuente!

# 1

de agosto

## La soledad, el vacío del alma

Por tanto, recibíos los unos a los otros, como también Cristo nos recibió, para gloria de Dios.

ROMANOS 15:7

La población mundial sobrepasó la frontera de los siete mil millones de habitantes. Multitudes se codean en los grandes centros urbanos, pero la mayoría están formadas por una masa sin rostro y sin identidad. Caminan anónimas, blindadas por la soledad. Hay mucha gente solitaria dentro de las familias y hasta dentro de las iglesias. Hay mujeres viudas de maridos vivos, viviendo solas, sin afecto y sin compañerismo. Hay hijos abandonados por los padres. Hay ancianos olvidados por los hijos, necesitados de un beso caluroso. Hay personas sufriendo el dolor de la viudez, sintiendo una dolorosa nostalgia por quien partió. Hay muchos ancianos abandonados en los asilos sufriendo amarga soledad, así como hay muchos olvidados en las prisiones. El apóstol Pablo sintió en la piel el dolor de la soledad. En su segunda prisión en Roma, escribió la segunda carta a Timoteo y le pidió que fuera a verlo deprisa. Aunque revestido de fuerzas por Dios para cumplir el ministerio y enfrentar el martirio, Pablo necesitaba de un hombre amigo a su lado en esa hora dolorosa. Las personas necesitan de Dios, pero también necesitan de otras personas. Nuestra familia debe ser un oasis de vida en el desierto, el remedio divino para el drama de la soledad.

# 2
## de agosto

# La búsqueda de la oveja perdida

¿Qué hombre de vosotros, teniendo cien ovejas, si pierde una
de ellas...?

LUCAS 15:4A

Jesús, el buen pastor, contó una parábola inmortal sobre el pastor que fue a
buscar la centésima oveja y, después de hallarla, festejó el rescate y se alegró
con sus amigos. La oveja se perdió porque se apartó del rebaño. La oveja es un
animal miope, inseguro, indefenso y también rebelde. No puede protegerse
de los depredadores. No tiene un buen sentido de la dirección. Su seguridad
está en mantenerse cerca del pastor y junto al rebaño. Siempre que se extravía
y se aparta de la compañía de las otras ovejas, está sujeta a caerse y herirse.
La figura de la oveja es sugestiva. No por casualidad Jesús vio a los hombres
afligidos como ovejas sin pastor. El hombre no puede protegerse a sí mismo.
La inclinación de su corazón lo lleva a apartarse de Dios, en lugar de buscar
abrigo en los brazos omnipotentes del Padre. Ninguna religión es capaz de
protegernos. Ningún recurso humano puede darnos seguridad. Somos vulnerables como ovejas. No podemos caminar seguros confiando en nuestra
propia fuerza. Dependemos de Dios y los unos de los otros. No podemos
apartarnos de la congregación. No es seguro vivir aislados del rebaño. Necesitamos la protección del pastor y la compañía de los otros. A nuestro alrededor
hay muchos peligros. Hay terrenos escurridizos. Hay despeñaderos y declives
llenos de amenazas. Aguas tormentosas pueden llevarnos al naufragio. Lobos
voraces nos acechan. Necesitamos ser cautelosos. Necesitamos buscar el abrigo del aprisco y los brazos del pastor.

# 3

## de agosto

# ¡Tan solo un toque y basta!

Y en seguida la fuente de su sangre se secó; y sintió en el cuerpo
que estaba sana de aquel azote.

MARCOS 5:29

La peor enfermedad es aquella que nos aísla de las personas que amamos.
Eso fue lo que le sucedió a una mujer en Israel que se acercó a Jesús
para ser sanada. Esta anónima estaba sufriendo desde hacía doce años. Una
hemorragia crónica la dejaba anémica e impura. Gastó todos sus bienes en
médicos, pero su estado de salud se agravaba cada vez más. La enfermedad
le traía desconsuelo y segregación. Todo lo que ella tocaba quedaba impuro.
Si era soltera, no podía casarse. Si era casada, no podía relacionarse con su
marido. Ni siquiera podía frecuentar la sinagoga. Entonces, ella oyó hablar de
Jesús. Nutrió en su corazón la esperanza de ser curada. Una fe inquebrantable
se encendió en su alma: "Si tan solo toco sus ropas, sanaré" (v. 28 – [LBLA]).
Entonces ella se escabulló en medio de la multitud, tocó el borde de los ves-
tidos de Jesús e inmediatamente la hemorragia quedó estancada. Jesús dijo:
"Alguien me tocó, porque me di cuenta que de mí había salido poder" (Lucas
8:46). La mujer se postró a los pies del Maestro y le confesó toda la verdad.
Jesús le dijo: "Hija, tu fe te ha hecho salva; ve en paz, y queda sana de tu azote"
(Marcos 5:35). Aquella mujer fue curada y perdonada. Fue librada y salvada.
Aún hoy, Jesús sana a los enfermos, consuela a los afligidos y salva a todos los
que se allegan a Él por la fe.

# 4
## de agosto

# El Cordero eterno

Ya destinado desde antes de la fundación del mundo...
1 PEDRO 1:20A

Jesús es el Cordero santo de Dios. El Cordero que quita el pecado del mundo. Él vino al mundo para morir, y morir por nuestros pecados. Su muerte no fue un accidente, sino una agenda establecida en la eternidad. Aunque el calvario haya ocurrido hace más de dos mil años, en la mente de Dios y en los decretos de Dios sucedió desde la fundación del mundo. Nuestra salvación fue una iniciativa divina cuyo origen retrocede a los tiempos eternos. Cuando Dios planeó nuestra salvación, no había aún cielo ni tierra. Las estrellas todavía no brillaban en el firmamento y el sol aún no daba su claridad. Antes del mismo principio, en lo recóndito de la eternidad, Dios ya había puesto el corazón en usted y determinado que Jesús, el Cordero eterno, moriría en su lugar, a su favor. La cruz de Cristo no fue una señal de derrota, sino de triunfo. Jesús no murió como mártir, sino como Redentor. No fue a la cruz como una víctima indefensa en las manos de sus verdugos. Murió voluntariamente. Se entregó por usted y por mí, desde la eternidad. Glorificó al Padre en su muerte y conquistó para nosotros eterna redención. Su salvación no fue una decisión de última hora. Ya estaba planeada en la eternidad, fue ejecutada en la historia y será consumada el último día. Con amor eterno, Dios lo amó a usted y con benignidad Él lo atrae.

# 5

de agosto

## La felicidad es nuestra herencia eterna

En lo cual vosotros os alegráis, aunque ahora por un poco de tiempo, si es necesario, tengáis que ser afligidos en diversas pruebas.

1 PEDRO 1:6

Los existencialistas dicen que la historia no tiene sentido. Los pesimistas dicen que la historia camina como un camión sin frenos rumbo al desastre. Los griegos decían que la historia es cíclica y que está simplemente dando vueltas sin llegar a ningún lugar. El libro del Apocalipsis, sin embargo, anuncia que la historia camina hacia una consumación. El triunfo final será de Dios y de su pueblo. Cuando las cortinas de la historia se cierren, habrá nuevos cielos y nueva tierra. Entonces, Dios enjugará de nuestros ojos toda lágrima. El llanto, el luto y el dolor no existirán más. Estaremos para siempre con el Señor disfrutando de dichas que ningún ojo vio y ningún oído oyó. Recibiremos posesión de nuestra herencia gloriosa. Tendremos un cuerpo de gloria y reinaremos eternamente con Cristo. El pecado ya no estará más presente en nuestra vida, pues en el cielo nada contaminado entrará. En el cielo no habrá despedida ni adiós; no habrá enfermedad ni cortejo fúnebre; no habrá injusticia ni disputas. Todos los redimidos entrarán en el paraíso no por el camino del mérito, sino por el portal de la gracia. Jesús es la única puerta de acceso que nos lleva a Dios. Y en la presencia de Dios es donde hay plenitud de alegría y delicias perpetuamente. El cielo es el lugar de la felicidad eterna porque allí estaremos para siempre con el Señor.

# 6

## de agosto

# Transformando valles en manantiales

Atravesando el valle de lágrimas lo cambian en fuente.

**SALMOS 84:6A**

El salmo 84 fue escrito por los hijos de Coré. Retrata el ansia del alma por Dios y la nostalgia del templo. Aquellos que habitan en la casa de Dios son muy felices porque pueden tener una alabanza perenne en los labios. Aquellos que encuentran abrigo en los atrios de la casa de Dios reciben fuerza del Altísimo. Tres experiencias son vivenciadas por aquellos que habitan la casa de Dios. En primer lugar, una postura de confianza en Dios mismo en la adversidad. El v 5 dice que los pies están en el valle, pero en el corazón los caminos son allanados. Las circunstancias son aciagas, pero la serenidad del corazón es inquebrantable. En segundo lugar, una experiencia de la liberación divina en medio de la adversidad. El v 6 dice que Dios no siempre nos libra del valle árido y lo transforma en un manantial. No somos eximidos de los problemas, pero sí a pesar de los problemas y en medio de ellos. Dios no siempre nos libra del horno, pero sí en medio del horno. La vida cristiana no es un invernadero espiritual o una urna de cristal, sino un campo de batalla. En el mundo tendremos aflicción, pues nos interesa entrar en el reino de Dios por medio de muchas aflicciones. En último lugar, una certeza de que nunca faltarán recursos de Dios para que prosigamos victoriosamente hasta el día final. El v 7 dice que vamos yendo de fuerza en fuerza hasta el destino final. ¡La fuerza para esa jornada victoriosa no viene de dentro, sino de lo alto; no del hombre, sino de Dios; no de la tierra, sino del cielo!

# 7
## de agosto

# ¡Cuidado con la envidia!

... Y miró Jehová con agrado a Abel y a su ofrenda; pero no
miró con agrado a Caín y a la ofrenda suya...

GÉNESIS 4:4B-5A

L a envidia es una enorme tragedia. Ha provocado guerras, separado personas, destruido familias, arruinado matrimonios y llevado mucha gente al fondo del abismo. La envidia es un sentimiento mediocre. Es hija de la ingratitud y madre de la infelicidad. El envidioso, en lugar de alegrarse con lo que tiene, se entristece con lo que los otros tienen. Eso sucedió en la familia de Adán y Eva. Sus hijos, Caín y Abel, recibieron las mismas instrucciones. Aprendieron a adorar a Dios. Caín era labrador, y Abel, pastor de ovejas. Ambos llevaron ofrendas al Señor. Caín ofreció los productos de la tierra, y Abel, las primicias del rebaño. Dios se agradó de Abel y de su ofrenda, pero no se agradó de Caín y de su ofrenda. Antes de recibir la ofrenda, Dios debe recibir al oferente. Antes de poner nuestra ofrenda en el altar, debemos presentar a Dios nuestra vida. Dios no se agradó de Caín, por consiguiente, no se agradó de su ofrenda. En lugar de que Caín reconociera su pecado e imitara a su hermano Abel, se llenó de envidia y resolvió matarlo. Su odio velado se transformó en criminal disimulo. Caín llamó a su hermano para una trampa y, después de matarlo, aún intentó amordazar su conciencia, huyendo de la responsabilidad. Cuidado con la envidia, que ronda su alma para esclavizarlo.

# 8

## de agosto

# El grito de triunfo

¡Consumado es!

**JUAN 19:30**

La cruz no es un símbolo de fracaso, sino de victoria. Fue en la cruz donde Cristo triunfó sobre los principados y potestades. Fue en la cruz donde Cristo conquistó para nosotros eterna redención. Jesús no fue a la cruz como un prisionero impotente, sino como un rey que camina para su coronación. La penúltima palabra proferida por Jesús en la cruz fue un grito de triunfo. En la lengua griega, la expresión "¡Consumado es!" contiene apenas un término: *"Tetélestai"*. Esa palabra tiene tres significados: Primero, era usada para la conclusión de una tarea. Cuando un hijo terminaba un trabajo, decía al padre: *"Tetélestai"*, o sea, está concluido el trabajo confiado a mí. Segundo, era usada para la cancelación de una deuda. Cuando alguien iba al banco a cancelar un pagaré, se imprimía el sello en el documento con la inscripción: *"Tetélestai"*, o sea, la deuda fue pagada. Tercero, era usada para la toma definitiva de una escritura. Cuando alguien compraba un inmueble y lo saneaba, recibía la escritura definitiva con la inscripción: *"Tetélestai"*, o sea, ahora usted tiene derecho de posesión definitiva. Cuando Jesús fue levantado en la cruz, Él concluyó el trabajo que el Padre le había confiado, o sea, ser nuestro sustituto. Además de eso, en la cruz Jesús pagó nuestra deuda y nos concedió el don de la vida eterna. Ahora, tenemos perdón y salvación. Por causa de la muerte de Cristo, podemos tomar posesión de la vida eterna. ¡El sacrificio de Cristo fue plenamente suficiente para ofrecernos eterna redención!

# 9

# Vete y no peques más

*… Ni yo te condeno; vete, y no peques más.*

JUAN 8:11A

En el silencio de la noche, los escribas y fariseos capturaron a una mujer en fragrante adulterio. No está claro si el hombre adúltero escapó o si los líderes religiosos a propósito lo dejaron ir. Con la intención de sorprender a Jesús en algún desliz, arrojaron a la adultera a sus pies, preguntando: "Y en la ley nos mandó Moisés apedrear a tales mujeres. Tú, pues, ¿qué dices?" (v. 5). Aquellos alguaciles de la vida ajena y fiscales de la moralidad pública no estaban interesados en la ley ni en la situación de aquella mujer. La usaron como arma para atrapar a Jesús. El silencio de Jesús fue estruendoso. En lugar de responder positiva o negativamente, Jesús bajó la cabeza y comenzó a escribir en el suelo. Después, levantó la cabeza y dijo: "El que de vosotros esté sin pecado sea el primero en arrojar la piedra contra ella" (v. 7). Jesús era la única persona allí que podría acusar a la mujer y condenarla. Los acusadores escondían sus propios pecados bajo una capa de religiosidad. Acusados por su propia conciencia, los acusadores fueron saliendo uno a uno, dejando a la mujer a los pies de Jesús. "El Señor, entonces, le preguntó a ella: 'Mujer, ¿dónde están los que te acusaban? ¿Ninguno te condenó?'. Ella dijo: 'Ninguno, Señor'. Entonces Jesús le dijo: 'Ni yo te condeno; vete, y no peques más'" (vv. 10-11). Jesús no se hizo el de la vista gorda frente al pecado, pero trató con misericordia a la pecadora. Él no vino para condenar, sino para salvar. No vino para quebrar la caña quebrada, sino para restaurar al caído. Él es misericordioso y se complace en perdonar. La orden de Jesús todavía es la misma: "¡Vete y no peques más!".

# 10

## de agosto

# Cuerpo débil, espíritu renovado

---

> Por tanto, no desmayamos; antes aunque este nuestro hombre
> exterior se va desgastando, el interior no obstante se renueva
> de día en día.
>
> 2 Corintios 4:16

El apóstol Pablo nos enseña a vivir en la dimensión de la eternidad. Nuestros pies están en la tierra, pero nuestro corazón está en el cielo. Vivimos en este mundo como peregrinos, pero estamos camino a nuestra patria permanente. Tres verdades saltan a nuestros ojos. En primer lugar, tenemos un cuerpo débil, pero un espíritu renovado. "Por tanto, no desmayamos; antes aunque este nuestro hombre exterior se va desgastando, el interior no obstante se renueva de día en día". Nuestra debilidad física es notoria y no se puede disimular. El tiempo esculpe en nuestro rostro arrugas profundas. Nuestras piernas se tambalean, nuestras rodillas vacilan y nuestras manos decaen. Cada mechón de cabello blanco que surge en nuestra cabeza es la muerte llamándonos para un duelo. Nuestro hombre exterior, o sea, nuestro cuerpo, se debilita progresivamente. Al mismo tiempo, sin embargo, nuestro hombre interior, o sea, nuestro espíritu, se renueva día a día, transformado de gloria en gloria a la imagen de Cristo. En la misma medida en la que nuestro cuerpo se debilita, nuestro espíritu se fortalece. En la misma proporción en la que el exterior se corrompe, el interior se renueva. Tenemos un cuerpo débil, pero un espíritu fuerte.

# 11
## de agosto

# La importancia del autoexamen

Escudriñemos nuestros caminos, y busquemos, y volvámonos
a Jehová.

**LAMENTACIONES 3:40**

E l profeta Jeremías, como un hombre de lágrimas, nos exhorta a que tome-
mos tres actitudes decisivas en la vida. La primera es sondear nuestra vida.
Una vida sin reflexión es una insensatez. No podemos ser como un caballo y
una mula, sin entendimiento. Permanecer en el error es una locura. Por eso,
necesitamos escudriñar nuestros caminos, poner la plomada de Dios en nuestra vida. Lo segundo que necesitamos hacer es probar nuestros caminos. ¿Son
caminos rectos? ¿Son veredas de justicia? ¿Andamos en la verdad? ¿Amamos
a Dios con toda nuestra alma, con todo nuestro entendimiento y con todo
nuestro corazón? ¿Amamos a los hermanos como a nosotros mismos? ¿Des-
viamos nuestros pies del mal, nuestra lengua de la maldad y nuestro corazón
de la soberbia? Necesitamos probar nuestros caminos, para saber si estamos en
el camino angosto que conduce a la vida o en el camino ancho que lleva a la
perdición. Lo tercero que necesitamos hacer es volvernos al Señor. Debemos
dar la espalda al pecado y volver nuestro rostro a Dios. Debemos romper
con el pecado y correr a los brazos del Padre. Solamente tener conciencia de
nuestro pecado sin volvernos a Dios es remordimiento, y no arrepentimiento.
El remordimiento produce muerte, pero el arrepentimiento genera vida. El
autoexamen trae convicción de pecado, y el arrepentimiento nos toma de la
mano y nos lleva al Señor, la fuente de la vida.

# 12
## de agosto

## El amor merece la mejor inversión

Así sirvió Jacob por Raquel siete años; y le parecieron como
pocos días, porque la amaba.

GÉNESIS 29:20

Jacob amó a Raquel y trabajó catorce años para tenerla como esposa. Su
amor fue tan profundo y abnegado que aquellos años de esfuerzo no le fueron penosos. El amor hace la mayor de todas inversiones. El amor es guerrero,
pues lucha por la persona amada. No retrocede frente a las dificultades. Ni siquiera todas las aguas del océano pueden ahogarlo. El amor es más fuerte que
la muerte. El amor no se vende ni se corrompe. Aunque alguien intentara sobornarlo con todos los tesoros de la tierra, sería del todo despreciado. El amor
es la mayor de las virtudes, la síntesis de los mandamientos, el cumplimiento
de la ley, el fruto del Espíritu. El esposo debe amar a su esposa como Cristo
amó a la iglesia, con amor perseverante, sacrificial y santificante. Quien ama
a su esposa, se ama a sí mismo. Invertir en la esposa es invertir en sí mismo.
Es sembrar en su propio campo. Es depositar en la propia cuenta. Es beber el
reflujo del propio flujo. Pueden existir matrimonios felices sin dinero, sin lujo
y sin comodidades, pero no habrá ningún matrimonio feliz sin amor. Amor
es más que sentimiento; es actitud. No somos lo que hablamos; somos lo que
hacemos. El amor no es conocido por sus palabras, sino por su acción.

# 13
## de agosto

# Tinieblas a mediodía

Cuando era como la hora sexta, hubo tinieblas sobre toda la tierra hasta la hora novena.

**LUCAS 23:44**

Cuando Jesús, el sol de justicia, nació, hubo luz a medianoche; cuando Jesús murió, hubo tinieblas a mediodía. Hasta el mismo sol escondió el rostro frente a los horrores del calvario. El sufrimiento del Hijo de Dios no fue solo físico, sino sobre todo espiritual. El infierno con toda su furia vociferaba contra Jesús. Aun con dolor indescriptible, unido a los azotes y torturas que precedieron la fatídica jornada en el Gólgota, así como a la crucifixión y a las largas horas expuesto a calambres insoportables, el mayor sufrimiento de Jesús fue ser abandonado por el Padre. De la cumbre de aquel lecho vertical de muerte, Jesús grito: "¿Dios mío, Dios mío, por qué me has desamparado?" (Mateo 27:46). En aquel momento, no había belleza en Jesús. Él fue hecho maldición por nosotros. Nuestras transgresiones estaban sobre Él. La fealdad de nuestro pecado lo cubrió de vergüenza y dolor. La hediondez de nuestras iniquidades fue lanzada sobre Él. Porque fue hecho pecado por nosotros, la ley exigió su muerte sumaria, pues el salario del pecado es la muerte. Fue en la oscuridad de aquel día que el velo del templo se rasgó de arriba hacia abajo y Jesús abrió para nosotros un nuevo y vivo camino hacia Dios. Por medio de su muerte, fuimos reconciliados con Dios. ¡En la cruz, Él abrió para nosotros la puerta del cielo!

# 14

## de agosto

# ¿Cuál es el origen de la familia?

Y los bendijo Dios, y les dijo: "Fructificad y multiplicaos; llenad la tierra, y sojuzgadla…".

**GÉNESIS 1:28A**

Dios creó al hombre y a la mujer. Los creó a su imagen y semejanza. Los creó perfectos, los puso en un lugar perfecto y tenía con ellos perfecta comunión. Dios no solo creó al hombre y a la mujer, sino que también los unió en su carne, estableciendo un principio permanente: "Por tanto, dejará el hombre a su padre y a su madre, y se unirá a su mujer, y serán una sola carne" (Génesis 2:24). El matrimonio no nació en la tierra, sino en el cielo. No nació en el corazón del hombre, sino en el corazón de Dios. El matrimonio es la primera institución divina. Precede a la iglesia y al estado. La familia es la base de todas las otras instituciones. Es la célula madre de la sociedad. Por tener su origen en Dios, la familia ha de permanecer victoriosa hasta el fin. Mientras el mundo sea mundo, la familia estará presente en la tierra, y los hombres y mujeres continuarán casándose y dándose en matrimonio. Verdaderamente la familia está siendo bombardeada implacablemente. Muchos son los torpedos lanzados sobre esa divina institución para desmoralizarla. Pero ella sale victoriosa y orgullosa de todas estas luchas. Los hombres no pueden deshacer lo que Dios hizo. La familia proseguirá su jornada perseverante y navegará en ese mar revuelto hasta llegar a su destino final, cuando, en la consumación de todas las cosas, los redimidos de Dios serán recogidos en los Tabernáculos eternos para habitar para siempre con el Señor, ¡donde seremos una sola familia!

# 15

## Contentamiento y piedad

---

Pero gran ganancia es la piedad acompañada de contentamiento.

**1 Timoteo 6:6**

Todas las semanas visito las librerías de los aeropuertos brasileros. La mayor sección es la de los libros de autoayuda y de aquellos que enseñan los secretos de la prosperidad financiera. Estos últimos llenan bibliotecas y son consumidos con voracidad. Se pasa la idea de que el dinero puede traer seguridad y felicidad. Muchos creen que el dinero es el puente para la isla de la fantasía, donde mora la felicidad. Pero aquellos que quieren enriquecerse caen en tentación y lazo y se atormentan a sí mismos con muchos flagelos. Muchos se desviaron de la fe en esa codicia desenfrenada. El dinero es sí no es malo, pero el amor al dinero es la raíz de todos los males. El apóstol Pablo dice que la piedad con contentamiento es gran fuente de ganancia. Teniendo qué comer, o qué beber y qué vestir, debemos estar contentos. Nuestra felicidad y nuestra seguridad no están en el dinero, sino en Dios. Pablo exhorta a los ricos a no poner su confianza en la inestabilidad de la riqueza, sino en Dios. El dinero es bueno cuando nosotros lo poseemos, pero no cuando él nos posee. El dinero es un buen siervo, pero un pésimo amo. Solo nos trae felicidad cuando lo distribuimos con generosidad, no cuando lo retenemos con usura.

# 16

## de agosto

# Yo aún ansío ver

Restáuranos, oh Dios de nuestra salvación.

**SALMOS 85:4A**

Aún ansío ver una iglesia ortodoxa y piadosa. Una iglesia que tenga palabra y poder, una iglesia que tenga doctrina y vida. Aún ansío ver aquellos que conocen la verdad siendo transformados por ella al punto de llegar a ser personas humildes, y no arrogantes. Aún ansío ver una iglesia cuyas obras muestran su fe y cuya fe honra al Señor. Aún ansío ver una iglesia que predique con fidelidad, enseñe con autoridad y alabe a Dios con fervor. Ansío ver una iglesia en la que Jesús tenga la supremacía y las personas sean verdaderamente amadas. Aún ansío ver una iglesia en la que la doctrina dé la mano al fervor, la ortodoxia se vista con la túnica de la santidad, la reforma desemboque en el avivamiento. Estoy cansado de ver al pueblo de Dios fluctuando de un extremo para el otro. No es raro que aquellos más celosos de la doctrina sean los más apáticos en el fervor. Aquellos que más conocen, menos hacen. Aquellos que tiene más luz muchas veces son los que tienen menos calor. Aquellos que alardean de su cultura son los que menos reflejan la dulzura del Salvador. ¡Ah, aún ansío ver una iglesia firme en la doctrina de los apóstoles, que ore y cante con entusiasmo! Una iglesia que tenga temor de Dios y alegría del Espíritu. Una iglesia con profunda comunión interna y gran simpatía con los de afuera.

# 17
## de agosto

# Escándalo y locura

Pero nosotros predicamos a Cristo crucificado, para los judíos
ciertamente tropezadero, y para los gentiles, locura.

1 Corintios 1:23

La cruz es un emblema paradójico. Para unos representa vergüenza, fracaso
y derrota; para otros, triunfo, conquista y victoria. El apóstol Pablo estaba
en Corinto, importante ciudad griega. Los grandes pensadores disputaban sus
ideas en la plaza pública. Sus admiradores los aplaudían. Los griegos eran ape-
gados a la filosofía. Por eso, consideraban la predicación acerca de Cristo crucificado una verdadera locura. Los judíos, por su parte, a la espera del Mesías
victorioso que quebraría el yugo romano, daría fin a su esclavitud y además se
sentaría en el trono para regir a las naciones con vara de hierro, juzgaban un
Cristo colgado en la cruz como un verdadero escándalo. Pablo, sin embargo,
no se dejó mover por esas reacciones prejuiciadas y extremas. Continuó pre-
dicando el mensaje de la cruz. No hay otro evangelio para ser predicado sino
anunciar a Cristo, y a este crucificado. No hay buenas nuevas para el pecador
fuera de la cruz de Cristo. Es por la muerte de Cristo que tenemos vida. Es
por su sangre que recibimos perdón y redención. Agradó a Dios salvar a los
pecadores por la locura de la predicación. La locura de Dios es más sabia que
la sabiduría de los entendidos de este siglo. La cruz de Cristo puede ser recha-
zada como señal de debilidad por los incrédulos, pero para nosotros, los que
creemos, es el poder de Dios y la sabiduría de Dios.

# 18

de agosto

## Reforma y avivamiento

> ... Oh Jehová, aviva tu obra en medio de los tiempos...
>
> HABACUC 3:2B

Veo con tristeza a aquellos que totalmente abandonan la sana doctrina para buscar experiencias arrebatadoras. Donde falta la semilla de la Palabra, no se ve el fruto de la verdadera piedad. No es la experiencia la que conduce a la verdad, sino la verdad la que desemboca en la experiencia. La vida sigue a la doctrina, y no la doctrina a la vida. Necesitamos una iglesia que sea ortodoxa sin dejar de ser ortopráctica. Los que se desvían de la Palabra en busca de experiencias necesitan una nueva reforma, y los que se desvían de la piedad y todavía conservan su ortodoxia necesita un avivamiento. Aún ansío ver una iglesia doctrinalmente fiel, y al mismo tiempo amable y acogedora para con los que se acercan. Una iglesia que enseñe doctrina con celo, pero que adore a Dios con fervor. Una iglesia que predique la verdad, pero que viva en amor. Una iglesia en la que la proclamación no esté en contravía con la comunión. Aún ansío ver una iglesia que sea fuente para los sedientos, oasis para los cansados, refugio para los afligidos, lugar de vida para los que se tambalean en la sombra de la muerte. Ansío ver una iglesia que viva para la gloria de Dios, que honre a su Salvador, que sea llena del Espíritu Santo, que adore a Dios con entusiasmo, que predique la Palabra con fidelidad y acoja a las personas con efusiva alegría y redoblado amor.

# 19

# Jesús resucita al hijo de la viuda de Naín

Y acercándose, tocó el féretro; y los que lo llevaban se detuvieron. Y dijo: "Joven, a ti te digo, levántate".

LUCAS 7:14

Jesús estaba acompañado de una multitud cuando entró en la ciudad de Naín. Otra multitud salía de la ciudad llevando al cementerio al hijo único de una viuda. Aquellas dos caravanas se encontraron: la caravana de la vida y la caravana de la muerte, una capitaneada por Jesús y la otra encabezada por la madre enlutada. La viuda que perdió al único hijo lideraba la caravana de la muerte. Jesús se compadeció de ella y le dijo: "No llores" (v. 13). Interrumpiendo el cortejo fúnebre, Jesús tocó el ataúd y, parando a los que lo conducían, dijo: "Joven, a ti te digo, levántate". Se sentó el que estuviera muerto y comenzó a hablar; entonces, Jesús lo restituyó a su madre. La multitud, atemorizada frente a tan grandioso milagro, glorificó a Dios, diciendo: "Un gran profeta se ha levantado entre nosotros"; y "Dios ha visitado a su pueblo". Jesús llevó vida donde reinaba la muerte, consuelo donde dominaba la tristeza, esperanza donde imperaba el desespero. Jesús tiene poder no solo para enjugar nuestras lágrimas, sino también para poner fin a las causas que nos hacen llorar. Jesús es poderoso para aliviar su corazón ahora y darle a usted una esperanza eterna. Ni aun la muerte puede desafiar el poder de Jesús. Él ya venció la muerte y quitó su aguijón. Ahora, la muerte no tiene más la última palabra. ¡La muerte fue sorbida en victoria!

# 20
## de agosto

# Antídoto contra el pecado

¿Con qué limpiará el joven su camino? Con guardar tu palabra.

**SALMOS 119:9**

Dwight Moody escribió en la primera página de su Biblia la siguiente frase: "La Palabra de Dios lo alejará a usted del pecado, o el pecado lo alejará a usted de la Palabra de Dios". El mundo a nuestro alrededor está lleno de polución sonora, visual y moral. Las propuestas para que capitulemos al pecado son cada vez más agresivas y seductoras. Parece que nuestra generación está perdiendo completamente el pudor. Aquello que otrora nos ruborizaba de vergüenza ahora desfila airoso en la pasarela de la vida. Nuestra generación aplaude el vicio y escarnece la virtud. En este ambiente tan hostil a la santidad, ¿de qué manera un joven puede guardar puro su camino? ¿Cómo puede ser casto en una generación que se burla de la pureza? ¿Cómo puede ser casto en una generación que ve a los líderes de la nación enriquecerse con lo ajeno? ¿Cómo puede construir un matrimonio sólido en una generación que humilla los absolutos morales que rigen a la familia? La respuesta es clara y categórica: "Con guardar tu palabra". La Palabra de Dios es el antídoto contra el pecado. Cuando la examinamos, ella nos investiga. Cuando la obedecemos, ella nos limpia. La Palabra de Dios ofrece un camino seguro en medio de tantos engaños. Ofrece la verdad eterna en medio de tanto relativismo. Ofrece paz verdadera en medio de tanto desespero. ¡La Palabra es el antídoto contra el pecado y, al mismo tiempo, el néctar más dulce para nuestra alma!

# 21
## de agosto

# La cena del Señor, la mesa de la comunión

Tomad, comed; esto es mi cuerpo.

**MATEO 26:26B**

Jesús celebraba la Pascua en compañía de sus discípulos. Estaba todavía con ellos a la mesa, cuando tomó un pan y, bendiciéndolo, lo partió, y lo dio a los discípulos, diciendo: "Tomad, comed; esto es mi cuerpo". Y tomando la copa, y habiendo dado gracias, les dio, diciendo: "Bebed de ella todos; porque esto es mi sangre del nuevo pacto, que por muchos es derramada para remisión de los pecados" (vv. 26-28). La Cena del Señor sustituye a la Pascua judía. Aquello que era sombra dio lugar a la realidad. No hay más necesidad de llevar un cordero al altar, pues Cristo es el Cordero de Dios que quita el pecado del mundo. No hay más necesidad de esparcir la sangre de un cordero en el dintel de las puertas, pues, por la fe, nos apropiamos de la sangre de Cristo, que nos purifica de todo pecado. Cristo es nuestro Cordero pascual. A Él apuntaron los patriarcas y los profetas. Él fue la esperanza de nuestros padres y el contenido de la predicación de los apóstoles. Cristo es el Cordero inmaculado de Dios, el pan vivo que descendió del cielo. Él es la verdadera Pascua, nuestra Pascua. Necesitamos ahora apropiarnos de Él. Solo los que comen de su cuerpo y beben de su sangre tienen parte con Él. La apropiación de Cristo se da por la fe. No existe un cambio de sustancia en los elementos de la cena. El pan continúa siendo pan y el vino continúa siendo vino, pero por la fe nos apropiamos de Cristo y de Él nos alimentamos. ¡La cena es la mesa de la comunión!

# 22
## de agosto

# Cómo lidiar con el miedo

Jehová es mi luz y mi salvación; ¿de quién temeré?...

SALMOS 27:1A

El miedo es un sentimiento universal. Alcanza a todas las personas, de todos los niveles y estratos sociales. El primer síntoma del pecado en el mundo fue el miedo. Después de que Adán pecara, pasó a tener miedo de Dios, en lugar de deleitarse en Él. Por causa de ese miedo, él se escondió de Dios y creó mecanismos de fuga. El miedo es más que un sentimiento, es un espíritu que nos paraliza. El apóstol Pablo habla sobre el espíritu de miedo (2 Timoteo 1:7). En la familia, siempre lidiamos con el miedo. Algunos tienen miedo de casarse y otros de quedar solteros. Muchos tienen miedo de enfermedades y también de la muerte. El miedo puede ser positivo o negativo. Puede salvarnos o hacernos perecer. Cuando el miedo es una señal de alerta frente a un peligro, es positivo. Solo los locos no tienen miedo. Por eso, son inconsecuentes. Sin embargo, el miedo puede ser perjudicial. Puede hacernos encoger frente a situaciones difíciles y desviar nuestros ojos de Dios. Adán y Eva, en lugar de buscar abrigo en Dios después de caer en pecado, temieron y huyeron. En lugar de confesar su culpa, crearon mecanismos de escape. En lugar de reconocer su error, comenzaron a acusarse el uno al otro. Muchos, aún hoy, por causa del miedo, están huyendo de Dios cuando deberían estar corriendo hacia Dios. La conciencia de la presencia de Dios con nosotros en toda y cualquier circunstancia es el único antídoto eficaz contra el miedo.

# 23
## de agosto

## Cuando la crítica duele más

Y oyéndole hablar Eliab su hermano mayor con aquellos hombres, se encendió en ira contra David y dijo: "¿Para qué has descendido acá?, ¿y a quién has dejado aquellas pocas ovejas en el desierto? Yo conozco tu soberbia y la malicia de tu corazón, que para ver la batalla has venido".

1 Samuel 17:28

David, hijo de Jesé, fue a visitar a sus hermanos en el campo de batalla. El ejército de Israel estaba siendo humillado por el gigante Goliat hacía cuarenta días. Ningún soldado israelita se dispuso a enfrentar al insolente filisteo. En ese momento, David llegó al campamento, escuchó las afrentas del gigante y se dispuso a enfrentarlo. Eliab, su hermano mayor, dominado por la envidia, tejió las más duras críticas contra David por esa actitud. Ningún vencedor de gigantes dejará de enfrentar a sus críticos. Antes de vencer a nuestros gigantes, debemos lidiar con nuestros críticos. Las críticas siempre duelen, pero hay circunstancias en las que duelen más. La crítica duele más cuando viene de aquellos que deberían estar de nuestro lado y están contra nosotros; cuando viene de aquellos que conocen la integridad de nuestro carácter; cuando es continua y sin pausa; cuando viene envuelta con desatino emocional; cuando juzga nuestras motivaciones; cuando busca humillarnos. Si no tenemos cuidado, los críticos robarán nuestro enfoque y nuestra paz. Por eso, David hizo la única cosa sensata: se apartó de su crítico. No desperdicie su tiempo y sus energías con los críticos. No se desvíe de su enfoque. Dios lo llamó a usted para enfrentar y vencer a sus gigantes.

# 24

## de agosto

# El cuarteto del mal

Porque preciso es que él reine hasta que haya puesto a todos sus enemigos debajo de sus pies.

1 CORINTIOS 15:25

El apóstol Juan, en los capítulos 12 al 14 de Apocalipsis, nos habla sobre el cuarteto del mal: el dragón, el anticristo, el falso profeta y la gran ramera. Estos enemigos terribles actúan en conjunto y tienen el mismo propósito: luchar contra Cristo y su iglesia. El dragón es la antigua serpiente, Satanás, nuestro archienemigo. Por haber sido derrotado por Cristo, vuelve sus baterías contra la iglesia. Ese adversario es asesino, ladrón, tentador, engañador, mentiroso, maligno, padre de la mentira. Vino para robar, matar y destruir. El anticristo es su agente. Vendrá en el poder y en la fuerza de Satanás. Perseguirá y matará a muchos santos, pero estos lo vencerán por medio de la palabra del testimonio y por la sangre del Cordero. Los salvos preferirán la muerte a la apostasía y, aun muriendo, triunfarán sobre el dragón y su enviado. El falso profeta es el brazo religioso de ese dictador cruel que será adorado en toda la tierra. Todos aquellos que no tienen el sello de Dios se doblarán a esas potencias del mal. La gran ramera es el sistema político, económico y religioso que hospeda y da sustento a esas fuerzas demoniacas. El cuarteto del mal, no obstante, no prevalecerá. Será derrotado definitiva y retumbantemente por el Señor Jesús. En los capítulos 17 al 20 de Apocalipsis, Juan habla sobre la caída de la gran ramera y cuando el anticristo, el falso profeta y el dragón serán arrojados al lago de fuego, donde serán atormentados por los siglos de los siglos. La victoria segura y gloriosa será de Cristo y de su iglesia.

# 25

## de agosto

# El secreto de la vida abundante

... yo he venido para que tengan vida, y para que la tengan en abundancia.

JUAN 10:10B

E l diablo es un engañador: promete libertad y esclaviza; promete placer y aflige; promete vida y mata. Jesús, sin embargo, vino para darnos vida, y vida en abundancia. La vida que Cristo ofrece es mayúscula y superlativa. A diferencia del ladrón que vino para robar, matar y destruir, Jesús vino para que experimentemos una alegría permanente, una paz duradera y una felicidad eterna. En cierta ocasión, durante la Fiesta de los Tabernáculos, Jesús se levantó en Jerusalén y clamó: "Si alguno tiene sed, venga a mí y beba. El que cree en mí, como dice la Escritura, de su interior correrán ríos de agua viva" (7:37-38). La verdadera felicidad está en conocer a Jesús, probarlo y disfrutarlo. No se trata de un conocimiento simplemente teórico. No es solo un asentimiento intelectual. Jesús es el agua de vida. Necesitamos beber esa agua. Quien bebe esa agua nunca más tendrá sed. Creer en Jesús, como dice la Escritura, es una experiencia maravillosa. Dentro de nosotros brota una fuente para la vida eterna. Ríos de agua viva comienzan a correr de nuestro interior y entonces sí experimentaremos una felicidad pura, abundante, eterna. Aunque el cielo sea una realidad a ser disfrutada en el porvenir, las alegrías de la vida eterna comienzan aquí y ahora.

# 26

## de agosto

# Perdonar no es fácil, pero necesario

Soportándoos unos a otros, y perdonándoos unos a otros si alguno tuviere queja contra otro. De la manera que Cristo os perdonó, así también hacedlo vosotros.

COLOSENSES 3:13

El gran escritor C. S. Lewis dijo que es más fácil hablar del perdón que perdonar. ¡Es verdad! Hablar del perdón es fácil; difícil es perdonar a quien nos hiere. El perdón, sin embargo, no es una opción, sino una necesidad. Guardar rencor es autofagia, es autodestrucción, es lo mismo que usted se hiera mortalmente pensando que está hiriendo su descontento. Quien no perdona no tiene paz. Hay familias atormentadas por la falta de perdón, viviendo en la mazmorra del rencor. Quien no perdona no puede orar, ofrendar y ser perdonado. El perdón es condición vital para que tengamos salud física, emocional y espiritual. El perdón es la asepsia del alma, la limpieza de la mente, la emancipación del corazón. El perdón sana, libera y restaura. Construye puentes donde el rencor cavó abismos. No hay vida, matrimonio ni familia saludables sin el ejercicio del perdón. José de Egipto fue víctima del odio consumado de sus hermanos. Sufrió por años las consecuencias de ese odio. Pero Dios lo restauró y lo honró. José escogió perdonar a sus hermanos en lugar de vengarse de ellos. Dio dos pruebas de esa actitud. Llamó a su hijo primogénito Manasés, cuyo significado es "Dios me hizo olvidar". José también les dio la mejor tierra de Egipto a sus hermanos que lo maltrataron. El perdón es un acto de misericordia. Es expresión de la gracia de Dios en nosotros y por nosotros.

# 27

## de agosto

# Optimismo indestructible

Y sabemos que a los que aman a Dios, todas las cosas les ayudan
a bien...

**ROMANOS 8:28A**

El pesimismo ha sido la marca registrada de este mundo encharcado de
sangre y violencia. Perdemos la esperanza en los cambios políticos. Nos
desencantamos con los magistrados que visten togas sagradas apenas para de-
gradar la moral y ridiculizar los valores absolutos que deben regir la sociedad.
Nos sentimos amenazados por aquellos que nos debieran proteger. El mundo
está experimentando una especie de esquizofrenia moral. Vivimos una inversión de valores. Se le llama luz a las tinieblas, y tinieblas a la luz. Llaman a
lo dulce amargo, y a lo amargo, dulce. En ese escenario gris de pesimismo, el
pueblo de Dios puede vivir una contracultura de optimismo indestructible. El
apóstol Pablo escribe: "Y sabemos que a los que aman a Dios, todas las cosas
les ayudan a bien, esto es, a los que conforme a su propósito son llamados".
Este no es el lenguaje de la conjetura hipotética, sino de la certeza experimental. Sabemos que nuestra vida no es arrojada de un lado para el otro, al
capricho de las circunstancias. Dios trabaja en los mínimos detalles de nuestra
vida, a fin de que todas las cosas cooperen para nuestro bien. Dios está esculpiendo en nosotros el carácter de Cristo. Él nos está moldeando a fin de que
resplandezcamos su gloria. Él está trabajando en nosotros para después trabajar a través de nosotros. Aunque las personas intenten el mal contra nosotros,
eso será revertido en bendición. Los hermanos de José intentaron mal contra
él, vendiéndolo como esclavo a Egipto, pero Dios transformó aquella tragedia
en la mayor bendición para salvar la vida de los propios opresores.

# 28
de agosto

## El asedio moral, un lazo peligroso

Hablando ella a José cada día, y no escuchándola él para acostarse al lado de ella, para estar con ella.

GÉNESIS 439:10

José era esclavo en la casa de Potifar, pero también era un joven inteligente y bello. Pronto la mujer de Potifar puso los ojos en él con desvergonzada codicia. Ella usó todas sus armas de seducción para llevar al joven hebreo a la cama. Pero José se mantuvo íntegro. Muchos factores pudieran atenuar la culpa de José en caso de que él se hubiera entregado a los galanteos de aquella mujer seductora. Él era joven. Sus hormonas gritaban dentro de él. Era esclavo y debía obedecer en todo a su patrona. Vivía lejos de casa y nadie cobraría nada de él. Aún más: decir no a los encantos de su patrona podría traerle pérdidas, e ir a la cama con ella podría traerle ventajas inmediatas. Además de esto, el asedio era continuo. Llegó el día en que la mujer agarró a José y le dijo: "Duerme conmigo" (v. 7). José, sin embargo, huyó dejándola con su manto. Prefirió la acusación abierta a la culpa secreta. Prefirió la prisión a la libertad en el pecado. Prefirió sufrir como inocente a ser promovido como adúltero. La Biblia dice: "Mas el que comete adulterio es falto de entendimiento; corrompe su alma el que tal hace" (Proverbios 6:32). Dios juzgará a los impuros y adúlteros. Aquellos que viven asediando y dejándose asediar caen en una trampa mortal y cosecharán los frutos amargos de esa siembra insensata.

# 29
## de agosto

# Los cielos visitan la tierra

---

Y repentinamente apareció con el ángel una multitud de las huestes celestiales, que alababan a Dios.

LUCAS 2:13

E l nacimiento de Jesús fue primeramente proclamado a los pastores que cuidaban sus rebaños en los campos de Belén. El ángel se les apareció y la gloria de Dios brilló alrededor de ellos. Sintieron gran temor. El ángel, sin embargo, les dijo: "No temáis; porque he aquí que os doy nuevas de gran gozo, que será para todo el pueblo: que os ha nacido hoy, en la ciudad de David, un Salvador, que es Cristo, el Señor" (vv. 10-11). El mensaje angelical enfatizó tres verdades sublimes sobre la Natividad: 1) Jesús es el Salvador del mundo. No hay salvación en ningún otro nombre. Solo Jesús salva. Únicamente Él es el mediador entre Dios y los hombres. Solamente Él es el camino, y la verdad y la vida. Solo Él es la puerta de las ovejas. 2) Jesús es el Cristo, el Mesías, el prometido y el deseado de todas las naciones. Fue prometido en la eternidad, anunciado por los patriarcas y profetas y, en la plenitud de los tiempos, descendió del cielo a la tierra para rescatarnos de nuestros pecados. 3) Finalmente, Jesús es el Señor. Aquel niño que nació en el pesebre, creció en una carpintería y murió en una cruz, dejó el sepulcro abierto, volvió al cielo y está a la diestra de Dios Padre reinando soberanamente en todo el universo. Ante Él se doblará toda rodilla en el cielo, en la tierra y debajo de la tierra. Toda lengua confesará que Jesús es el Señor, para la gloria de Dios Padre.

# 30
## de agosto

# Hijos rebeldes, padres afligidos

---

Los proverbios de Salomón. El hijo sabio alegra al padre, pero el hijo necio es tristeza de su madre.

**PROVERBIOS 10:1**

No hay mayor alegría para un padre y una madre que ver a sus hijos andando en la verdad. Bienaventurados son los padres cuyos hijos tienen oídos para oír los consejos de sabiduría. Infelices son los padres cuyos hijos escarnecen los principios aprendidos dentro del hogar. Los hijos son la mayor fuente de placer o el mayor dolor de cabeza de los padres. Hay hijos que no honran ni obedecen a los padres. Son ingratos y rebeldes que afligen a los padres durante la vida y después los abandonan en la vejez. Hay hijos que nunca tuvieron enseñanza ni ejemplo de los padres. Otros, sin embargo, aun recibiendo buena doctrina y teniendo el testimonio irreprensible de los padres, escarnecen esa herencia y se encaminan por senderos peligrosos. Hijos rebeldes atraen sobre sí mismos maldición. Se asocian con malas compañías, se conchaban para hacer el mal y acortan sus días sobre la tierra. Los hijos del sacerdote Elí, Ofni y Finees, aunque criados en la casa del Señor, fueron jóvenes irreverentes, profanos y adúlteros. Perdieron el temor del Señor y taparon sus oídos a la voz de la advertencia. La vida de ellos fue una pesadilla para su padre y una maldición para la nación. Corresponde a los padres enseñar a los hijos en el camino en que deben andar, criándolos en la disciplina y amonestación del Señor. Corresponde a los hijos amar a Dios, servir a Cristo, obedecer a los padres y andar por las veredas de la justicia.

# 31
## de agosto

# La restauración del caído

Mas el Dios de toda gracia… os perfeccione, afirme, fortalezca
y establezca.

1 PEDRO 5:10

Pedro negó a Jesús y desistió de ser discípulo, pero Jesús no desistió de Pedro. ¿Qué hizo Jesús para restaurarlo? Primero, Jesús tomó la decisión de buscar a Pedro. La oveja perdida no vuelve a su aprisco sola. Aquellos que tropiezan y caen no se recuperan solos de sus caídas vergonzosas. Jesús nos enseña a ir al encuentro de los caídos. Debemos tomar la iniciativa. No es la oveja herida que busca al pastor, sino el pastor que va en busca de la oveja perdida. Jesús no solo nos enseñó esa verdad; también la practicó, dándonos ejemplo. Segundo, Jesús tomó la decisión de no aplastar a Pedro. Tal vez lo que Pedro más esperaba era una reprimenda severa de Jesús. Pedro había prometido ir con Jesús hasta la muerte, aunque los otros discípulos lo abandonaran. Su arrogancia se hizo notoria. Creyéndose más fuerte que otros, se hizo más débil. Su autoestima estaba hecha polvo. Él se sentía el peor de los hombres. Jesús, entonces, lo buscó, pero no para aplastarlo como una caña quebrada. Por el contrario, le preparó un refrigerio, conversó con él discretamente y le hizo preguntas dirigidas al corazón. Jesús le abrió el camino para la sanidad y la restauración. Así es como Jesús hace con usted también. Hoy mismo el Señor lo convida a volverse a Él en arrepentimiento y fe.

# 1

## de septiembre

# El carnaval, la falsa felicidad

---

Así también vosotros consideraos muertos al pecado, pero vivos para Dios en Cristo Jesús, Señor nuestro.

ROMANOS 6:11

El carnaval es la mayor fiesta popular brasilera. Patrocinada por recursos públicos es promovida por las autoridades políticas y atrae a millones de turistas de todo el mundo. Carros alegóricos y desfiles llenos de pompa ocupan las avenidas y los sambódromos de las grandes ciudades. Escuelas de samba y carros eléctricos desfilan para el delirio de una multitud sedienta de placer. El carnaval es la fiesta de las máscaras y del nudismo. Es la fiesta de la bebida y de la embriaguez. Es el esfuerzo inútil de encontrar alegría donde solo existen las cenizas de la frustración. La alegría promovida por el carnaval tiene sabor a azufre. En el palco de esta fiesta se sacrifica la decencia, se establece la permisividad sin freno y se conspira contra los valores que deben regir a una familia digna. Empujadas por espectáculos alucinantes, las multitudes saltan y danzan; inspiradas por una exultación mundana, terminan la fiesta con el corazón más vacío, el alma más afligida y la plena certeza del desagrado de Dios. El carnaval, de hecho, es una fiesta en que la alegría verdadera no encuentra espacio en la pasarela. La verdadera alegría es hermana gemela de la santidad. La pureza es el aderezo de esa felicidad. Solamente en la presencia de Dios nuestra alma encuentra delicias perpetuamente.

# 2
## de septiembre

# La paz de espíritu, lo mejor del banquete

Mejor es un bocado seco, y en paz, que casa de contiendas llena de provisiones.

**PROVERBIOS 17:1**

La sociedad valora mucho la riqueza y el refinamiento, pero invierte poco en las relaciones personales. Las personas logran aumentar sus posesiones, pero no logran mejorar su comunicación en el hogar. Adquieren bienes de consumo, pero no obtienen el placer de disfrutarlos. Hacen banquetes colosales, pero no tienen alegría para saborearlos. Es mejor comer un pedazo de pan seco, teniendo paz de espíritu, que tener un banquete en una casa llena de peleas. La felicidad no es resultado de la riqueza, sino de la paz de espíritu. Las personas más felices no son aquellas que más tienen, ni aquellas que se sientan alrededor de los banquetes más refinados, sino aquellas que celebran el amor, la amistad y el afecto, a pesar de la pobreza. Necesitamos invertir más en las personas que en las cosas. Debemos valorar más las relaciones que la comodidad. Necesitamos dar más atención a los sentimientos que nutrimos en el corazón que al alimento que ponemos en el estómago. La tranquilidad es un banquete más sabroso que una mesa llena de carnes. Es mejor tener paz en el corazón que dinero en el bolsillo. Es mejor tener tranquilidad en el alma que carnes nobles en el estómago. La paz de espíritu no es solo un componente de la fiesta; es lo mejor de la fiesta.

# 3

## de septiembre

# Cómo envejecer con dulzura

Y exhaló el espíritu, y murió Abraham en buena vejez, anciano
y lleno de años, y fue unido a su pueblo.

**GÉNESIS 25:8**

La vejez es un camino inevitable. No hay atajos para huir de esta realidad. El tiempo es implacable y esculpe en nuestro rostro arrugas que no se pueden disimular. Cada cabello blanco que brota en nuestra cabeza es la muerte llamándonos a un duelo. Los años pasan sobre nosotros como plomada, dejando nuestras piernas temblorosas, nuestros brazos débiles y nuestros ojos empañados. La vejez es una realidad a la que no podemos escapar. Tarde o temprano, necesitaremos estar frente a frente con ella, a no ser que la muerte nos visite precozmente. El asunto no es envejecer, sino cómo envejecer. La vejez puede ser una bendición o una maldición; un campo de delicias o un desierto de sufrimiento; una cosecha llena o una frustración incurable. Muchas personas envejecen con amargura. Se sublevan con la vida y sufren en la vejez una amarga soledad. Otras, sin embargo, se hacen dulces, sabias y hacen de esa fase otoñal los años más extraordinarios del camino. Los viejos pueden ser llenos del Espíritu y nutrir grandes sueños en el alma. Pueden mirar hacia el frente y tejer proyectos, en lugar de solo celebrar las conquistas del pasado. Pueden influenciar la nueva generación en lugar de solamente enaltecer el pasado. La vejez es un privilegio, una bendición, una dádiva de Dios. ¡Debemos desearla y recibirla con gratitud!

# 4
## de septiembre

# La fiesta de la reconciliación

> ... comamos y hagamos fiesta; porque este mi hijo muerto era, y ha revivido; se había perdido, y es hallado. Y comenzaron a regocijarse.
>
> LUCAS 15:23B-24

Hay cuatro etapas en la vida del hijo pródigo: feliz e inconsciente (en la casa del padre); infeliz e inconsciente (en el país lejano, rodeado de amigos); infeliz y consciente (en la pocilga, cuidando cerdos) y feliz y consciente (de regreso al hogar). El hijo pródigo vivía insatisfecho en la casa del padre. Pensó que la felicidad estaba lejos, fuera de las puertas. Decidió pedir anticipadamente su herencia y partir a un país lejano, con el fin de probar las aventuras de la vida. Al inicio, mientras había dinero en el bolsillo, muchos amigos y mucha diversión acompañaron sus noches. Él gastó todo lo que tenía en una vida disoluta. Llegó, sin embargo, el hambre, y, entonces, los amigos se fueron. Él comenzó a pasar necesidades y, finalmente, fue a parar a una pocilga para cuidar cerdos. La felicidad que el joven buscaba lejos del padre no pasaba de ser un espejismo engañoso. Él era feliz en la casa paterna y no lo sabía. Ahora estaba infeliz y lo sabía. Fue en ese momento que resolvió volver a casa y pedir perdón a su padre. Estaba dispuesto a ser solo un trabajador más. Pero, para su sorpresa, cuando volvió a casa, el padre lo esperaba y corrió a su encuentro para abrazarlo, besarlo y darle una gran fiesta por su regreso. Aquella fue la fiesta de la reconciliación. Hay fiesta en el cielo cuando un pecador se arrepiente. Los ángeles celebran su regreso a Dios.

# 5

de septiembre

## Una madre que no renuncia a los hijos

Pero no pudiendo ocultarle más tiempo, tomó una arquilla de juncos y la calafateó con asfalto y brea, y colocó en ella al niño y lo puso en un carrizal a la orilla del río.

ÉXODO 2:3

Jocabed fue una mujer de coraje. Ella desafió a la misma muerte. Su hijo Moisés nació para morir, pero ella no lo entregó a la muerte. No renunció a su hijo aun cuando su destino ya estaba labrado por el hombre más poderoso de la tierra, el Faraón de Egipto. La orden era matar a todo niño de sexo masculino o arrojarlo a los cocodrilos del río Nilo. Jocabed aprovisionó para la vida y no para la muerte. Ella preparó un cesto bien calafateado y puso el bebé en las aguas del Nilo. Para ella, el Nilo no era la sepultura de su hijo, sino el camino para su libertad. Dios honró la fe de Jocabed, y el niño fue a parar en las manos de la hija del Faraón. Moisés no nació para morir en las manos de los egipcios, sino para liberar a su pueblo de la esclavitud egipcia. Los hombres tenían un plan de muerte para él, Dios tenía una agenda de vida. El Faraón buscaba su muerte; la madre luchó por su vida. Dios honró a Jocabed, y Moisés creció en el palacio, vivió en el desierto y liberó a su pueblo de la esclavitud. Madre, no renuncie a sus hijos. ¡Aquellos que hoy pueden ser el motivo de sus lágrimas, mañana podrán ser la razón de su alegría! Nunca renuncie a sus hijos. ¡Nunca deje de creer en la salvación de sus hijos! Nunca deje de luchar y esperar el tiempo en que sus hijos serán levantados en la tierra como reparadores de brechas.

# 6
## de septiembre

# Luz en la oscuridad

Al pasar Jesús, vio a un hombre ciego de nacimiento.

JUAN 9:1

Un ciego es visto, o pasará desapercibido. Mientras caminaba, Jesús vio a un hombre ciego de nacimiento. Nació en una cuna de tinieblas y durante toda su vida estaba cercado de oscuridad. El colorido de las flores, la exuberancia de los árboles, la belleza de la sonrisa de un niño eran realidades desconocidas por aquel pobre hombre. Su mundo era sombrío, y su vida estaba desprovista de esperanza. Los discípulos especulaban sobre las causas de su ceguera, preguntándole a Jesús quién había pecado, el ciego o sus padres. Jesús vació la curiosidad de los discípulos, afirmando: "No es que pecó este, ni sus padres, sino para que las obras de Dios se manifiesten en él" (v. 3). Jesús sanó a este ciego de forma extraña. Escupió en la tierra, hizo lodo con la saliva, lo aplicó en los ojos del ciego y le ordenó: "Ve a lavarte en el estanque de Siloé" (v. 7). El hombre fue, se lavó y volvió viendo. Aún hoy, Jesús abre los ojos a los ciegos. Él es la luz que, viniendo al mundo, ilumina a todo hombre. Sus milagros señalan hacia la obra de redención y también son pedagógicos. Jesús termina afirmando: "Yo soy la luz del mundo" (Juan 8:12). Ahora, Él arranca un hombre de las tinieblas. Así como hay tinieblas físicas, también hay oscuridad moral y espiritual. Pero Jesús ahora mismo puede abrir los ojos de su alma e inundar su corazón de luz.

# 7

## de septiembre

# La corrupción, un cáncer social

Él les dijo: "No exijáis más de lo que os está ordenado".

LUCAS 3:13

La corrupción es un cáncer que está matando la sociedad brasilera. Las familias se sienten explotadas por la corrupción endémica y sistémica de los poderes constituidos. Pagamos los impuestos más altos del planeta, y vemos poco retorno. Somos la sexta mayor economía del mundo, y tenemos una de las más perversas distribuciones de renta conocidas. Somos una nación rica y un pueblo pobre. Nuestros recursos caen en el desagüe de la corrupción. Los partidos políticos perdieron su ideología y sirven apenas para parcelar el poder y facilitar el robo indiscriminado. Entran y salen gobiernos, pero la inclinación criminal de la corrupción continúa como un parásito, devorando los recursos destinados a la salud, a la educación, a la seguridad y al progreso. Nehemías, gobernador de Jerusalén, mostró que es posible ser un político íntegro. Por causa de su temor a Dios y de su amor al pueblo, él no robó las arcas públicas ni permitió que los altos funcionarios de su gobierno robaran. Cuando hombres avaros y corruptos suben al poder, el pueblo gime, las familias son robadas y la injusticia campea. Dios abomina de la riqueza mal adquirida. Dios abomina de la opresión. Debemos posicionarnos firmemente contra toda especie de corrupción, sea en el gobierno, en la iglesia o en la familia.

# 8

## de septiembre

# Convicción inquebrantable

... porque yo sé a quién he creído, y estoy seguro que es
poderoso para guardar mi depósito para aquel día.

**2 TIMOTEO 1:12B**

El apóstol Pablo ya había pasado por muchos sinsabores desde su conversión en el camino a Damasco. Fue perseguido en Damasco, rechazado en
Jerusalén y abandonado en Tarso. En el primer viaje misionero, fue apedreado
en Listra; y, en el segundo, fue apresado y azotado en Filipos. En el tercer viaje, enfrentó fieras en Éfeso; y, al llevar una ofrenda para los pobres de Judea,
fue preso en Jerusalén. Sus compatriotas, enfurecidos, resolvieron quitarle la
vida. Frente a la conspiración de los judíos y de la cobardía del gobernador
Festo, Pablo apeló para ser juzgado delante de César, en Roma. En la capital
del imperio, el veterano apóstol enfrentó dos prisiones. De la primera prisión
consiguió ser puesto en libertad, pero de la segunda solo salió para el martirio.
Aun sabiendo que la hora de su muerte había llegado, no se intimidó. No
había recibido de Dios espíritu de miedo, sino de poder y dominio propio.
No tenía miedo de morir, pues sabía en quién había creído y para dónde
iba. No caminaba hacia el patíbulo de la muerte, sino hacia la coronación.
Con santa osadía y con audacia inquebrantable, Pablo escribió: "... yo sé a
quién he creído, y estoy seguro que es poderoso para guardar mi depósito para
aquel día". ¡Bendita certeza! ¡Gloriosa convicción!

# 9
## de septiembre

# La casa de Dios, deleite del alma

Bienaventurados los que habitan en tu casa; perpetuamente
te alabarán.

**SALMOS 84:4**

Jesús tenía la costumbre de frecuentar la sinagoga; tenía el hábito de ir a la
casa de Dios. Los hijos de Coré dicen que un día en los atrios de la casa
del Señor vale más que mil días en las tiendas de la perversidad. El salmista
declara: "Yo me alegré con los que me decían: 'A la casa de Jehová iremos'"
(122:1). En la casa de Dios tenemos tres encuentros importantes: con Dios,
con nuestros hermanos y también con nosotros mismos. Cuando entramos en
los atrios de la casa de Dios, pisamos el terreno de la felicidad, pues allí oímos
palabras de vida. Allí contemplamos al Señor en la belleza de su santidad. Allí
tenemos una comprensión de la fealdad de nuestro pecado y de la belleza del
perdón divino. Es en la casa de Dios que tenemos una comprensión más clara
de la transitoriedad de la vida y de la necesidad de la gracia. Es en la presencia de Dios que tenemos plenitud de alegría y es en su diestra que disfrutamos
de delicias perpetuamente. El salmista dice: "Bienaventurados los que habitan
en tu casa; perpetuamente te alabarán". ¿Usted se deleita en ir a la casa de Dios?
Como el salmista, ¿puede decir que se alegra cuando lo invitan a ir a la casa del
Señor? ¿Usted ha orado como David: "Una cosa he demandado a Jehová, esta
buscaré; que esté yo en la casa de Jehová todos los días de mi vida, para contemplar la hermosura de Jehová, y para inquirir en su templo" (Salmos 27:4)?

# 10
## de septiembre

# Es fiesta todo el día

Todos los días del afligido son difíciles; mas el de corazón contento tiene un banquete continuo.

**PROVERBIOS 15:15**

No hay mejor banquete que la alegría del corazón. No hay fiesta más cautivante que tener paz de espíritu. No hay mayor placer que vivir en paz con Dios, con el prójimo y consigo mismo. El sabio dice que el corazón contento vive un banquete continuo. El corazón alegre está siempre en fiesta. La vida siempre es agradable para las personas que saborean los manjares del banquete de la alegría. Esa alegría no significa simplemente la presencia de las cosas buenas o la ausencia de las cosas malas. Esa alegría no es una circunstancia ni siquiera un sentimiento. Esa alegría es una persona. Esa alegría es Jesús. Él es nuestra alegría. Con Jesús, nuestra alma tiene un banquete continuo. Por otro lado, todos los días del afligido son difíciles, malos e infelices. Él puede llenar la casa de bienes, tener salud y estar rodeado de amigos, pero, si no hay paz de espíritu, si el corazón está triste y oprimido, el alma marchita, la sonrisa se apaga y la infelicidad predomina. El sol puede estar brillando y las circunstancias pueden parecer favorables, pero, si la persona está afligida, nada de eso satisface. Todo se desvanece. La vida pierde el sabor. El banquete se cubre de cenizas, y las lágrimas pasan a ser su alimento. La vida con Dios, aun cuando esté acompañada de lágrimas y dolor, es una fiesta que nunca acaba. Vendrá un día en el que Dios enjugará de nuestros ojos toda lágrima. ¡Entonces, nuestra alegría será completa!

# 11
## de septiembre

# El viento y el mar obedecen a Jesús

---

> Y levantándose, reprendió al viento, y dijo al mar: "Calla, enmudece". Y cesó el viento, y se hizo grande bonanza.
>
> **MARCOS 4:39**

Las tempestades de la vida son inevitables, imprevisibles e inmanejables. No obstante, ellas no vienen para nuestra destrucción, sino para nuestro fortalecimiento. Después de enseñar sobre las parábolas del reino, a las orillas del mar de Galilea, Jesús les ordenó a los discípulos que pasaran a la otra orilla. Cuando estaban en medio del recorrido, fueron sorprendidos por una furiosa tempestad. Los discípulos se quedaron alarmados y gritaron: "Maestro, ¿no tienes cuidado que perecemos?" (v. 38). Jesús despertó del sueño, calmó el mar, mandó al viento aquietarse y confrontó a los discípulos: "¿Por qué estáis así amedrentados? ¿Cómo no tenéis fe?" (v. 40). Los discípulos debieron tener fe, y no miedo, justamente por causa de la orden de Jesús para que pasaran a la otra orilla y de la presencia del Maestro con ellos. Aquel barco no podía naufragar con el Creador de los cielos y de la tierra. Después que el mar se calmó, los discípulos, atónitos, se preguntaban unos a otros: "¿Quién es este, que aun el viento y el mar le obedecen?" (v. 41). Las tempestades de la vida son inevitables, impredecibles, inmanejables, pero también son pedagógicas. No vienen para destruirnos, sino para fortalecernos en la fe. Las tempestades son mayores que nuestras fuerzas, pero están totalmente bajo el control de Jesús.

# 12

de septiembre

## Las señales de la segunda venida de Cristo

> … y habrá pestes, y hambres, y terremotos en diferentes lugares.
> **MATEO 24:7B**

Las señales de la segunda venida de Cristo están ondeando sus banderas. La alarma ya fue tocada. La trompeta ya está sonando. Guerras, conflictos, hambres, pestilencias y terremotos son avisos del cielo. El terremoto que sacudió a Japón y el tsunami que barrió algunas de sus ciudades en marzo de 2011 todavía nos golpean. La naturaleza gime y se contorsiona de dolor. Los terremotos y maremotos, además de fenómenos naturales, son también trompetas de Dios a los oídos de la humanidad. Esos desastres provienen de causas naturales y también de intervención sobrenatural. Los efectos de la caída alcanzan no solo a la raza humana, sino también a la naturaleza, que ahora está sujeta a la servidumbre y espera, con gemidos profundos, la restauración de ese cautiverio (Romanos 8:20-22). De igual forma, la iglesia, teniendo las primicias del Espíritu, también gime a la espera de su completa redención, cuando tendremos cuerpos incorruptibles y gloriosos. Aun el mismo Espíritu Santo está gimiendo, con gemidos indecibles, intercediendo por nosotros, en nosotros, al Dios que está sobre nosotros (Romanos 8:26). Necesitamos mirar hacia los fenómenos de la naturaleza no simplemente con los ojos de la investigación científica, sino también con la perspectiva de la fe, pues esos fenómenos son señales de la segunda venida de Cristo.

# 13
## de septiembre

# El camino de la prosperidad

> El alma generosa será prosperada; y el que saciare, él también
> será saciado.
>
> PROVERBIOS 11:25

La generosidad, y no la usura, es el camino de la prosperidad. Aquellos que más siembran son los que más cosechan. Aquellos que más bendicen son los más bendecidos. Corazones generosos y manos dadivosas producen bolsillos llenos, pues la Palabra de Dios dice que el alma generosa prosperará. Cuando sembramos en el campo del prójimo, Dios multiplica nuestra sementera. Cuando repartimos las semillas de generosidad, multiplicamos nuestro propio granero. Las semillas que se multiplican no son aquellas que comemos ni las que almacenamos, sino las que sembramos. Aquel que da al pobre presta a Dios. Eso es muy diferente a la teología de la prosperidad. Hay muchos ricos viviendo una vida miserable, así como hay muchos pobres viviendo una vida plena. Hay pobres ricos y ricos pobres. El apóstol Pablo llegó a decir que aquellos que quieren enriquecerse caen en tentación y lazo y serán atormentados con muchos dolores. Nada traemos a este mundo y nada nos llevaremos de él. El contentamiento es un aprendizaje. Debemos contentarnos con la abundancia y también con la escasez. Debemos depender más del proveedor que de la provisión. Debemos juntar tesoros en el cielo, y no en la tierra. Debemos poner nuestro corazón en Dios, y no en el dinero. Debemos abrir nuestras manos para socorrer al necesitado, y no almacenar todo con usura para nosotros mismos. Más bienaventurado es dar que recibir. ¡Este es un principio transmitido a nosotros por el mismo Señor Jesús!

# 14

## de septiembre

# Mi dolor no se irá

---

Porque el temor que me espantaba me ha venido, y me ha acontecido lo que yo temía.

**JOB 3:25**

Job fue un hombre aprobado por Dios, cuestionado por Satanás y acusado por los hombres. Aunque amado en el cielo, fue fusilado en la tierra. Sufrió las mayores pérdidas, enfrentó las mayores angustias, sufrió los mayores dolores. Perdió bienes, hijos y salud. Perdió el apoyo de su mujer y de sus amigos. Quedó solo en el polvo y en la ceniza, padeciendo su dolor. Cuando estaba arrugado, acabado, con la piel medio muerta y el cuerpo lleno de heridas con pus, levantó a los cielos su queja. De lo profundo de su alma clamó, diciendo: "Si hablo, mi dolor no cesa; y si dejo de hablar, no se aparta de mí" (16:6). El sufrimiento de Job fue atroz. Incluía sufrimiento físico y emocional, moral y espiritual. Sin embargo, en medio de la noche oscura del alma, aquel anciano patriarca levantó sus ojos hacia el futuro y dijo: "Yo sé que mi Redentor vive, y al fin se levantará sobre el polvo; y después de deshecha esta mi piel, en mi carne he de ver a Dios" (Job 19:25-26). En el tiempo oportuno de Dios, brotó la cura para Job. Dios restauró su suerte. Le devolvió sus bienes al doble. Restauró su matrimonio y le dio diez hijos más. Su dolor cesó, y su testimonio aún hace eco en los oídos de la historia. El mismo Dios que consoló a Job y restauró su suerte, puede traer un tiempo de refrigerio para su alma.

# 15

de septiembre

## La distancia no limita el poder de Jesús

... Ve, y como creíste, te sea hecho...

**MATEO 8:13B**

Un soldado de alto rango viajó a Capernaúm para implorar a Jesús a favor de su criado, a quien amaba, pues estaba sufriendo mucho en una cama, ya para morir. Jesús le dijo: "Yo iré y le sanaré" (Mateo 8:7). Pero el centurión le respondió: "Señor, no soy digno de que entres bajo mi techo; solamente di la palabra, y mi criado sanará" (v. 8). Aquel soldado romano demostró gran humildad y también robusta fe. Sabía que Jesús tenía poder para sanar a su criado. Sabía, sin embargo, que nadie puede acercarse a Dios ostentando méritos o haciendo exigencias. En lugar de presentar sus títulos a Jesús, afirmó que no era digno de recibirlo en su casa. El centurión no hizo exigencias, sino súplicas; no reivindicó derechos, sino clamó por misericordia. Jesús quedó tan admirado con su actitud, que afirmó: "De cierto os digo, que ni aun en Israel he hallado tanta fe" (v. 10). Y, en aquella misma hora, el siervo fue sanado. Jesús honró la fe del centurión y sanó el siervo a distancia. Jesús puede hacer lo mismo aún hoy. No renuncie a clamar en favor de su familia y de sus amigos. No hay problema sin solución cuando lo entregamos a los pies del Señor. No hay causa perdida cuando la depositamos en las manos de Jesús. El Señor puede todo cuanto quiere. Cristo tiene todo poder y autoridad en el cielo y en la tierra.

# 16
## de septiembre

# La rendición,
# una necesidad inmediata

Encomienda a Jehová tu camino, y confía en él; y él hará.

**SALMOS 37:5**

L a Segunda Guerra Mundial estaba llegando a su fin. Era el año 1945. Hiroshima y Nagasaki habían sido barridas del mapa por el poder de la bomba atómica. Los países del eje, Alemania, Italia y Japón, estaban derrotados. El presidente norteamericano y el primer ministro de Inglaterra, Winston Churchill, desembarcaron en Tokio, a fin de que Hirohito, el emperador japonés, firmara el tratado de rendición. El emperador dijo: "Yo firmo el tratado, pero tengo algunas exigencias que hacer". Churchill respondió con firmeza: "No aceptamos exigencias ni condiciones. Primero firme el tratado de rendición, después reconstruiremos Japón". Así también es como Dios hace con nosotros. No podemos exigir nada de Él. Primero, nosotros nos rendimos a sus pies y después Él restaura nuestra vida. No hay esperanza para el pecador mientras él no se rinde a los pies del Salvador. No hay cura para nuestras heridas mientras no nos inclinamos delante de aquel que tiene el bálsamo de Galaad. No hay esperanza para nuestra alma a menos que nos postremos frente aquel que es poderoso para perdonar, restaurar y salvar. Dios resiste al soberbio, pero da gracia al humilde. Solamente aquellos que se arrodillan delante de Jesús, el Rey de reyes, podrán estar en pie el día del juicio final.

# 17

## de septiembre

# Huya y no mire hacia atrás

---

… Escapa por tu vida; no mires tras de ti…

**GÉNESIS 19:17B**

Lot había llevado a su familia a Sodoma. Buscaba las glorias de la tierra y las riquezas del mundo. Pensando darle lo mejor a su familia, la perdió. El alma de Lot fue atormentada en esa ciudad promiscua y violenta. Él ganó proyección en la ciudad, pero allí no vio ninguna conversión. Invirtió en la ciudad, pero allí perdió sus bienes y a su mujer. Cuando Dios estaba presto a derramar fuego y azufre sobre Sodoma, envió dos ángeles a casa de Lot, que le dieron un ultimátum: huir de la ciudad, correr a las montañas y no mirar hacia atrás. Lot no pudo convencer a sus yernos para que huyeran. Tuvo que ser arrastrado por los ángeles con su mujer y sus hijas. Cuando estaban subiendo la ladera, la mujer de Lot miró hacia atrás y se convirtió en una estatua de sal. Jesús, dos mil años después, advirtió: "Acordaos de la mujer de Lot" (Lucas 17:32). Aquella mujer llegó a ser un monumento a la incredulidad y al amor al mundo. Codició a Sodoma y sus placeres y pereció con Sodoma. Desobedeció las órdenes de Dios y se convirtió en una estatua de sal. La Palabra de Dios es enfática en decir que no podemos ser amigos del mundo, ni amar al mundo, menos aún conformarnos a él. Como Sodoma, el mundo pasa, y solo aquellos que hacen la voluntad de Dios permanecen para siempre. ¡La vida real, abundante y feliz no estaba en el encanto de Sodoma, sino en la huida lejos de esa ciudad pecaminosa!

# 18
## de septiembre

# El evangelio es poderoso

Porque no me avergüenzo del evangelio, porque es poder de Dios para salvación a todo aquel que cree...

ROMANOS 1:16A

Pablo se preparaba para visitar Roma, la capital del imperio. Seguía a Jerusalén para llevar a los pobres de Judea una generosa ofrenda. Desde Corinto, escribió su más robusta epístola y, ya en el prólogo, hace la más osada afirmación: "No me avergüenzo del evangelio". Pablo se sentía deudor del evangelio. Estaba listo para predicar el evangelio y no se avergonzaba de él. Hay individuos que se avergüenzan del evangelio y otros que son la vergüenza del evangelio. Este no es el caso de Pablo, aun habiendo sido apresado y aun habiendo soportado azotes y un apedreamiento por causa de él. Pablo no se avergonzaba del evangelio porque el evangelio es omnipotente. El evangelio es el poder de Dios. Su poder no es para la destrucción; es el poder de Dios para la salvación. No la salvación de todos sin excepción, sino la salvación de todos sin acepción. Hay un límite establecido aquí. El evangelio trae salvación solo para los que creen. Los que permanecen en la incredulidad no serán salvos, exactamente por rechazar la única oferta de la gracia, por rehusarse a entrar por la única puerta de salvación, por dejar de andar por el único camino que conduce a Dios. La puerta de salvación está abierta para usted ahora mismo. Esta puerta es Jesús. ¡He aquí la voz del evangelio!

# 19

## de septiembre

# Memorias que traen esperanza

Esto recapacitaré en mi corazón, por lo tanto esperaré.

**LAMENTACIONES 3:21**

Jeremías fue testigo ocular de la destrucción de Jerusalén. Vio la ciudad cercada por los enemigos y saqueada de sus riquezas. Vio el templo quemado y al pueblo pasado al filo de espada. Hubo llanto y dolor; gemidos y lamentos. Los ancianos eran pisoteados por las botas de los soldados caldeos, y los niños eran arrastrados por las calles como lodo. Las jovencitas eran forzadas, y las madres lloraban por sus hijos. El cuadro era de total desolación. El profeta lloró amargamente esa realidad sufrida. Llegó, sin embargo, un momento en que él resolvió estancar su llanto y su dolor. Dejó de alimentar su alma con amargura y buscó en los archivos de la memoria aquello que le podría dar esperanza. Jeremías tomó la decisión de volver a comenzar. Aquellos que alimentan el alma solo con recuerdos amargos enferman. Aquellos que no se libran del pasado y no ponen el pie en la calle del nuevo comienzo, terminan siendo vencidos por la tristeza. Como Jeremías, es importante tomar una decisión: traer a nuestra memoria aquello que nos puede dar esperanza. La única esperanza que tenemos es la misma que consoló a Jeremías: "Por la misericordia de Jehová no hemos sido consumidos, porque nunca decayeron sus misericordias. Nuevas son cada mañana; grande es tu fidelidad. Mi porción es Jehová, dijo mi alma; por tanto, en él esperaré" (Lamentaciones 3:22-24).

# 20
## de septiembre

# El pueblo más feliz de la tierra

Gozaos y alegraos, porque vuestro galardón es grande en los cielos...

**MATEO 5:12A**

E l pueblo de Dios es el pueblo más feliz de la tierra. El evangelio que lo alcanzó es buena nueva de gran alegría. El reino de Dios que está dentro de él es alegría en el Espíritu Santo. El fruto del Espíritu es alegría y la orden de Dios es: "¡Alegraos!". Moisés, antes de concluir el libro de Deuteronomio, trae una palabra al pueblo de Israel en los siguientes términos: "Bienaventurado tú, oh Israel. ¿Quién como tú, pueblo salvo por Jehová, escudo de tu socorro, y espada de tu triunfo? (Deuteronomio 33:29a)". El pueblo de Dios es un pueblo feliz, muy feliz. Esto por varias razones. Es feliz porque fue escogido por Dios desde la eternidad. Es feliz porque es el objeto del cuidado amoroso de Dios en todas las circunstancias. Es feliz porque, además de las bendiciones de la gracia común, también es, sobre todo, el pueblo salvo por el Señor. La salvación es la mayor de todas las dádivas. Es un presente de consecuencias eternas. Es un presente costoso, que ni todo el oro de la tierra podría comprar. Ese presente costó todo para Dios, le costó la vida de su Hijo. Dios nos dio la salvación como un presente gratuito. No hacemos nada para conquistarlo y nada tenemos para merecerlo. Nosotros lo recibimos por la gracia. Eso es gracia bendita. Es favor inmerecido. Es amor sin igual. La felicidad del pueblo de Dios se deriva de esa verdad mayúscula: ¡somos salvos por el Señor!

# 21
## de septiembre

# Conocer a Dios, nuestra mayor necesidad

Y conoceremos, y proseguiremos en conocer a Jehová…

**OSEAS 6:3A**

El pueblo de Israel caminaba a pasos agigantados rumbo a la apostasía. Iba tras otros dioses, levantando altares a ídolos paganos. En ese momento, el profeta Oseas invitó al pueblo a volverse hacia Dios. Dios debe ser conocido. No podemos amar a quien no conocemos. Por otro lado, el pueblo que conoce a Dios es un pueblo fuerte. El conocimiento de Dios no es algo estático, sino dinámico. No es teórico, sino relacional. El profeta dice: "Conoceremos, y proseguiremos en conocer". Nuestra debilidad surge del hecho de que no conocemos a Dios lo suficiente. El conocimiento de Dios es la propia esencia de la vida eterna. Cuando conocemos a Dios, nuestro pecho se llena de dulzura, pues Él es la fuente de todo bien. Cuando conocemos a Dios, pasamos a adorarlo por quién es Él. Pasamos a servirlo con integridad por su carácter, y no solo por sus hechos. Hoy, muchas personas sirven a Dios por intereses egoístas. Se acercan a Dios como mendigos y hacen de Dios únicamente un servidor celestial. Dios debe ser amado por quién es Él, más que por aquello que da Él. Dios es mejor que sus dádivas. Quien bendice es mayor que sus bendiciones. Nuestra mayor necesidad no es de cosas, sino de Dios. Solo Él satisface nuestra alma. Solo Él es la razón de nuestra vida. Por lo tanto, comencemos y prosigamos en conocer al Señor.

# 22

## de septiembre

# La noche en que el sol nació

Mas a vosotros los que teméis mi nombre, nacerá el sol de justicia, y en sus alas traerá salvación...

**MALAQUÍAS 4:2A**

Dios movió al imperio romano para que la profecía del nacimiento de Jesús se cumpliera. El profeta Miqueas había anunciado que Jesús nacería en Belén de Judea, pero José y María vivían en Nazaret de Galilea. El censo exigido por el emperador César Augusto, precipitó a José y María del norte hacia el sur. Al llegar a Belén, no había lugar para ellos en los mesones de la ciudad. Como llegó el día en que María iba a dar a luz a su hijo primogénito, el único lugar que encontraron fue un pesebre. Allí en el campo, entre los animales, nació el Hijo de Dios, el Salvador del mundo, el Cordero inmaculado. Él no nació en un palacio, sino en un establo; no en una cuna de oro, sino en una cuna de paja; no en los focos de la fama, sino en pobreza extrema. Cuando Jesús nació en Belén, hubo luz a medianoche. Nacía el sol de justicia. Los cielos festejaron efusivamente, y la tierra celebró ese glorioso acontecimiento. Los cielos se cubrieron de ángeles que proclamaban: "¡Gloria a Dios en las alturas, y en la tierra paz, buena voluntad para con los hombres!" (Lucas 2:14). La noche en que el sol nació, Dios fue exaltado en el cielo, y los hombres se alegraron en la tierra.

# 23

## de septiembre

# Andando en buena compañía

Ciertamente el bien y la misericordia me seguirán todos los días de mi vida, y en la casa de Jehová moraré por largos días.

**SALMOS 23:6**

Yo estaba de vacaciones en Fortaleza cuando una gitana se acercó con la intención de leer mi mano y descifrar mi futuro. La miré a los ojos y le dije: "Mi destino ya está trazado y mi suerte ya está definida". Entonces, le cité el salmo de arriba. En el viaje de la vida, tenemos dos compañías inseparables: bondad y misericordia. Bondad es lo que Dios nos da, a pesar de no merecerlo; misericordia es lo que Dios no nos da, a pesar de merecerlo. No merecemos la salvación, y la recibimos de Dios gratuitamente; eso es bondad. Merecemos el castigo de nuestros pecados, pero Dios lo suspende y nos perdona; eso es misericordia. En todo tiempo, en todo lugar y en toda circunstancia jamás estaremos solos. El Señor camina con nosotros por los valles oscuros de la sombra de la muerte. Él suple nuestras necesidades, pues es nuestro proveedor y nuestra provisión. Entre las provisiones benditas que Él nos dio, están la bondad y la misericordia, que nos acompañarán todos los días de nuestra vida. Y, cuando el viaje termine, habitaremos en la casa del Señor para siempre. Cuando las cortinas de la tierra se cierren en el palco de nuestra vida, cerrando aquí nuestra jornada, la puerta del cielo se abrirá para darnos la bienvenida a la casa del Padre.

# 24
## de septiembre

# Descansa en el Señor y espera en él

Guarda silencio ante Jehová, y espera en él...

**SALMOS 37:7A**

Tenemos más dificultad para descansar que para actuar. Tenemos más dificultad para entregar nuestro camino al Señor que para tomar el destino en nuestras propias manos. El secreto de una vida victoriosa, sin embargo, no está en la destreza de nuestro brazo ni en el poder de nuestro dinero. Las columnas que erigimos son torres frágiles. Las fortalezas que edificamos son vulnerables. No es sensato gloriarse en el conocimiento, en la riqueza y en la fuerza. Debemos gloriarnos en conocer a Dios. Él es el refugio verdadero. De Él viene nuestro socorro. Nuestro trabajo es descansar en Él. La vida muchas veces es como un viaje en un mar revuelto. La furia de las olas y la agitación del mar arrancan de nuestras manos el control del barco. En esas horas, necesitamos cesar de maniobrar y dejarnos llevar. Así sucedió con el apóstol Pablo en su viaje a Roma. Cuando las circunstancias son mayores que nuestras fuerzas, necesitamos entender que todavía hay solución. En esas horas, necesitamos por encima de todo descansar en el Señor y esperar en Él. Necesitamos aquietarnos y saber que Él es Dios. La fe ve lo invisible, toca lo intangible y se apropia de lo imposible. No porque sea inconsecuente, sino porque descansa en la omnipotencia de aquel que está sentado en el alto y sublime trono y tiene en las manos las riendas de la historia.

# 25
## de septiembre

# El Cordero salvador

---

… He aquí el Cordero de Dios, que quita el pecado del mundo.

JUAN 1:29B

Juan el Bautista fue el precursor del Mesías. Lo presentó como novio. Llegó a decir que no era digno de desatarle las correas de la sandalia. Afirmó que Jesús era mayor que él, pues bautizaría con el Espíritu Santo y con fuego. Pero, de todas las afirmaciones de Juan el Bautista, esta fue la más directa: "He aquí el Cordero de Dios, que quita el pecado del mundo". Todos los rituales del Antiguo Testamento apuntaban hacia Jesús. Eran un símbolo del Cordero inmaculado que sería inmolado en la cruz. Todas las fiestas, todos los rituales y todas las ceremonias judías no pasaban de ser sombra de la realidad en Cristo. Cuando el sol sale, no necesitamos más la luz de las velas. Hoy tenemos a Cristo, y Él nos basta. Él es el cumplimiento de las promesas. En Él todas las cosas convergen en el tiempo y en la eternidad. Cristo es el centro de la historia y de la eternidad, del cielo y de la tierra. Por amarnos con amor eterno, Dios entregó a su propio Hijo para morir por nosotros, siendo nosotros aún pecadores. Jesús es el Cordero de Dios, preparado por Dios, para ser inmolado por el propio Dios. Jesús es el Cordero de Dios que quita el pecado del mundo. Dios arrojó sobre Él nuestras transgresiones. Cargó el peso de nuestros pecados sobre la cruz. Murió por nuestros pecados y canceló el escrito de deuda que nos era contrario. Pagó por completo nuestra deuda y nos reconcilió con Dios, dándonos perdón y vida eterna.

# 26
## de septiembre

# Simplemente obedezca

… [Jesús] dijo al hombre [con la mano seca]: "Extiende tu mano". Y él la extendió, y la mano le fue restaurada sana.

**MARCOS 3:5B**

L a marca distintiva de un cristiano es la obediencia. La falta de obediencia nos priva de grandes bendiciones, mientras la desobediencia nos pone en la calle ancha de la condenación. La rebeldía, o la indisposición para obedecer, es como el pecado de adivinación. Es conspiración contra la autoridad de Dios. No siempre, sin embargo, obedecer es fácil. Nuestra obediencia debe ser completa e inmediata. En cierta ocasión, Jesús estaba en la sinagoga y allí había también un hombre con la mano derecha seca. Jesús le dijo: "Levántate, y ponte en medio" (Lucas 6:8) y "Extiende tu mano" (Marcos 3:5). Aquel hombre podría replicar diciendo que eso era imposible. Pero el mismo Jesús que da la orden también da el poder para que la orden se cumpla. El hombre extendió la mano y fue sanado inmediatamente. En otra ocasión, Jesús estaba en el estanque de Betesda y vio allí a un paralítico enfermo desde hacía 38 años. Jesús le preguntó: "¿Quieres ser sano?" (Juan 5:6). El hombre respondió con una evasiva: "No tengo a nadie" (v. 7). Aquello que era absolutamente imposible para el hombre sucedió en el exacto momento en que Jesús le ordenó: "Levántate, toma tu lecho y anda" (v. 8). El hombre se levantó sanado. Jesús llegó a Betania, y su amigo Lázaro estaba sepultado desde hacía cuatro días. Jesús gritó a la entrada de la tumba: "¡Lázaro, ven fuera!" (Juan 11:43). ¡El muerto oyó su voz y salió! La orden de Jesús es poderosa. Cuando obedecemos su voz, lo imposible sucede. ¡No dude; simplemente obedezca!

# 27
## de septiembre

## Está enfermo aquel a quien amas

… Señor, he aquí el que amas está enfermo.

**JUAN 11:3B**

L ázaro, amigo de Jesús, estaba enfermo en la aldea de Betania. Sus hermanas le enviaron un mensaje urgente a Jesús: "He aquí el que amas está enfermo". Ellas estaban seguras de que Jesús atendería prontamente ese pedido.
Al recibir el mensaje, sin embargo, Jesús dijo: "Esta enfermedad no es para la
muerte, sino para la gloria de Dios" (v. 4). En lugar de ir inmediatamente a
Betania, Jesús permaneció dos días más donde estaba. Cuando fue al encuentro de aquella familia amada, Lázaro ya estaba muerto y sepultado desde hacía
cuatro días. Los judíos cuestionaron el amor de Jesús, sobre todo en virtud
de su demora. Aún hoy, tenemos dificultad en conjugar el amor de Dios con
su demora. Pero el Señor nunca llega tarde. Él es el Señor del tiempo y hace
todo perfectamente. La resurrección de un muerto es un milagro mayor que
la cura de un enfermo. La resurrección de un muerto de cuatro días, eso solo
el Mesías lo podía realizar, de acuerdo con la creencia de los rabinos. Cuando
Marta interceptó a Jesús en la tumba de Lázaro, alegando que ya habían pasado cuatro días y ahora el milagro era imposible, Jesús le respondió: "Si crees,
verás la gloria de Dios" (v. 40). Jesús llamó a Lázaro de la muerte a la vida, la
gloria de Dios se manifestó y aquella familia amiga fue consolada. Jesús lo ama
a usted y cuida de usted en sus dolores, angustias y necesidades.

# 28
## de septiembre

# La familia bajo la sangre

Y la sangre os será por señal en las casas donde vosotros estéis;
y veré la sangre y pasaré de vosotros…

ÉXODO 12:12A

Israel gemía bajo un amargo cautiverio en Egipto. El látigo del enemigo, el trabajo forzado y la falta de esperanza hacían la vida de ese pueblo una pesadilla. Dios vio la aflicción del pueblo, oyó su clamor y descendió para librarlo. Por medio de Moisés, Dios demostró su poder a aquella tierra atestada de dioses, desbancando del panteón egipcio a sus divinidades paganas. Las diez plagas que arremetieron contra los egipcios fueron acciones del juicio divino sobre aquellas divinidades. La libertad, sin embargo, se dio solamente en la noche de Pascua. Un cordero tenía que ser inmolado y su sangre debía ser pasada en los dinteles de las puertas. Donde no hubo la sangre del cordero, el primogénito sería segado. Todos los hebreos obedecieron al pie de la letra la orden de Dios y, aquella noche, cuando el ángel de Dios pasó por Egipto, la muerte no entró en las casas que estaban bajo la sangre. Los hebreos fueron salvos no por sus virtudes, sino por la sangre. De igual modo, aún hoy, somos salvos no por nuestras obras, ni por nuestras virtudes morales, sino por la sangre del Cordero inmaculado que quita el pecado del mundo. ¿Su familia está bajo la sangre de Jesús? ¿Su familia ya fue rescatada por el Cordero de Dios? ¿Su familia ya salió del cautiverio? Hoy es día de liberación. Jesús vino para proclamar libertad a los cautivos.

# 29
## de septiembre

# Una mesa en el desierto

> Y tomó Jesús aquellos panes, y habiendo dado gracias, los
> repartió entre los discípulos, y los discípulos entre los que
> estaban recostados; asimismo de los peces, cuanto querían.
>
> **JUAN 6:11**

Los discípulos estaban en vacaciones. Estaban muy cansados y habían ido a un lugar desierto para renovar sus fuerzas. Pero cuando llegaron, una multitud ya había descubierto el plan y esperaban a Jesús. Al ver a aquella numerosa multitud, Jesús sintió compasión, porque las personas estaban exhaustas y eran como ovejas sin pastor. Además de las vacaciones frustradas, Jesús también les dijo a sus discípulos: "Dadles vosotros de comer" (Lucas 9:13). Los discípulos, mirando las circunstancias por los ojos de la razón, alegaron que el lugar era desierto y además de eso no tenían dinero. En medio de la multitud había un muchacho prevenido. Traía cinco panes y dos pececillos. Jesús tomó aquella pequeña provisión, levantó los ojos a los cielos y dio gracias. Inmediatamente cestos y más cestos llenos de panes y peces eran multiplicados, y toda la multitud comió y se llenó, y sobraron aun doce cestos. Todavía Jesús hace milagros hoy. En sus manos, nuestro poco puede alimentar a una multitud. Aún hoy, Él alimenta a los hambrientos. Jesús es el pan de la vida, la provisión divina para nuestra alma, y solo Él puede saciar el hambre de nuestro corazón. ¿Qué tiene usted en las manos? Dios usó el cayado de Moisés para librar a Israel del cautiverio. Usó la honda de David para derribar al gigante Goliat. Usó dos pequeñas monedas ofrendadas por la viuda para enseñar sobre la ofrenda, y usó cinco panes y dos pececillos para alimentar a una multitud.

# 30
## de septiembre

# El lebrillo y la toalla

Respondió Jesús y le dijo: "Lo que yo hago, tú no lo comprendes ahora; mas lo entenderás después".

JUAN 13:7

Jesús es el Señor y el Maestro, pero lavó los pies de sus discípulos. Jesús no es simplemente un señor entre tantos; es el Rey de los reyes y el Señor de los señores. No es solo un maestro entre una legión de sabios; es el Maestro por excelencia, por la pureza de su carácter, por la excelencia de sus métodos y por la singularidad de su contenido. Jesús es el Señor que creó y gobierna el universo y el Maestro que nos reveló al propio Dios. Él es la verdad. Él es la luz. Pero ese Señor y Maestro no arrojó para sí grandes cosas. Por el contrario, aun siendo Dios, se hizo hombre; aun siendo Señor, se hizo siervo; aun siendo Santo, se hizo pecado. Se despojó de su gloria, vistió piel humana y se humilló hasta la muerte, y muerte de cruz. Cuando los discípulos, en el cenáculo, discutían sobre quién de ellos era el mayor en el reino de los cielos, Jesús se levantó, se ciñó con una toalla, puso agua en el lebrillo y lavó los pies de los discípulos. Después, volvió a la mesa y dijo: "Vosotros me llamáis Maestro, y Señor; y decís bien, porque lo soy" (v. 13). Jesús nos dio el ejemplo de que el lebrillo y la toalla son símbolos de su reino. Quien quiera ser grande debe ser siervo de todos. Aquellos que se humillan serán exaltados. En un mundo que valora tanto el poder y la fuerza, Jesús nos enseña que el lebrillo y la toalla se constituyen en las poderosas armas de aquellos que son verdaderamente grandes.

# 1

## de octubre

## ¡Cuidado con las deudas!

No debáis a nadie nada, sino el amaros unos a otros.

**ROMANOS 13:8A**

Millones de personas no pueden conciliar el sueño a causa de las deudas. Gastan más de lo que ganan y asumen compromisos que no pueden cumplir. Un dicho popular dice: "No ponga el sombrero donde su mano no alcanza". No es sensato firmar obligaciones que no podemos honrar. No es sabio entrar en deudas sin planear. Muchas familias viven perturbadas a causa de las deudas. Gastan más de lo que ganan, compran más de lo que pueden y mantienen un estilo de vida por encima de sus posesiones. Algunas personas no saben administrar sus recursos financieros ni se controlan cuando están frente a las apelaciones seductoras del comercio. Muchos individuos terminan enterrando sus finanzas en intereses altos, porque compran aquello que no necesitan, con el dinero que no tienen, para impresionar a personas que no conocen. Necesitamos poner en práctica una ética de cómo ganar el dinero y cómo invertirlo. No podemos gastar más de lo que ganamos ni todo lo que ganamos. Necesitamos hacer un ahorro de por lo menos el diez por ciento de lo que ganamos. No podemos comprar todo lo que deseamos. Hay una gran diferencia entre querer y necesitar. No es sabio comprar a plazos pagando altos intereses. No es sensato tomar prestado, sea del banco o de particulares, para comprar lo que es superfluo. Quien se enrola en deudas termina perdiendo sus bienes, su nombre y su paz. La Biblia dice que no debemos deber nada a nadie, excepto el amor.

# 2
## de octubre

# El nuevo mandamiento

Un mandamiento nuevo os doy: Que os améis unos a otros;
como yo os he amado, que también os améis unos a otros.

JUAN 13:34

E l mandamiento del amar al prójimo no era nuevo. ¿Por qué, entonces,
Jesús dice que está dando un nuevo mandamiento? Es porque ese mandamiento es profundamente diferente de la orden de amar al prójimo como
a sí mismo. Jesús cambió radicalmente la referencia de ese amor. No es amar
al prójimo de la misma forma que nos amamos a nosotros mismos. Es amar al
prójimo más de lo que nos amamos a nosotros mismos. Es amar al prójimo
sacrificialmente. Es amar como Cristo nos amó. Cristo nos amó y se entregó a
sí mismo por nosotros. Él nos amó y murió por nosotros. El amor es la marca
más visible del cristiano. Somos conocidos por el amor. No es amar solo de
palabra, sino de hecho y de verdad. Quien no ama no ha visto a Dios, porque
Dios es amor. Quien no ama al prójimo, a quien ve, no puede amar a Dios, a
quien no ve. Aquel que ama vive en la luz y ha pasado de muerte a vida. Ese
amor es la apologética final, el argumento definitivo, la prueba irrefutable de
que Dios habita en nosotros. Las virtudes cristianas como la esperanza y la fe
no necesitarán estar con nosotros en el cielo, pues allí tomaremos posesión definitiva del objetivo de ambas, pero el amor reinará para siempre, gobernando
nuestra relación con Dios y con los hermanos por toda la eternidad.

# 3

## de octubre

# Falta pan en la casa del pan

---

> Aconteció en los días que gobernaban los jueces, que hubo
> hambre en la tierra.
>
> RUT 1:1A

E ra el tiempo de los jueces, un período de inestabilidad política y apostasía religiosa. Belén de Judea, la casa del pan, fue visitada por el hambre y faltó pan en la casa del pan. La familia de Noemí, en lugar de enfrentar la crisis y esperar la visitación de Dios, se mudó de Belén a Moab, una tierra idólatra. Allí buscaban sobrevivir, pero encontraron la muerte. Allí murieron el marido de Noemí y sus dos hijos. Ella quedó sola, viuda, vieja, pobre y desamparada en tierra extranjera. La iglesia es la casa del pan. Muchas veces ha faltado pan en la iglesia. Los hornos están fríos, y los estantes, vacíos. Los hambrientos vienen, pero no encuentran pan en abundancia. Tenemos la receta del pan, pero no pan. Hablamos a los hambrientos que en el pasado hubo abundancia de pan, pero las memorias del pasado no pueden aliviar el dolor del hambre. La solución, sin embargo, no es salir de la casa del pan en los tiempos de crisis, sino buscar a Dios para que visite nuevamente a su pueblo. La huida a Moab tiene un precio muy alto. Moab tomará de usted su matrimonio, sus hijos, su vida. Salir de la iglesia hacia el mundo en busca de pan que satisfaga el alma es locura. Debemos orar para que Dios visite su casa, trayendo pan en abundancia para su pueblo. Cuando hubo un rumor en Moab de que Dios se acordó de su pueblo dándole pan, los pródigos volvieron a Belén, y no volvieron solos. Trajeron consigo aquellos que dijeron: "... tu pueblo será mi pueblo, y tu Dios será mi Dios" (v. 16).

# 4

# Hijos, herencia de Dios

He aquí, herencia de Jehová son los hijos; cosa de estima el fruto del vientre.

**SALMOS 127:3**

El salmo 127 dice que los hijos son herencia de Dios, tesoros preciosos que Dios confía a los padres para cuidarlos. Una herencia es algo que recibimos, y no que conquistamos por nuestro esfuerzo. Los hijos son regalos de Dios. Son dádivas de la gracia. Por otro lado, una herencia es recibida para ser cuidada y cultivada. No podemos desperdiciar una herencia. Los hijos necesitan recibir nuestro más extremado cuidado. Los padres cargan a los hijos en el corazón, en los brazos, en el bolsillo y en los sueños. Los padres deben enseñar a los hijos en el camino, siendo ejemplo en la jornada de la vida. Deben amar a Dios e inculcar en ellos la verdad. Deben criarlos en la disciplina y en la amonestación del Señor, buscando ganarlos para Cristo. Los padres deben ser convertidos a los hijos, separando tiempo para ellos y orando con ellos y por ellos. Los padres deben cuidar la vida física, emocional y espiritual de los hijos, sabiendo que esta es la mejor inversión y que sus hijos son el mejor de sus tesoros. Ningún éxito compensa el fracaso de los hijos. Ninguna riqueza es más preciosa que los hijos. Los hijos son regalos de Dios, la herencia de Dios, el galardón de Dios, el motivo de la alegría de los padres.

# 5

## de octubre

# Discerniendo entre el bien y el mal

Da, pues, a tu siervo corazón entendido para juzgar a tu pueblo, y para discernir entre lo bueno y lo malo…

1 Reyes 3:9a

Salomón, hijo de David, ora a Dios pidiendo comprensión para juzgar al pueblo sobre el cual había sido constituido rey. Salomón no pide riqueza ni poder, sino sabiduría y discernimiento. Un corazón comprensivo significa, literalmente, un corazón que sabe oír, y oír con el discernimiento que viene de Dios. Salomón le pide a Dios discernimiento para distinguir entre el bien y el mal. No siempre es fácil distinguir entre el bien y el mal. No pocas veces el mal viene maquillado, con una linda máscara, alardeando de ser la quintaesencia del bien. Es común ver el mal desfilando airosamente en la pasarela, como si fuera el bien. A veces, el mal muestra su ceño fruncido, pero también hay épocas en las que esconde su identidad. Necesitamos discernimiento para que no seamos engañados por su seducción. El pecado tiene muchos atractivos. Ofrece placeres y muchas ventajas inmediatas. Pero cobra un alto precio a aquellos que se adhieren a sus propuestas. Muchos pagan con la propia vida las ofertas del pecado. Solo aquellos que son gobernados por la sabiduría que viene de lo alto y que son regidos por el discernimiento espiritual pueden distinguir entre lo santo y lo profano, entre lo correcto y lo errado, entre el bien y el mal.

# 6
## de octubre

# El poder de Jesús
# sobre los demonios

Y cuando Jesús vio que la multitud se agolpaba, reprendió al espíritu inmundo, diciéndole: Espíritu mudo y sordo, yo te mando, sal de él, y no entres más en él.

**MARCOS 9:25**

Jesús había acabado de dejar el monte de la Transfiguración. Pedro, Santiago y Juan subieron con Él, pero se durmieron en lugar de orar. Los otros discípulos, que se quedaron en la falda de la montaña, discutían con los escribas en lugar de orar y hacer la obra de Dios. Por eso, estaban vacíos de poder. Los discípulos que subieron al monte vieron milagros, pero estaban desprovistos de entendimiento. Los discípulos que se quedaron en la falda de la montaña, discutían con los doctores, pero estaban desprovistos de poder. En ese ínterin, un padre afligido le presentó su hijo único a los discípulos, poseído por una clase de demonios que lo arrojaban a la tierra, en el agua y en el fuego para matarlo, y eso desde la infancia. Los discípulos, sin embargo, no podían sanar al muchacho. Mientras ellos discutían, el diablo actuaba. Mientras estaban sin poder, una acción maligna actuaba sin ser confrontada. Aquella situación de impotencia de los discípulos producía desespero en el padre del chico poseído y dolor en el corazón de Jesús, que exclamó: "¡Oh generación incrédula! ¿Hasta cuándo he de estar con vosotros?" (v. 19). Jesús reprendió al espíritu maligno: "Sal de él, y no entres más en él". El muchacho quedó libre y el padre, aliviado. Jesús vino al mundo para liberar a los cautivos y deshacer las obras del diablo. Él también puede abrir las puertas de la libertad para su alma.

# 7
de octubre

## La bendición de los hijos

He aquí, herencia de Jehová son los hijos; cosa de estima el fruto del vientre. Como saetas en mano del valiente, así son los hijos habidos en la juventud.

**SALMOS 127:3-4**

Los hijos no son un peso, sino una bendición de Dios. Son la alegría de los padres y la continuación de su historia en la tierra. Los versículos mencionados trazan algunas figuras importantes. Primero, los hijos son la herencia de Dios para los padres. Nuestra herencia no es una moneda de cambio, sino nuestros hijos. No son cosas, sino personas. No son personas extrañas, sino nuestros propios descendientes. Segundo, los hijos son la recompensa de Dios para los padres. Son el galardón de Dios para los padres. Una familia sin hijos pierde la continuidad en la historia. Los hijos vienen como regalo y galardón de Dios. Tercero, los hijos son instrumentos en las manos de Dios. Son como flechas en la mano del guerrero. Esa figura nos sugiere tres hechos: un guerrero carga sus flechas; un guerrero lanza sus flechas lejos; un guerrero no desperdicia sus flechas, sino que las arroja a un objetivo correcto. Los padres cargan a los hijos en la mente, en los sueños, en los bolsillos, en los brazos. Son sus proveedores. No crían a los hijos para sí mismos. Nos preparan para la vida. Nos arrojan en la dirección de la voluntad de Dios. Los padres no desperdician a sus hijos, sino que los equipan para que cumplan los sueños de Dios. Felices son los padres que así proceden. Felices son los hijos cuyos padres así actúan. Feliz es la iglesia que recibe a esos padres e hijos. Feliz es la nación que abriga en su seno hospitalario a familias de esa índole.

# 8
## de octubre

# Una mujer a los pies del salvador

… María ha escogido la buena parte, la cual no le será quitada.

LUCAS 10:42B

María era hermana de Marta y Lázaro. Su biografía es corta, pero su influencia es extensa. Ella aparece solo tres veces en los evangelios; sin embargo, en las tres veces está sentada a los pies de Jesús. La primera vez, está a los pies de Jesús para aprender. Marta, su hermana, corría agitada de un lado para el otro, sirviendo. En ese trajín, pide que Jesús le diga a María que le ayude, pero Jesús le dijo: "Marta, Marta, afanada y turbada estás con muchas cosas. Pero solo una cosa es necesaria; y María ha escogido la buena parte, la cual no le será quitada" (vv. 41-42). La segunda vez en la que María aparece es a los pies de Jesús para llorar. Su hermano Lázaro había muerto y estaba sepultado, y ella arroja sus lágrimas a los pies del Salvador. Jesús llora y en seguida resucita a su hermano. La tercera vez en la que María aparece en el relato de los evangelios, está a los pies de Jesús para agradecer, cuando derrama sobre sus pies un perfume costoso. Aunque censurada por los discípulos de Jesús, ella recibió la aprobación del Maestro. María fue una mujer que vivió a los pies del Salvador para aprender, llorar y agradecer. Aún hoy, este es el mejor lugar para que estemos. A los pies de Jesús, encontramos la más avanzada universidad de la vida. A los pies de Jesús, encontramos una fuente de consuelo. A los pies de Jesús, debemos erigir el altar de la gratitud.

# 9
## de octubre

## La presencia constante de Jesús

> … he aquí yo estoy con vosotros todos los días, hasta el fin del mundo.
>
> MATEO 28:20B

Jesús nació en un pesebre, creció en una carpintería y murió en una cruz, pero dejó su tumba vacía. Antes de retornar al cielo, prometió a los discípulos que estaría con ellos hasta el día final. Este mundo es hostil a los hijos de Dios, pero no debemos temer, pues no estamos solos. Jesús está con nosotros. Su presencia es refugio en el día de la angustia y torre fuerte en la hora de la tribulación. Pasamos por desiertos ardientes, cruzamos valles oscuros, subimos montañas escarpadas y descendemos laderas escurridizas, pero no debemos tener miedo, pues Jesús nos ampara con su brazo fuerte. El camino cristiano no es como un paseo por un jardín engalanado de flores, sino una jornada por calles llenas de espinos. No vivimos en un parque de diversiones, sino en un campo de batallas. No estamos incólumes a las vicisitudes de la vida, sino que afrontamos las tribulaciones más amargas. No obstante, en todos los lugares y circunstancias podemos contar con la presencia de Jesús, que nunca desampara a aquellos que esperan en Él. Aunque caminemos por el valle de la sombra de la muerte, no debemos tener miedo alguno, pues el Señor está con nosotros. Aunque las aguas del mar de la vida intenten, con sus oleadas furiosas, hundirnos, podemos tener la confianza de que el Señor nos tomará de la mano y nos conducirá en seguridad al puerto seguro de la eternidad.

# 10
## de octubre

# La felicidad de los que lloran

Bienaventurados los que lloran, porque ellos recibirán consolación.

**MATEO 5:4**

El llanto es el resultado del dolor y de la tristeza. La vida es un valle de lágrimas. Entramos en el mundo llorando, caminamos por la vida con los ojos mojados de lágrimas, y la mayoría de nosotros nos despedimos de la vida bajo la égida de las lágrimas. Preferimos la alegría postiza al llanto genuino. El mundo valora la risa fútil, la carcajada torpe, los chistes maliciosos, pero Jesús choca nuestra sensibilidad poniendo las cosas patas arriba, de piernas arriba, al afirmar que son felices los que lloran, porque ellos serán consolados. Jesús habla sobre un llanto herido, como el llanto del luto. ¿Qué tipo de llanto puede dar a luz la felicidad? ¡Es el llanto por el pecado! ¡Es el llanto del arrepentimiento! Es el llanto de aquellos que reconocen sus maldades y buscan desesperadamente el perdón de Dios. La felicidad no nace de las carcajadas fútiles, sino del llanto profundo; no de la risa llena de malicia, sino de las lágrimas de contrición. No son felices aquellos que se exaltan a sí mismos, sino aquellos que se rinden, quebrantados, conscientes de sus pecados. No son felices aquellos que reclaman sus derechos, sino aquellos que ruegan por misericordia. Estos serán consolados. Estos recibirán la fiesta del perdón y se alegrarán en el banquete de la reconciliación.

# 11

## de octubre

# Dios, el fundamento de nuestra fe

---

Y sin fe es imposible agradar a Dios; porque es necesario que el
que se acerca a Dios crea que Él existe...

**HEBREOS 11:6A** - LBLA

Con frecuencia escucho la pregunta: "¿Si Dios es el Creador de todas las
cosas, quién creó a Dios?". No falta quien afirme que Dios es una creación del hombre. ¿Será eso verdad? Si el hombre vino del polvo, es polvo y
volverá al polvo que creó Dios, ¿cuál es el tamaño de ese Dios? La verdad
irrefutable es que Dios no fue creado, sino que existe desde toda la eternidad.
Él es autoexistente, eterno, inmenso, infinito, inmutable, omnipotente, om-
nisciente, omnipresente, trascendente, soberano. Es el Creador, el sustentador
y gobernador del universo. Dios no necesitaba crear el universo para ser Dios
ni deriva su gloria de él. Es glorioso en sí mismo, perfecto en sí mismo, feliz en
sí mismo. No descubrimos a Dios por medio de las elucubraciones de nuestra
mente ni por la meditación trascendental. Fue Dios quien se reveló a nosotros. Se reveló por medio de la creación y también en su Palabra. Se reveló en
nuestra conciencia y sobre todo en su Hijo. Dios es el fundamento de nuestra
fe. Es la razón de nuestra vida. Él es nuestro Creador, nuestro proveedor, protector, consolador y redentor. Es nuestro refugio y nuestra esperanza. Es torre
fuerte en el día de la angustia y rocío en las noches oscuras del alma. Dios es
nuestra paz, nuestra herencia, nuestra recompensa; es el mayor bien que poseemos en la tierra y nuestra incomparable herencia en el cielo.

# 12
## de octubre

# La creación,
# una verdad espléndida

En el principio creó Dios los cielos y la tierra.

GÉNESIS 1:1

L a ciencia prueba que el universo está constituido de materia y energía. Prueba también que el universo está gobernado por leyes. Materia y energía no crean leyes. Luego, si el universo es gobernado por leyes, alguien fuera del universo creó esas leyes, toda vez que las leyes no se crean solas. Aquellos que defienden que el universo surgió espontáneamente o vino a la existencia mediante una explosión cósmica, o aun por un proceso de evolución de millones y millones de años, se quedan sin respuesta frente a este hecho incontrovertible. Como la vida procede de la vida, el mundo no pudo haber surgido espontáneamente. Una explosión cósmica no pudo producir un universo con movimientos y leyes tan precisas. Una evolución de millones y millones de años no explica el hecho de que todos los seres vivos sean genéticamente programados. Sería más fácil creer que millones de letras lanzadas al azar al espacio cayeran en el suelo en la forma de una enciclopedia que creer que una explosión dio origen al universo. Sería más fácil creer que un ratón corriendo desordenadamente sobre las teclas de un piano tocara "Claro de Luna" que creer que este universo tan vasto y tan complejo surgió espontáneamente o fue producto de una evolución de las especies. La verdad antigua, actual y eterna es que en el principio creó Dios los cielos y la tierra. Lo que sea más de eso es mera conjetura.

# 13

## de octubre

# No rasgue sus vestidos, rasgue su corazón

Rasgad vuestro corazón, y no vuestros vestidos.

JOEL 2:13A

El pueblo hebreo manifestaba su profunda tristeza rasgando sus vestidos. Era señal de pesar y prueba de verdadero quebrantamiento. Con el pasar del tiempo, las personas continuaron con esta práctica, pero sin el sentimiento correspondiente. Rasgar los vestidos llegó a ser simplemente un acto escénico, sin ninguna sinceridad frente a Dios. Era una muestra de quebrantamiento delante de los hombres, sin ningún arrepentimiento delante de Dios. Llegó a ser un espectáculo, un teatro, una actuación para impresionar a las personas. Se hizo consumada hipocresía. El profeta Joel alertó al pueblo de Israel a rasgar su corazón, y no los vestidos. No sirve de nada hacer un espectáculo frente a los hombres, con gestos profundos, emociones abundantes y palabras piadosas. Dios no se impresiona con nuestro desempeño exterior. Él ve el corazón y busca la verdad en lo íntimo. Dios no se satisface con palabras vacías y gestos exteriores. No acepta una espiritualidad solo de apariencia. Él repudia el fariseísmo y no tolera la hipocresía. Aquellos que intentan justificarse delante de los hombres e impresionar a Dios rasgando sus vestidos se engañan a sí mismos. La falsa modestia es orgullo consumado. La espiritualidad farisea no pasa de tonta vanidad. No son aquellos que rasgan sus vestidos los que son recibidos por Dios, sino los que rasgan su corazón.

# 14
## de octubre

# Hijos que honran a los padres

Hijos, obedeced en el Señor a vuestros padres, porque esto
es justo.

**EFESIOS 6:1**

El quinto mandamiento de la ley de Dios ordena que los hijos honren a
los padres. Este, en verdad, es el primer mandamiento con promesa. Los
hijos que honran a los padres reciben de Dios dos preciosas promesas: vida
larga y prosperidad. Lo contrario también es verdad: los hijos que deshonran
a los padres acortan sus días sobre la tierra y hacen provisión para el desastre.
Ningún hijo puede tener una relación correcta con Dios si deshonra a padre y
madre. Los hijos honran a los padres cuando los respetan y les obedecen en el
temor de Dios. Los hijos honran a los padres cuando siguen sus consejos y se
pautan por los principios cristianos aprendidos en el hogar. Los hijos honran
a los padres cuando buscan sabia orientación de ellos para sus decisiones en la
vida. Los hijos honran a los padres cuando son convertidos a ellos. Los hijos
honran a los padres cuando cuidan de ellos en la vejez. Una de las señales
de decadencia de la sociedad es la desobediencia de los hijos a los padres. La
rebeldía es como el pecado de adivinación; es algo abominable a los ojos de
Dios. Por eso, los hijos rebeldes son la tristeza de los padres, pero los hijos obe-
dientes son su deleite. Hijos bienaventurados en el tiempo y en la eternidad
son aquellos que honran a padre y madre. Honran por la obediencia; honran
por el amor demostrado; honran por el cuidado protector.

# 15
## de octubre

# El sabor del pan del cielo

Cuando ayunéis, no seáis austeros, como los hipócritas...

**MATEO 6:16A**

El ayuno es una práctica antigua y se encuentra en las mayores religiones del mundo. El ayuno es una disciplina espiritual muy importante. Por medio del ayuno, nos humillamos delante de Dios y somos fortalecidos por Él. Ayunamos cuando nos abstenemos de aquello que nos es importante para buscar aquello que nos es esencial. Jesús dijo que no solo de pan vivirá el hombre, sino de toda la palabra que sale de la boca del Señor. El ayuno es el banquete de Dios, la provisión del cielo para el fortalecimiento del alma. El ayuno no es penitencia. Es abstinencia temporal del pan de la tierra, para alimentarnos del pan del cielo. Ayuno es hambre de Dios; es nostalgia del cielo. Infelizmente el ayuno ha sido ignorado en la iglesia contemporánea porque hemos perdido el sabor del pan del cielo. Estamos tan acostumbrados con el sabor del pan de la tierra que hemos olvidado el sabor del pan del cielo. Mientras aguzamos el paladar con los diversos sabores de la provisión de la tierra, perdemos el hambre por las cosas de lo alto. Con eso no estamos diciendo que la provisión de la tierra sea mala. No, ella es buena. Entonces, ¿cuál es la diferencia entre comer y ayunar, si comemos y ayunamos para la gloria de Dios? Es que, cuando comemos, nos alimentamos del pan de la tierra, símbolo del pan del cielo; pero, cuando ayunamos, no nos alimentamos del símbolo, sino de Jesús, la misma esencia del pan del cielo. ¿Cómo anda su paladar por el pan del cielo?

# 16

## de octubre

# Tan grande salvación

Porque por gracia sois salvos por medio de la fe; y esto no de vosotros, pues es don de Dios; no por obras, para que nadie se gloríe.

**EFESIOS 2:8-9**

La salvación tiene una causa meritoria y una causa instrumental. La causa meritoria es la gracia, pues expresa la obra realizada por Cristo en la cruz; la causa instrumental es la fe, pues nos apropiamos de la salvación por la gracia mediante la fe. No somos salvos por causa de la fe, sino mediante la fe. Tres verdades pueden ser destacadas acerca de la salvación: 1) Su causa: la gracia; 2) Su instrumento: la fe; 3) Su consecuencia: las buenas obras. Somos salvos por la gracia, mediante la fe para las buenas obras. No somos salvos por las obras que hacemos para Dios, sino por la obra que Cristo hizo por nosotros en la cruz. No practicamos las buenas obras para ser aceptados por Dios, sino para evidenciar nuestra aceptación por la gracia. Las buenas obras no son la causa de la salvación, sino su resultado. Fuimos salvos para las buenas obras, y no por causa de ellas. Gracia, fe y buenas obras constituyen la tripleta de nuestra salvación. Las tres son realizadas por el mismo Dios, pues la gracia, la fe y las buenas obras son operaciones de Dios en nosotros y por nosotros. La salvación no es un camino que abrimos de la tierra hacia el cielo. No es una medalla de honra al mérito que recibiremos en el día del juicio. Es una obra exclusiva de Dios. Todo proviene de Dios. Es Dios quien opera en nosotros tanto el querer como el hacer.

# 17

## de octubre

# Restaurando el fervor espiritual

Yo conozco tus obras, que ni eres frío ni caliente. ¡Ojalá fueses
frío o caliente!

 APOCALIPSIS 3:15

La iglesia de Laodicea, en Asia Menor, era rica y sin necesidad. Se miraba
en el espejo y se daba la nota máxima. Sin embargo, cuando pasó por
el escrutinio de Jesús, fue reprobada. Lo único bueno que había en aquella
iglesia era la opinión que tenía de sí misma y, aun así, era una opinión falsa.
Jesús dijo que estaba a punto de vomitarlos de su boca por ser aquella comunidad una iglesia tibia. La falta de fervor espiritual provoca náuseas en Jesús.
Un cristiano no puede ser apático, insulso y tibio. La tibieza espiritual es una
tragedia, pues, además de no saciar la sed de las personas a nuestro alrededor,
también provoca enojo en el Hijo de Dios. La iglesia de Laodicea recibió solo
censuras, y ningún elogio de Jesús. Esa iglesia, sin embargo, no fue acusada
de herejía ni de inmoralidad. Era una iglesia ortodoxa, ética y próspera. No
toleraba falsas doctrinas. No había escándalos entre sus miembros. No había
pobreza en su membrecía. La iglesia vivía en paz aun en tiempo en que la persecución se esparcía por el mundo. Tal vez usted y yo nos sintiéramos orgullo-
sos de ser miembros de una iglesia así. Pero Jesús identifica en esa iglesia falta
de fervor. Las cosas sucedían en la iglesia, pero Jesús estaba afuera. La iglesia
estaba feliz consigo misma, pero provocaba gran sufrimiento al Hijo de Dios.
La iglesia tenía mucho de la tierra, pero le faltaba el fervor venido del cielo.

# 18
## de octubre

# El peligro de perder el enfoque

... pero una cosa hago: olvidando ciertamente lo que queda atrás, y extendiéndome a lo que está delante, prosigo a la meta...

FILIPENSES 3:13B-14A

E l apóstol Pablo les dijo a los creyentes de Filipos que estaba enteramente comprometido con el proyecto de Dios en su vida. Tenía un objetivo y hacia allí avanzaba. Somos como un corredor en las olimpiadas. No podemos distraernos con los aplausos o con las rechiflas del público. Debemos mantener los ojos fijos en el objetivo. Un día, los enemigos de Jerusalén, que se oponían a la reconstrucción de la ciudad de David, invitaron a Nehemías, el gobernador, para sentarse con él a la mesa. Querían distraer a Nehemías y paralizar la obra, pero Nehemías respondió que estaba realizando una gran obra y no podía parar. Nehemías no perdió tiempo discutiendo con los enemigos; él invirtió todo el tiempo en la obra. No perdió el enfoque. Cierto día, David llegó al campo de batalla, y los soldados de Saúl estaban huyendo de Goliat. El joven pastor resolvió enfrentar al temido gigante. Su hermano mayor le lanzó amargas críticas. David, sin embargo, no perdió tiempo con su hermano. Se apartó de él y continuó firme en su propósito de vencer al gigante. David no perdió el enfoque. Los discípulos de Jesús, en cierta ocasión, fueron abordados por un padre afligido, cuyo hijo estaba poseído por cierta clase de demonios. Ese padre les rogó a los discípulos que lo sanaran, pero ellos no pudieron. No pudieron porque estaban discutiendo con los escribas, los enemigos de Jesús. En lugar de hacer la obra, estaban discutiendo acerca de la obra. Por haber perdido el enfoque, provocaron decepción en un padre afligido y gran tristeza en Jesús.

# 19
## de octubre

## Una mujer muy especial

Mujer virtuosa, ¿quién la hallará? Porque su estima sobrepasa largamente a la de las piedras preciosas.

PROVERBIOS 31:10

El libro de Proverbios habla sobre una mujer muy especial, conocida como la mujer virtuosa. Ella mantenía una relación correcta con su marido, que confiaba en ella; ella le hacía bien todos los días de su vida; y él la elogiaba públicamente. También mantenía una relación correcta con sus hijos, pues traía en los labios palabras de sabiduría y bondad, y sus hijos se levantaban para llamarla mujer feliz. Aquella mujer mantenía además una relación correcta con el prójimo. Aunque era una empresaria con muchos compromisos y también atendía el buen desarrollo de su casa, no se olvidaba de los pobres ni retiraba su mano de los necesitados. Esta mujer se vestía con elegancia y buen gusto, sabía que la gracia es engañosa y vana la hermosura, pero la mujer que teme al Señor, esa será alabada. Más importante que todo, la mujer virtuosa mantenía una relación de intimidad con Dios. Ella temía al Señor, y la fuerza y la dignidad eran sus vestidos. La biografía de aquella mujer puede ser resumida así: ella es alabada por su marido, por los hijos, por sus obras y por el mismo Dios. De hecho, una mujer muy especial. ¿Usted quiere imitarla?

# 20
## de octubre

# Los torrentes del cielo están llegando

> … Yo veo una pequeña nube como la palma de la mano de un hombre, que sube del mar…
>
> 1 REYES 18:44B

El profeta Elías fue levantado por Dios en un tiempo de extrema crisis. La política era comandada por Acab, el peor rey de Israel. La economía estaba en colapso, pues no llovía sobre la tierra. La religión estaba en decadencia, pues el pueblo se dividía entre el Dios vivo y Baal, un ídolo pagano. Elías confrontó al rey por su perversidad; al pueblo, por su inestabilidad espiritual; y a los profetas de Baal, por su ceguera. Fuego de Dios cayó del cielo, y el pueblo cayó de rodillas en la presencia de Dios. Después de eliminar estos mensajeros de la herejía, Elías subió a la cumbre del monte Carmelo con el propósito de buscar en Dios un tiempo de restauración para la nación. Sucedieron cinco cosas: Primera, Elías oyó el ruido de abundantes lluvias; segunda, Elías se postró delante de Dios; tercera, Elías oró perseverantemente; cuarta, Elías buscó una señal de Dios; quinta, Elías creyó que una nube del tamaño de la palma de la mano era la garantía de los torrentes del cielo. Después de tres años y medio de sequía, Dios derramó copiosas lluvias, y la tierra floreció y dio sus frutos. Hoy vemos señales de crisis por todos los lados. La crisis se hizo endémica y sistémica, y enfiló sus garras mortíferas en la política, en la religión y en la familia. Necesitamos nuevos Elías que tengan coraje de confrontar a los poderosos de este siglo, autoridad para exhortar al pueblo y poder para triunfar sobre las huestes del mal. Solo entonces los torrentes del cielo vendrán sobre nosotros trayendo restauración.

# 21
## de octubre

# La violencia urbana, una amarga realidad

¿Hasta cuándo, oh Jehová, clamaré, y no oirás; y daré voces a ti a causa de la violencia, y no salvarás?

HABACUC 1:2

La mayor preocupación del brasileño es la seguridad pública. Tenemos miedo de balas perdidas, del secuestro, del asalto y del robo. Nuestras ciudades se están transformando en campos de sangre, y nuestras calles, en trincheras de guerra. El aumento del consumo de alcohol y drogas pesadas ha sido una pesadilla para las familias. Perdemos todos los años millares de personas por el tráfico, y millones de jóvenes entierran su futuro en la cueva de ese vicio degradante. El resultado es que la violencia urbana alcanza niveles insostenibles. Nos sentimos inseguros hasta dentro de la casa. A la luz del día, asaltos, secuestros y asesinatos ocurren por asuntos fútiles. El tránsito de los grandes centros urbanos, además de congestionado, parece más un barril de pólvora. Las personas andan con los nervios a flor de piel. Discuten, pelean y matan por cuestiones banales. La represión de la ley no es suficiente para frenar ese impulso de violencia. No bastan las restricciones externas; es necesario un cambio interno. Solamente Jesús puede transformar el corazón, pacificar el alma y darle al hombre dominio propio y control emocional. La única esperanza para la familia y para la sociedad es Jesús. Solo Él puede dar vida y vida en abundancia.

# 22
## de octubre

# El cuerpo de la resurrección

Porque es necesario que esto corruptible se vista de incorrupción, y esto mortal se vista de inmortalidad.

1 CORINTIOS 15:53

Los griegos no creían en la resurrección del cuerpo. Eran dualistas y defendían que la materia es esencialmente mala, y el espíritu, esencialmente bueno. Siendo el cuerpo materia, y esencialmente malo, juzgaban que no pasaba de ser una prisión para el alma. Cuando Pablo predicó sobre la resurrección en la ciudad de Atenas, algunos lo escarnecieron. Sin embargo, la resurrección de Cristo es la piedra angular del cristianismo. Un Cristo muerto no podría ser nuestro redentor. Si Cristo no resucitó, entonces fue vencido por la muerte, y la muerte tiene la última palabra. Pero Cristo resucitó como las primicias de aquellos que duermen. La muerte fue sorbida en victoria. La tumba vacía de Cristo es la cuna de la iglesia. Porque Cristo resucitó, nosotros también recibiremos el último día un cuerpo inmortal, incorruptible, poderoso, glorioso, espiritual y celestial. Recibiremos un cuerpo semejante al cuerpo de la gloria de Cristo. El cuerpo de la resurrección no enfrentará cansancio ni fatiga; no será golpeado por la enfermedad ni caerá frente a la muerte. Disfrutaremos para siempre de las venturas eternas que Cristo preparó y reinaremos con Él por los siglos de los siglos. No caminamos hacia un atardecer lleno de sombras, sino hacia la mañana gloriosa de la resurrección. ¡Lo mejor está por venir!

# 23
## de octubre

# La obediencia,
# el banquete de la felicidad

Honra a tu padre y a tu madre, que es el primer mandamiento
con promesa; para que te vaya bien, y seas de larga vida sobre
la tierra.

**EFESIOS 6:2-3**

Vivimos hoy el drama de padres matando a los hijos e hijos asesinando
a los padres. Hay una guerra dentro de la familia. Como dijo Jesús, los
enemigos del hombre son los de su propia casa. La Palabra de Dios, sin embargo, dice que los hijos que honran a padre y madre reciben dos promesas
especiales de Dios: vida larga y vida feliz. La felicidad es el resultado de la obediencia. Ningún hijo construye su felicidad sobre el cimiento de la rebeldía.
Los hijos que desobedecen a los padres cosechan infortunio. Los hijos que
deshonran a los padres cosechan tragedias. Muchos hijos acortan sus días en la
tierra porque siguen por el camino escurridizo de la desobediencia, se involu-
cran con amistades perniciosas y frecuentan lugares peligrosos. Muchos hijos
se hunden en el pantano del desespero y son el disgusto de sus padres porque
tapan sus oídos para escuchar los consejos de sus progenitores. Hijos obedien-
tes son hijos felices. Hijos que honran a los padres son hijos que dilatan sus
días en la tierra. Hijos que obedecen a los padres son hijos que experimentan
la verdadera felicidad. La felicidad está en el banquete de la obediencia, no en
los balcones de la rebeldía.

# 24
## de octubre

# El origen del universo

En el principio creó Dios los cielos y la tierra.

GÉNESIS 1:1

Desde que Charles Darwin publicó en Londres, en 1859, la obra *El origen de las especies*[7], la teoría de la evolución se hizo una creencia cada vez más popular. Muchos confunden la teoría de la evolución con las verdades científicas. Existen quienes piensan que el universo vino a la existencia por generación espontánea. Otros entienden que el universo es resultado de una colosal explosión. Otros aún defienden que el universo resulta de una evolución de millones y billones de años. Falta en estas teorías la evidencia de las pruebas. Sabemos que el universo está compuesto de materia y energía; eso prueba la ciencia. Sabemos que el universo es gobernado por leyes; eso prueba la ciencia. Sabemos que materia y energía no generan leyes; eso prueba la ciencia. Entonces, alguien fuera del universo creó esas leyes que gobiernan el universo. El creacionismo tiene la evidencia de las pruebas. El relato de la creación, de acuerdo como está registrado en Génesis 1 y 2, está en estrecha sintonía con los dictámenes de la ciencia. El mismo autor de la creación es el autor de las Escrituras. Aunque hay sobradas evidencias del creacionismo, comprobadas por la ciencia, creemos por la fe que Dios creó el universo. Antes del inicio, solo existía Dios. La materia no es eterna. Dios trajo a la existencia las cosas que no existían. De la nada, Él creó todo, sustenta todo y gobierna todo.

# 25

de octubre

## Una visita en el cementerio

Vienen a Jesús, y ven al que había sido atormentado del demonio, y que había tenido la legión, sentado, vestido y en su juicio cabal; y tuvieron miedo.

**MARCOS 5:15**

E ra de noche. Una tempestad había alcanzado el barco que transportaba a Jesús y sus discípulos. El Maestro reprendió la tempestad y calmó a los discípulos. A continuación, ellos desembarcaron en tierra de los gadarenos, en un despeñadero dentro de un cementerio. De los sepulcros surgió un hombre desnudo, poseído, furioso, violento, sangrando, gritando sin parar. La situación era horrenda. El hombre era un aborto vivo, un espectro humano. Jesús hizo ese peligroso viaje por causa de ese abandonado por la familia. Había dentro de aquel hombre una legión de demonios. Legión era una corporación de seis mil soldados romanos. Dentro de un único individuo, había seis mil demonios. Jesús lo libera de esos espíritus malignos, sana su mente, salva su vida y lo transforma en un misionero para su gente. Aún hoy, Jesús libera a los cautivos, levanta a los caídos, sana a los enfermos y salva a los pecadores. Hay esperanza para aquellos que están arruinados emocionalmente. Hay libertad para aquellos que están en las prisiones del pecado y atormentados por los demonios. Jesús vino al mundo para deshacer las obras del diablo y proclamar libertad a los cautivos. En Jesús hay copiosa redención. Él es la fuente de vida, el Salvador del mundo.

# 26
## de octubre

# Andando sobre las olas

Mas a la cuarta vigilia de la noche, Jesús vino a ellos andando sobre el mar.

**MATEO 14:25**

Los discípulos de Cristo estaban en el epicentro de una grave crisis. Atravesaban el mar de Galilea cuando fueron tomados de sorpresa por una terrible tempestad. Los vientos eran contrarios y el barco que los transportaba era arrojado de un lado para el otro, sin dirección. Ya pasaban de las 3 horas de la madrugada, y la situación solo empeoraba. Los esfuerzos humanos eran inútiles y la ayuda divina parecía muy demorada. Fue en ese momento que un relámpago atravesó los cielos y los discípulos vieron a alguien caminando sobre las olas. Quedaron aterrados de miedo y gritaron: "¡Fantasma!" (v. 26). Jesús, sin embargo, les dijo: "¡Tened ánimo; yo soy, no temáis!" (v. 27). ¿Por qué Jesús fue al encuentro de los discípulos de forma tan inusual? Ciertamente para mostrarles que aquello que los amenazaba estaba literalmente debajo de sus pies. Jesús es mayor que nuestros problemas. Aquello que conspira contra nosotros está bajo su control. Las circunstancias que nos intimidan están debajo de sus pies. Jesús es mayor que nuestro dolor. Aun si nuestro pecho es golpeado por un sufrimiento avasallador, Él es poderoso para consolarnos. Él es nuestro refugio en la tribulación. En la tempestad, tenemos en Jesús un ancla firme, un puerto seguro. Podemos triunfar sobre el miedo cuando tenemos la conciencia de que Jesús está presente. Jamás desampara a aquellos que esperan en Él. ¡Siempre viene a nuestro encuentro, aunque sea la cuarta vigilia de la noche!

# 27
## de octubre

# La depresión,
# la noche oscura del alma

¿Hasta cuándo pondré consejos en mi alma, con tristezas en mi corazón cada día...?

**SALMOS 13:2A**

Andrew Solomon, en su libro *El demonio de mediodía*[8], dice que la depresión es la principal causa de suicidio en el mundo y la causa primaria de muchas enfermedades graves. La depresión es como un parásito que roba nuestras esperanzas y aplasta nuestros sueños. Es la noche oscura del alma. Alcanza más del diez por ciento de la población. Es una enfermedad que necesita ser correctamente diagnosticada y adecuadamente tratada. Muchas personas han confundido depresión con acción demoniaca o hasta con algún pecado no confesado. Es necesario afirmar que un individuo lleno del Espíritu Santo puede estar deprimido, así como una persona fiel a Dios puede contraer cáncer. El profeta Elías lidió con ese drama. Después de estupendas victorias espirituales, entró a una caverna y deseó morir. Miró la vida con ojos empañados y pensó que era el único creyente sobreviviente. Miró la vida con los lentes del retrovisor y juzgó que su ministerio había acabado. Por eso, pidió para sí la muerte. Dios trató con Elías y lo restauró de su crisis depresiva. Le devolvió la salud emocional y el ministerio. Dios también puede sacar su alma de la cárcel y curarlo de la depresión. No arroje la toalla, no entregue los puntos, no desista de luchar. ¡El sol volverá a brillar!

# 28
## de octubre

# La contemplación de Cristo

Cuando le vi, caí como muerto a sus pies. Y él puso su diestra sobre mí, diciéndome: No temas; yo soy el primero y el último.

APOCALIPSIS 1:17

Los tiempos sombríos de la persecución habían llegado desde que Nerón asumiera el trono como emperador de Roma en el 54 d.C. Diez años después, el mismo Nerón puso fuego en la capital del imperio y lanzó sobre los cristianos la culpa de ese grave delito. En aquel tiempo, los cristianos pasaron a ser quemados vivos en estacas. Tito Vespasiano, que deportó a los judíos en el año 70 d.C., también inauguró el Coliseo romano, entregando a diez mil cristianos a la muerte en la fiesta de inauguración de esa arena de suplicio. Años más tarde, en la época del emperador Domiciano, el apóstol Juan fue deportado a la isla de Patmos. Era el último representante del colegio apostólico. Todos los otros ya habían muerto por las vías del martirio. En aquella isla volcánica, Dios abrió una puerta del cielo para Juan y le mostró las cosas que debían suceder en el transcurso de la historia. Más que eso, el propio Cristo de la gloria se apareció a Juan. No era más el Cristo maltratado y golpeado del viernes de la pasión, sino el Cristo glorificado. Su cabeza era blanca como la nieve, sus ojos se asemejaban a llamas de fuego y sus pies parecían de bronce pulido. Su voz era como de muchas aguas, y su rostro brillaba como el sol en todo su fulgor. Juan cayó a los pies de Cristo, pero el Señor lo levantó, diciendo: "No temas; yo soy el primero y el último; y el que vivo, y estuve muerto; mas he aquí que vivo por los siglos de los siglos" (vv. 17b-18a). La contemplación de Cristo, por los ojos de la fe, todavía puede restaurar su alma.

# 29

de octubre

## Continúe esperando un milagro

> Aconteció que al cumplirse el tiempo, después de haber concebido Ana, dio a luz un hijo, y le puso por nombre Samuel, diciendo: "Por cuanto lo pedí a Jehová".
>
> 1 SAMUEL 1:20

Ana era estéril, pero tenía el sueño de ser madre. Su esposo la amaba, pero su rival la provocaba excesivamente para irritarla. Elcana, su marido, un día le aconsejó desistir de este sueño, pero Ana no renunció. Continuó resuelta en la expectativa del milagro. En otra ocasión, al verla orando en el templo, el sacerdote Elí pensó que Ana estaba embriagada y la reprendió. Pero Ana no calló ni nutrió la amargura en su corazón. Se mantuvo enfocada en su propósito de engendrar un hijo. Hizo un voto a Dios, diciendo que, si el Señor oía su clamor y le daba un hijo, ella lo devolvería para que fuera sacerdote. El sacerdote Elí, viendo que ella derramaba su alma delante de Dios, le ordenó volver a su casa con la promesa de la victoria. Ana volvió a casa, durmió con su marido, Dios se acordó de la promesa, y ella concibió y dio a luz un hijo, a quien llamó Samuel. La aparente demora de Dios era pedagógica. Los propósitos de Dios son mayores que nuestros sueños. Dios no le dio solamente un hijo a Ana; su hijo fue el mayor profeta, el mayor sacerdote y el mayor juez de su generación. Cuando las cosas parecen fuera de control, debemos recordar que realmente están bajo el control de Dios. ¡Cuando todo parece perdido, continúe esperando un milagro!

# 30
## de octubre

# Los que mueren en el Señor son muy felices

Bienaventurados de aquí en adelante los muertos que mueren en el Señor. Sí, dice el Espíritu, descansarán de sus trabajos, porque sus obras con ellos siguen.

**APOCALIPSIS 14:13**

La muerte es la mayor de todas las certezas. Es la señal de igualdad en la ecuación de la vida. Llega a todos: grandes y pequeños, ricos y pobres, doctores y analfabetos. La muerte es el rey de los terrores. Siempre expele miedo y dolor por donde pasa. No respeta edad ni posición social. Llega abruptamente, sin pedir licencia. Necesitamos enfrentar ese adversario hasta el último día. La muerte es el último enemigo para ser vencido. Parece algo extraño y paradójico hablar sobre muerte y felicidad al mismo tiempo. Pero la Biblia dice: "Bienaventurados de aquí en adelante los muertos que mueren en el Señor. Sí, dice el Espíritu, descansarán de sus trabajos, porque sus obras con ellos siguen". No son felices todos los muertos, sino solamente aquellos que mueren en el Señor. Para ellos, la muerte no tiene la última palabra. Para ellos, la muerte ya fue vencida. Para ellos, la muerte no es un fin trágico, sino un comienzo glorioso. Morir en el Señor es descansar de las fatigas. Morir para el cristiano es ganancia. Es dejar el cuerpo para habitar con el Señor. Es partir para estar con Cristo, lo que es incomparablemente mejor. Aquellos que mueren en el Señor entran inmediatamente en el gozo de la bienaventuranza eterna. Aun más, porque, aunque hayan sido salvados por la gracia, independientemente de las obras, llevan sus obras al cielo.

# 31
## de octubre

# La intimidad de la mesa

> He aquí, yo estoy a la puerta y llamo; si alguno oye mi voz y
> abre la puerta, entraré a él, y cenaré con él, y él conmigo.
>
> APOCALIPSIS 3:20

La iglesia de Laodicea era la iglesia más rica de Asia Menor. Laodicea era el mayor centro bancario, el mayor polo textil y el más avanzado centro oftalmológico de Asia Menor. La ciudad era tan rica que, en el año 46 d.C., aun siendo devastada por un terremoto, fue reconstruida sin recursos del imperio. Sus propios ciudadanos adinerados reconstruyeron la ciudad. La iglesia de Laodicea era un reflejo de la ciudad. También se sentía rica y sin necesidad. Aunque no fue acusada por Jesús de ningún desvío doctrinal ni de ningún desliz moral, la iglesia estaba provocando náuseas en Jesús por causa de su tibieza espiritual. A esa iglesia Jesús le dijo: "He aquí, yo estoy a la puerta y llamo; si alguno oye mi voz y abre la puerta, entraré a él, y cenaré con él, y él conmigo". Que Jesús nos convide a cenar con Él es ya un hecho maravilloso; pero que Él quiera cenar con nosotros, es algo incomprensible. El Señor de la gloria, el Creador del universo, quiere sentarse a la mesa con nosotros y disfrutar de un tiempo de comunión. Aquellos que lo reciben hoy en la comunión de la mesa, se sentarán con Él en el trono. Aquellos que disfrutan de la intimidad de la mesa, reinarán con Jesús públicamente en el trono. Su promesa es gloriosa: "Al que venciere, le daré que se siente conmigo en mi trono..." (v. 21a).

# 1

## de noviembre

# Cuando el cielo descendió a la tierra

Y entre tanto que oraba, la apariencia de su rostro se hizo otra,
y su vestido, blanco y resplandeciente.

LUCAS 9:29

El futuro fue anticipado y la gloria del cielo, disfrutada de antemano. Jesús subió al monte para orar y se llevó consigo a Pedro, Santiago y Juan. Mientras oraba, su rostro se transfiguró y comenzó a brillar como el sol, y su ropa resplandecía como la luz. Moisés y Elías, los representantes de la ley y de los profetas, en estado de gloria, se aparecieron y hablaban con Jesús sobre su partida a Jerusalén. La cruz era la agenda de aquella conversación. Inmediatamente, una nube luminosa envolvió a los discípulos, y de en medio de la nube salió una voz divina: "Este es mi Hijo amado; a él oíd" (v. 35). Los discípulos fueron testigos de milagros, pero no discernían la centralidad de la persona de Jesús en su misión redentora. Veían milagros, pero, porque les faltaba discernimiento, comparaban a Jesús con Moisés y Elías, los representantes de la ley y de los profetas. Porque Pedro habló sin pensar, el mismo Dios lo corrigió, mostrándole la singularidad de su Hijo. Porque Jesús oró, su rostro fue transfigurado. Por la oración, Jesús se deleitó en el Padre, y el Padre demostró su placer en Él. Por la oración, Dios consoló a Jesús anticipadamente y lo preparó para marchar victoriosamente hasta la cruz como un rey camina para su coronación. Por la oración, el cielo descendió a la tierra.

# 2

## de noviembre

# El gran día del juicio

---

> Y vi un gran trono blanco y al que estaba sentado en él, de delante del cual huyeron la tierra y el cielo, y ningún lugar se encontró para ellos.
>
> **APOCALIPSIS 20:11**

La segunda venida de Cristo será la consumación de todas las cosas. Cuando Él venga, en su majestad y gloria, se sentará en el trono para juzgar a las naciones. Será el gran día del juicio. Grandes y pequeños, reyes y vasallos, pobres y ricos, religiosos y ateos, todos estarán frente al trono para ser juzgados según sus obras. Los libros serán abiertos. Pecados escondidos serán anunciados públicamente. Seremos juzgados por todas las palabras frívolas que proferimos. Daremos cuenta de todas nuestras acciones. Aquello que hicimos y nadie vio será proclamado desde las azoteas. Aun nuestras omisiones se levantarán contra nosotros en el día del juicio. En aquel gran y terrible día, Dios juzgará también los secretos de nuestros corazones. Nuestros pensamientos y deseos, nuestras codicias e intenciones, serán descubiertos por aquel cuyos ojos son como llama de fuego. Nadie escapará del juicio de Dios. Nadie podrá salvarse por sus propios méritos. Nadie podrá burlar la ley ni sobornar al Juez. Aquel cuyo nombre no sea encontrado en el Libro de la Vida, será lanzado al lago de fuego, para sufrir para siempre la segunda muerte. La única manera de tener el nombre en el Libro de la Vida es recibir a Cristo como Salvador y Señor. No somos salvos por nuestras obras; somos salvos por la gracia divina. En el día del juicio, solamente aquellos que sean lavados por la sangre del Cordero podrán oír: "Venid, benditos de mi Padre, heredad el reino preparado para vosotros desde la fundación del mundo" (Mateo 25:34).

# 3
## de noviembre

# El perdón, la asepsia del alma

Y si siete veces al día pecare contra ti, y siete veces al día volviere
a ti, diciendo: "Me arrepiento", perdónale.

**LUCAS 17:4**

E l perdón es la asepsia del alma, la limpieza de la mente, la cura de las emociones. El perdón cura y libera. El perdón transforma y restaura. Extiende
la mano a quien lo hirió y abraza a quien lo repudió. El perdón vence el mal
con el bien, pues es mayor que el odio. El perdón no es fácil, pero es necesario.
No podemos tener una vida saludable sin ejercitar el perdón. No podemos
tener una vida espiritual victoriosa sin practicar el perdón. Quien no perdona
no puede orar, adorar, ofrendar, ni siquiera ser perdonado. Quien no perdona es esclavo del rencor. Quien no perdona vive en una cárcel oscura e insalubre. La Biblia nos enseña a perdonar como Dios nos perdonó en Cristo. El
perdón pone en ceros la cuenta y no cobra más la deuda del pasado. Perdonar
es recordar sin sentir dolor. El perdón corre en dirección al otro no para arro-
jarle en el rostro la falta, sino para ofrecerle un abrazo de reconciliación. El
perdón construye puentes donde el rencor cavó abismos. El perdón estrecha
las relaciones donde el resentimiento provocó distanciamiento. El perdón no
es simplemente la liberación de los sentimientos; es la cura de las relaciones.
Es la expresión de la gracia y el triunfo del amor.

# 4
## de noviembre

# El grito silencioso
# de los que no nacieron

No matarás.

**Éxodo 20:13**

El aborto es una vergonzosa y dramática realidad en nuestros días. Millones de seres humanos son sacrificados en el santuario del vientre materno. La vasta mayoría por razones torpes. El útero materno es la cuna de la vida, el lugar más sagrado, donde la vida se forma y se desarrolla. Allí, los miembros del cuerpo surgen, crecen y maduran para el nacimiento. El cerebro, con toda su complejidad, forma sus conexiones. El corazón pulsa, la sangre corre en las venas, los músculos se articulan. Aun en la fase más primaria de ese proceso, cuando el óvulo es fecundado, cuando no puede ser visto aún al ojo, la vida está allí, con toda su potencialidad. El aborto es, por lo tanto, la interrupción de una vida; es asesinato, asesinato con trazos de crueldad. Se mata no a un enemigo, sino al fruto del vientre. Se mata no a alguien que puede defenderse, sino a un ser indefenso, acorralado en el vientre materno. Se mata no por accidente, sino de forma intencional y deliberada. Se mata succionando a ese tierno ser como si fuera una verruga indeseada; se mata envenenando a esa criatura como si fuera una hierba dañina; se mata descuartizando a ese bebé todavía en formación, como si fuera el ser más abominable de la tierra; se mata a un ser indefenso, que, al esperar afecto y cuidado, es sorprendido por la más brutal violencia. El grito silencioso de aquellos que fueron muertos en el patíbulo del vientre no puede ser oído en la tierra, pero ese grito hace eco en los oídos de Dios, ¡allá en el cielo!

# 5

## de noviembre

# La ansiedad,
# el estrangulamiento del alma

Por tanto os digo: "No os afanéis por vuestra vida, qué habéis
de comer o qué habéis de beber…".

**MATEO 6:25A**

La Organización Mundial de la Salud dice que más del cincuenta por ciento
de las personas que pasan por los hospitales son víctimas de enfermedades
psicosomáticas. La ansiedad es el estrangulamiento del alma. Los psicólogos
explican que la ansiedad es la madre de la neurosis, la enfermedad del siglo,
el pecado más dramático de nuestra generación. Está presente en todas las
familias, alcanzando a jóvenes y ancianos; doctores y analfabetos; creyentes
y ateos. La ansiedad es inútil, pues por medio de ella no podemos añadir ni
siquiera un codo a nuestra existencia. La ansiedad es perjudicial, pues nos
roba la energía del presente, en lugar de capacitarnos para enfrentar los problemas del futuro. La ansiedad es señal de incredulidad, pues aquellos que
no conocen a Dios son los que se preocupan con el día de mañana. Cuando
buscamos el reino de Dios en primer lugar, las demás cosas nos son añadidas.
El apóstol Pablo habla sobre la cura de la ansiedad, dándonos tres consejos:
orar correctamente (Filipenses 4:6), pensar correctamente (v. 7) y actuar correctamente (v. 9). Cuando conocemos la grandeza de Dios y llevamos a Él
nuestra ansiedad, cuando pensamos en las cosas de Dios y actuamos de forma
coherente con nuestra fe, entonces vencemos la ansiedad y disfrutamos de la
paz de Dios, que sobrepasa todo entendimiento.

# 6

## de noviembre

# El terror indescriptible
# de las drogas

---

Así que, si el Hijo os libertare, seréis verdaderamente libres.

JUAN 8:36

La nación brasileña quedó en shock ante el asesinato del gran líder religioso Robinson Cavalcanti y de su esposa Miriam, el 27 de febrero de 2012, en Olinda, Pernambuco. Padre y madre fueron muertos a puñaladas por el propio hijo adoptivo, un joven de 29 años que, después de la increíble envestida, aún intentó matarse a sí mismo. La razón alegada: dependencia de drogas. Todos los días nuestros periódicos estampan tragedias semejantes. Nuestra juventud está capitulando al poder destructor de las drogas. Más del noventa por ciento de los municipios brasileños están siendo asolados por el *crack*, una droga dura, que vicia desde la primera experiencia. Los traficantes, blindados con corazas de hierro, dominan sectores de los grandes centros urbanos y crean leyes paralelas que desafían a la policía. Nos sentimos impotentes. Estos agentes de la muerte se infiltran en las escuelas e instituciones públicas, extendiendo sus tentáculos mortíferos por todos los lugares. Los traficantes, aun cuando están presos y son llevados a presidios de máxima seguridad, todavía coordinan el tráfico, comandan el crimen y esparcen terror por todas partes. Somos una sociedad asolada por el miedo. No hay esperanza para nuestro pueblo fuera del evangelio de Cristo. No hay salida para aquellos que están cautivos por las drogas, sino la libertad que Cristo ofrece: "y conoceréis la verdad, y la verdad os hará libres" (Juan 8:32).

# 7

## de noviembre

## El perdón incomparable

... De la manera que Cristo os perdonó, así también hacedlo vosotros.

COLOSENSES 3:13B

Jesús fue el mayor de todos los maestros por la grandeza de su enseñanza, por la riqueza de sus métodos y por la nobleza de su carácter. Nadie jamás enseñó con tanta gracia y poder. Jesús contó una parábola inmortal, la parábola del acreedor sin compasión. Un rey ajustaba cuentas con sus súbditos y encontró a uno que le debía diez mil talentos. No teniendo el hombre con qué pagarle, el rey mandó a vender toda su familia. Este deudor pidió paciencia al rey, quien le perdonó la gran deuda. Inmediatamente, encontrando el mismo hombre a alguien que le debía cien denarios y no tenía como pagar, le rogó misericordia, pero el que había sido perdonado por el rey no tuvo misericordia y arrojó al otro a la prisión. Al saber de esta historia, el rey se airó y entregó a este hombre sin compasión a los verdugos hasta que le pagara toda su deuda. Jesús terminó la parábola diciendo: "Así también mi Padre celestial hará con vosotros si no perdonáis de todo corazón cada uno a su hermano sus ofensas" (Mateo 18:35). Solo podemos entender esta parábola cuando comprendemos lo que representa diez mil talentos en comparación con cien denarios. Diez mil talentos son 350.000 kilos de oro y cien denarios representan cien días de trabajo. Diez mil talentos son seiscientas mil veces más que cien denarios. Eso significa que nuestra deuda con Dios es impagable, pero Dios la perdonó completamente. Por eso, debemos perdonarnos unos a otros, así como Dios en Cristo nos perdonó.

# 8
## de noviembre

# El yugo de Jesús

---

Porque mi yugo es fácil, y ligera mi carga.

MATEO 11:30

¡Usted está cansado! Ese cansancio no es físico, sino emocional. El descanso para esa fatiga no se consigue con una noche de buen sueño ni con calmantes. Más que cansado, tal vez usted esté aún sobrecargado. Su alma está gimiendo bajo tanto peso. Tengo una buena noticia para usted: Jesús puede darle descanso a su alma y alivio a su corazón. Oiga su invitación: "Venid a mí todos los que estáis trabajados y cargados, y yo os haré descansar. Llevad mi yugo sobre vosotros, y aprended de mí, que soy manso y humilde de corazón; y hallaréis descanso para vuestras almas; porque mi yugo es fácil, y ligera mi carga" (vv. 28-30). Usted encuentra descanso para su alma cuando se allega a Jesús. Él es la fuente que refrigera su alma. Jesús lo invita a usted a poner su cuello bajo su yugo. El yugo es una horquilla en la cual dos animales son juntados. Normalmente se junta un buey inquieto y bravo con un buey manso. El buey bravo intenta rebelarse, pero no lo consigue. Está sujeto al mismo yugo. Jesús usa esa figura para invitarlo a usted a poner su cuello bajo su yugo. Él va a caminar con usted, enseñarle a usted, aquietar su alma y serenar su corazón. El yugo de Jesús es suave, y su carga es ligera. Él nos llama no a la esclavitud, sino a la libertad. Él vino no solo para traernos descanso, sino vida, y vida en abundancia.

# 9

## de noviembre

# Glorifique a Dios en el sufrimiento

Pero si alguno padece como cristiano, no se avergüence, sino
glorifique a Dios por ello.

**1 Pedro 4:16**

L a felicidad verdadera coexiste con el dolor, es sazonada con las lágrimas
y se mantiene de pie hasta en la hora del luto. Porque tenemos una esperanza viva, caminamos en este mundo con los pies en la tierra y los ojos
en el cielo. Somos felices cuando lloramos por nuestros propios pecados y
cuando somos perseguidos por los pecados de otros. Jesús concluyó la lista de
las bienaventuranzas diciendo: "Bienaventurados los que padecen persecución
por causa de la justicia, porque de ellos es el reino de los cielos" (Mateo 5:10).
Sufrir por causa de nuestros propios errores debe ser motivo de vergüenza;
sufrir por causa de la justicia, sin embargo, es motivo de gran alegría. También los profetas que vivieron antes de nosotros soportaron toda suerte de
oprobios por causa de la justicia. Jesús, de igual modo, fue perseguido por
andar haciendo el bien por todas partes. De igual manera, los apóstoles fueron
perseguidos por vivir en santidad y por predicar la verdad. El apóstol Pablo
dijo que todos aquellos que quieren vivir piadosamente serán perseguidos.
Tenemos, no obstante, la promesa de que nuestra leve y momentánea tribulación producirá en nosotros un eterno peso de gloria, y el sufrimiento del
tiempo presente no se compara con las glorias venideras que serán reveladas
en nosotros. ¡La felicidad de la cual disfrutamos ahora es solo un preludio de
nuestra felicidad eterna!

# 10
## de noviembre

## Las tempestades de la vida

Y ya la barca estaba en medio del mar, azotada por las olas; porque el viento era contrario.

MATEO 14:24

Las tempestades de la vida son inevitables, imprevisibles e incontrolables. La vida no es un viaje por mares tranquilos. No pocas veces, las tempestades furiosas levantan olas gigantescas contra nosotros. En esas horas, somos barridos por vientos contrarios y tenemos la sensación de que el naufragio será inevitable. Así estaban los discípulos de Jesús en el mar de Galilea. Aun cumpliendo una orden expresa de Jesús para entrar en el barco y atravesar hasta la otra orilla del lago, los discípulos fueron sorprendidos por una horrible borrasca. Intentaron inútilmente controlar la crisis. Sus esfuerzos fueron en vano. El barco estaba yendo a pique mientras los discípulos se llenaban de miedo. La noche tenebrosa ya estaba avanzada. Habían pasado tres horas de la madrugada, y la situación se tornaba cada vez más amenazante. Cuando todas las esperanzas estaban acabadas, Jesús fue al encuentro de los discípulos, caminando sobre el mar y mostrando que Él siempre viene a nuestro encuentro, aún en la última vuelta del segundero. Él no viene para decirnos que nuestro problema no tiene solución, sino que viene pisando bajo sus pies aquello que nos amenaza. Antes, sin embargo, de calmar el mar revuelto y aquietar los vientos silbantes, Jesús calmó a sus discípulos. La tempestad que estaba dentro de ellos era mayor que la tempestad exterior. El mayor problema de los discípulos eran sus sentimientos, y no sus circunstancias. ¡Jesús todavía calma las tempestades de nuestra vida!

# 11
## de noviembre

# Más allá de la sepultura

Porque si creemos que Jesús murió y resucitó, así también traerá Dios con Jesús a los que durmieron en él.

**I Tesalonicenses 4:14**

La muerte es la señal de igualdad en la ecuación de la vida: nivela a todos los hombres. No hay en la tierra refugio seguro que nos pueda esconder de la muerte. Sus manos álgidas descienden sobre ricos y pobres, ancianos y niños. Hay varias formas de pensar acerca de la muerte y de la vida más allá del sepulcro. Algunos creen que la muerte es el fin de la existencia. Otros piensan que la muerte es un premio, ya que el cuerpo es la cárcel del alma. Otros creen que tanto el cuerpo como el alma van a la sepultura, esperando la resurrección. Hay quienes creen en la reencarnación y defienden la pluralidad de vidas; y otros profesan creer en el purgatorio, entendiendo que el alma va a parar a un lugar de tormento para ser purificada y poder entrar en el cielo. ¿Qué dice la Biblia sobre este asunto? Según la Palabra de Dios, está determinado para los hombres que mueran una sola vez, viniendo después el juicio. El espíritu vuelve a Dios quien lo dio, y el cuerpo vuelve al polvo. Los que mueren sin Cristo comienzan inmediatamente a sufrir las penalidades del infierno y los que mueren con Cristo entran inmediatamente en la gloria. La Biblia afirma que, en el día de la resurrección, unos se levantarán de la muerte para la resurrección del juicio y otros para la bienaventuranza eterna. Porque Cristo venció la muerte y quitó su aguijón, aquellos que mueren en Cristo son bienaventurados, pues morir es dejar el cuerpo y habitar con el Señor; es partir para estar con Cristo, ¡lo que es incomparablemente mejor!

# 12

## de noviembre

# El divorcio, la apostasía del amor

Y yo os digo que cualquiera que repudia a su mujer, salvo por causa de fornicación, y se casa con otra, adultera.

**MATEO 19:9A**

E l matrimonio se está transformando en un contrato de riesgo. La sociedad contemporánea lo añadió a los productos desechables y mira el matrimonio como una experiencia temporal. Los velos de las novias son cada vez más largos, y los matrimonios cada vez más cortos. En algunos países ya hay más divorcios que matrimonios. Se casan sin reflexión y se divorcian por cualquier motivo. Muchos matrimonios que comenzaron con promesas de amor y sueños de felicidad terminan con un dramático divorcio. Más heridos que los cónyuges, quedan los hijos, pues los cónyuges hasta se pueden apartar el uno del otro, pero no hay divorcio entre padres e hijos. Los hijos son las mayores víctimas del divorcio. La Biblia dice que Dios odia el divorcio (Malaquías 2:14). El divorcio es la apostasía del amor, la ruptura del pacto, el fracaso del matrimonio. Dios instituyó el matrimonio, y no el divorcio. Este es permitido por Dios y no ordenado por Él. Permitido solo por causa de la dureza de corazón, o sea, por la incapacidad de perdonar. El perdón es mejor que el divorcio. No hay personas perfectas ni matrimonios perfectos. Todo matrimonio exige inversión y renuncia. Todo matrimonio exige paciencia y perdón. Las crisis pueden ser vencidas y las limitaciones pueden ser superadas. ¡El amor todo lo vence!

# 13
## de noviembre

# El silencio de Dios

Mira, respóndeme, oh Jehová Dios mío…

SALMOS 13:3A

E l silencio de Dios grita más alto en nuestros oídos que los rugidos de la naturaleza. Los truenos que retumban en las nubes tempestuosas son más suaves que el silencio de Dios en las noches oscuras del alma. No es fácil lidiar con el silencio de Dios. Cuando Dios calla, quedamos confundidos y perturbados. Muchos salmos de lamento expresan esa angustia. El patriarca Job lidió con el silencio de Dios. Fusilado por el dolor y aplastado por el dolor, Job clamó desde la tierra hasta los cielos, a la espera de explicaciones. Perdió bienes, hijos y salud. Perdió el apoyo de su esposa y la comprensión de sus amigos. Perdió la dignidad de la vida y la compasión de las personas. Sumergido en un dolor atroz, dirigió a Dios dieciséis veces la misma pregunta perturbadora: "¿Por qué…? ¿Por qué…? ¿Por qué…?". Job esperaba que una explicación venida de Dios pudiera aliviar su dolor. Pero esa explicación no llegó. El silencio de Dios fue cabal. Los cielos cerraron sus compuertas. La única voz que Job oyó en el epicentro de la tempestad fue el total silencio de Dios. Cuando Dios resolvió hablar con Job, no respondió ninguna de sus preguntas. Por el contrario, le hizo setenta preguntas, todas revelando su majestad. Job fue restaurado por Dios, pero no obtuvo ninguna explicación de los cielos. Recibió el doble de todo cuanto poseía. Salió de esa experiencia más cerca de Dios y más maduro espiritualmente. El silencio de Dios no lo destruyó, más bien lo fortaleció.

# 14
## de noviembre

# Jesús, el pastor incomparable

Yo soy el buen pastor; el buen pastor su vida da por las ovejas.

**JUAN 10:11**

Jesús es el bien, el grande y el supremo pastor de las ovejas. Como buen pastor, su vida da por las ovejas. Como gran pastor, vive para las ovejas. Y, como supremo pastor, volverá para las ovejas. Jesús no es solo pastor, sino el buen pastor. No es solo "un" buen pastor, sino "el" buen pastor. Jesús es singular. No hay otro igual a Él. ¿En qué consiste esa singularidad? En el hecho de que Jesús dio su vida por las ovejas. Él murió por sus ovejas. Pero su muerte es distinta a todas las otras muertes. La muerte de Jesús fue sustitutiva. Él murió vicariamente. Murió en nuestro lugar, llevando sobre sí nuestras transgresiones. Jesús murió por sus ovejas. Vertió su sangre para redimirlas. Derramó su alma en la muerte para que sus ovejas pudieran vivir eternamente. Sufrió sed cruel para que sus ovejas pudieran beber el agua de la vida. Fue hecho pecado, para que sus ovejas pudieran ser justificadas. Fue hecho maldición para que sus ovejas fueran benditas. Soportó la ira de Dios para que sus ovejas recibieran la gracia de Dios. El buen pastor es también el gran pastor que resucitó de entre los muertos y vive para sus ovejas. Vive para interceder por ellas. Vive para reinar sobre ellas. Pero el buen y el gran pastor, también es el supremo pastor que volverá trayendo consigo el galardón para sus ovejas.

# 15

## de noviembre

## Santos en la casa de César

Todos los santos os saludan, y especialmente los de la casa de César.

FILIPENSES 4:22

El apóstol Pablo estaba preso en Roma. Nerón, un hombre perverso y libertino, ocupaba el trono del Imperio romano. Su palacio era una casa de intrigas, traiciones y asesinatos, la síntesis de toda la maldad que campeaba en la capital del imperio. Pablo, sin embargo, transformó aquel palco de horror en plataforma de evangelismo. Aunque encadenado diariamente a soldados de la guardia pretoriana, no cesó de predicar a Cristo. Después de dos años, todo el destacamento de dieciséis mil soldados de élite, así como otros miembros del palacio, había sido evangelizado. En su saludo a la iglesia de Filipos, Pablo escribió: "Todos los santos os saludan, y especialmente los de la casa de César". Ese episodio nos enseña tres verdades solemnes. En primer lugar, no es el lugar que lo hace a usted; es usted quien hace el lugar. Podemos florecer como un lirio aun en un charco de lodo. Podemos esparcir nuestra luz aun en medio de la oscuridad. Podemos ser mensajeros de la justicia aun en una casa de intrigas y perversidades. En segundo lugar, no existen personas irrecuperables para Dios. Aun en la casa de César, hay gente convertida. En tercer lugar, las oportunidades están a nuestro alrededor. Pablo hizo de sus cadenas una plataforma misionera. Era un embajador en cadenas. Hizo de la prisión su campo misionero. Las oportunidades de Dios están a nuestro alrededor. ¡Necesitamos ojos espirituales para verlas!

# 16

## de noviembre

# ¿Conejo o cordero?

*... porque nuestra Pascua, que es Cristo, ya fue sacrificada por nosotros.*

1 CORINTIOS 5:7B

La sociedad secularizada cambió el símbolo de la Pascua, transformándola en una mera fiesta del consumismo. El conejo destronó al cordero, y el chocolate sustituyó a la sangre. ¿Qué tiene que ver el conejo con la Pascua? ¡Absolutamente nada! No hay ninguna conexión entre la Pascua y el conejo. Este es un intruso, un instrumento sutil para desviar el foco del verdadero sentido de la Pascua, apartando así a las personas de una reflexión honesta acerca de la liberación que Dios proveyó para su pueblo por medio de la muerte de su Hijo. La Pascua tiene que ver con la libertad del cautiverio. La salvación de los judíos sucedió mediante la muerte de un cordero y la aspersión de su sangre en los dinteles de las puertas. Los israelitas no fueron perdonados de la muerte porque eran mejores que los egipcios. No fueron librados por sus virtudes ni por sus obras. Fueron salvos por la sangre del cordero. Cuando el ángel de Dios pasó por la tierra de Egipto, aquella fatídica noche, vio la sangre. La sangre era la señal y la seña de la liberación. Los israelitas no fueron salvos de la muerte porque eran monoteístas y los egipcios, politeístas. Fueron salvos por la sangre del cordero. Así también somos salvos del pecado por la sangre de Jesús. ¡No es lo que hacemos para Dios lo que nos abre la puerta de la libertad, sino lo que Dios hizo por nosotros en Cristo!

# 17

## Mitos sobre el dinero

---

Porque los que quieren enriquecerse caen en tentación y lazo,
y en muchas codicias necias y dañosas.

1 Timoteo 6:9a

Hay dos mitos muy comunes sobre el dinero. El primero de ellos es que el dinero produce seguridad. Los ricos blindan sus carros, viven en mansiones amuralladas y caminan con guardaespaldas. Piensan que pueden vivir seguros con esos expedientes. Tamaño engaño. Aun vestidos con corazas de fierros, los ricos caminan inseguros y asaltados por el miedo. El segundo mito es que el dinero trae felicidad. Los ricos se visten elegantemente, frecuentan los restaurantes más refinados, participan de banquetes con los manjares más caros, pero no se satisfacen ni se sacian. Hay un vacío en el alma que el dinero no llena. Hay una sed en el corazón que las cosas no pueden satisfacer. Salomón fue el hombre más rico de Israel. Tenía muchos bienes, mucho éxito y muchos placeres, pero nada de eso llenó el vacio de su alma. Todo era vanidad, burbujas de jabón. El apóstol Pablo dijo que la vida de un hombre no consiste en la abundancia de los bienes que posee. Nada traemos a este mundo y nada nos llevaremos de él. Por lo tanto, poner el corazón en las riquezas es insensatez. Debemos juntar tesoros allá en el cielo, pues allá está nuestra patria. El secreto de la felicidad está en el contentamiento con la piedad. El contentamiento es un aprendizaje. El apóstol Pablo dijo que aprendió a vivir contento en toda y cualquier situación. ¡Usted también puede ser feliz!

# 18

## de noviembre

# El milagro no es suficiente

Y estaban todos atónitos y perplejos, diciéndose unos a otros:
"¿Qué quiere decir esto?". Mas otros, burlándose, decían:
"Están llenos de mosto".

HECHOS 2:12-13

S e engañan aquellos que piensan que si vemos más milagros, tendremos
más fe. Las tres generaciones más incrédulas de la historia fueron las que
testificaron más milagros: la generación de Moisés, la generación de Elías y
la generación de Jesús. Los milagros pueden atraer a las personas, pero no
pueden transformar sus vidas. En el día de Pentecostés, el Espíritu Santo fue
derramado sobre los cristianos reunidos. Un sonido impetuoso vino de cielo.
Lenguas como de fuego se posaron sobre cada persona en el cenáculo. Los
120 que estaban allí comenzaron a hablar en otras lenguas, glorificando a
Dios. Cada nacionalidad presente en Jerusalén oía a esas personas hablando
en su propio idioma materno. Sin embargo, ese extraordinario milagro produjo solo escepticismo, prejuicio y burla en esta multitud. Pero Pedro se levantó
para predicar la Palabra. Habló sobre la muerte, la resurrección, la ascensión
y el señorío de Cristo. Su sermón cristocéntrico produjo tamaño impacto en
el corazón de la multitud, que las personas clamaron al predicador: "¿Qué
haremos, hermanos?" (v. 37c). Pedro les ordenó que se arrepintieran de sus
pecados y fueran bautizados para recibir el don del Espíritu Santo. El resultado fue que en aquel día cerca de tres mil personas fueron salvas y agregadas a la
iglesia. En una generación que está ávida de milagros, necesitamos alertar que
el milagro no basta; necesitamos la predicación del evangelio, que es el poder
de Dios para la salvación de todo aquel que cree.

# La depresión, el dolor del alma

Desfallece mi alma, esperando tu salvación.

**SALMOS 119:81A** - RVA

La depresión es una enfermedad que provoca muchas otras enfermedades. Ella duele en el alma, aturde la mente y debilita el cuerpo. La depresión alcanza a millones de personas en todo el mundo. Es como un parásito que chupa la sabia de las emociones. Es como una sanguijuela que extrae el néctar de la vida. La depresión es la mayor causa de suicidio. Empuja a sus víctimas hacia un corredor oscuro, hacia un desierto inhóspito, hacia un valle profundo, hacia un cuarto sin ventanas. La depresión es multicausal, y sus síntomas son variados. Las presiones de la vida, las decepciones en las relaciones, las crisis financieras, el deterioro de la salud, el luto doloroso, son algunas de las causas más comunes de la depresión. La buena noticia es que la depresión es cíclica. No dura para siempre. Hay una salida para la depresión. Hay cura. Hay luz al final del túnel. Hay una ventana de escape en ese cuarto oscuro. Debemos tratar la depresión con medicina, terapia y fe. Aquellos que atribuyen la depresión solo a la influencia de demonios están equivocados. Aquellos que juzgan que la depresión es pecado no están calzadas por la verdad. Una persona que teme a Dios y está llena del Espíritu Santo puede estar deprimida. El profeta Elías un día estuvo deprimido y pidió para sí la muerte. Dios, sin embargo, lo sanó, lo restauró y le devolvió el ministerio. No se desespere. ¡El Señor puede sacar su alma de la cárcel!

# 20

## de noviembre

# La baja autoestima, el síndrome de la langosta

Porque a mis ojos fuiste de gran estima, fuiste honorable, y yo te amé…

**ISAÍAS 43:4A**

Millones de personas viven con la autoestima baja. Se sienten aplastadas por el complejo de inferioridad. Se miran a sí mismas con desprecio. Se sienten inferiores a los demás. Son como los espías de Israel, que se vieron como langostas frente a los gigantes. Necesitamos entender que no somos lo que pensamos ser, ni siquiera lo que las personas dicen que somos. Somos lo que Dios dice que somos. Tenemos valor para Dios. Fuimos creados a su imagen y semejanza. Pertenecemos a Él por derecho de creación. Aquellos que creen en el Señor Jesús le pertenecen a Él también por derecho de redención. Somos doblemente de Dios. Tenemos valor para Él. Cuando rechazamos el proyecto, estamos rechazando también al proyectista. Cuando nos sentimos un cero a la izquierda, estamos menospreciando al Creador. Cuando nos sentimos sin valor, estamos haciendo poco caso al Redentor. La Biblia dice que somos hijos de Dios, herederos de Dios y habitación de Dios. Somos la herencia de Dios, la niña de los ojos de Dios y la delicia de Dios, en quien Él tiene todo su placer. No debe haber espacio para el orgullo ni para el autodesprecio en nuestro corazón. Somos lo que somos por la gracia de Dios. ¡En Él debemos alegrarnos!

# 21

## de noviembre

# Una novia muy especial

He ahí Rebeca delante de ti; tómala y vete, y sea mujer del hijo
de tu señor, como lo ha dicho Jehová.

**GÉNESIS 24:51**

Abraham estaba preocupado con el matrimonio de su hijo Isaac. Sabía que
un matrimonio equivocado sería una gran tragedia en la vida de su hijo.
Por eso, mandó a Eliezer, su siervo más experimentado, a buscar una novia
para Isaac entre su pueblo. Quería una joven temerosa de Dios para que se
casara con su hijo. Eliezer buscó a Dios en oración para hacer la elección y encontró a una joven bella, valiente, trabajadora, decidida y recatada. Rebeca fue
un presente de Dios para Isaac. Desde el primer encuentro, Isaac se apegó a
Rebeca. Aquel matrimonio fue hecho bajo la oración y sumisión a la voluntad
de Dios. Los padres todavía hoy deben preocuparse con el matrimonio de sus
hijos. Deben orientarlos acerca de esa decisión. Deben orar a Dios y pedir un
cónyuge que conozca al Señor. El noviazgo y el compromiso son etapas muy
importantes para un matrimonio feliz. Un joven cristiano debe orar antes de
comenzar una relación de noviazgo. Debe conocer el carácter de la persona,
su familia, sus sentimientos y sus actitudes antes de adquirir un compromiso.
Un noviazgo y un compromiso sin reflexión desembocan en un matrimonio
lleno de perturbación. Un adagio popular dice: "Abra bien los ojos antes de
casarse; después, ciérrelos".

# 22

## de noviembre

# La corrupción,
# una tragedia nacional

Oíd ahora esto, jefes de la casa de Jacob, y capitanes de la casa
de Israel, que abomináis el juicio, y pervertís todo el derecho.

**MIQUEAS 3:9**

La corrupción en Brasil es aguda, agónica, endémica y sistémica. Está presente en nuestra nación desde sus inicios. Nuestros poderes constituidos están llevados por este fenómeno maldito. Nuestros políticos, con escasas honrosas excepciones, se abastecen del poder, en lugar de servir al pueblo. Nuestros partidos políticos son percheros para colgar los intereses de las corporaciones poderosas. Somos la sexta economía del mundo, pero tenemos una de las peores distribuciones de renta del planeta. Nuestros gobernantes y legisladores viven abundantemente, mientras el pueblo gime bajo el peso de pesados impuestos, desprovisto de esperanza. Las riquezas de la nación caen en el colador de la corrupción. Presupuestos voluminosos, arrancados de las manos curtidas de los trabajadores, son desviados para abultadas cuentas bancarias en paraísos fiscales. El dinero destinado a la educación, salud y seguridad es desviado por administradores inescrupulosos. Tenemos una nación rica, pero una mayoría viviendo en la pobreza. Las promesas de campaña política ya no encienden más la llama de la esperanza en el alma del pueblo. Nuestro pueblo perdió la credibilidad en sus líderes políticos. Entran gobiernos y salen gobiernos, los partidos suben al poder y bajan del poder, y la corrupción continúa desfilando airosa en la pasarela. Asistimos pasivos a ese desfile de inmoralidad. La corrupción, de hecho, es una tragedia nacional. Que Dios nos ayude a no conformarnos con esa tragedia.

# 23
## de noviembre

# La búsqueda desenfrenada de la felicidad

Dije yo en mi corazón: "Ven ahora, te probaré con alegría, y gozarás de bienes". Mas he aquí que esto también era vanidad.

**ECLESIASTÉS 2:1**

El hombre fue creado para ser feliz. La felicidad es un ansia legítima. El problema del hombre es que se contenta con una felicidad muy pequeña, terrenal, mientras Dios lo creó para la mayor de todas las felicidades: ¡amarlo y glorificarlo para siempre! Salomón estaba en búsqueda de la felicidad. Aunque era el hombre más rico, más famoso y más codiciado de su tiempo, aun así estaba buscando la felicidad. En el segundo capítulo de Eclesiastés, él dice que buscó la felicidad en la bebida, pero lo que encontró en el fondo de una garrafa fue la ilusión y la vanidad, no la felicidad. Después, buscó la felicidad en la riqueza. Amasó grandes fortunas, se enriqueció y acumuló riquezas colosales, pero todo su dinero no le trajo la felicidad verdadera. Buscó, entonces, la felicidad en las aventuras amorosas. Multiplicó para sí mujeres y más mujeres. Llegó a tener setecientas princesas y trescientas concubinas, pero lo que encontró en esa vasta saga de aventuras fue solo desilusión. Finalmente, procuró la felicidad en la fama y en el éxito. Llegó a ser el hombre más famoso de su tiempo. Conquistó innumerables medallas, levantó muchos trofeos, fue aplaudido como ídolo nacional. Pero el fin de esa línea de tantos refinamientos fue la vanidad. ¡La felicidad que él buscaba en las cosas y en las aventuras estaba en Dios!

# 24
## de noviembre

# Continuidad y discontinuidad

Y lo que siembras no es el cuerpo que ha de salir...

1 Corintios 15:37a

El apóstol Pablo dice que en la resurrección habrá continuidad y discontinuidad. Continuidad porque la persona que muere es la misma que resucitará; discontinuidad porque el cuerpo que será sembrado en el sepulcro no
es el mismo resucitado. Pablo añade que el cuerpo es sembrado en corrupción
y resucitado en incorrupción. Se siembra en deshonra, resucita en gloria. Se
siembra en debilidad, resucita en poder. Se siembra cuerpo natural, resucita
cuerpo espiritual. El cuerpo de la resurrección será bello, perfecto y poderoso, semejante al cuerpo de la gloria de Cristo. El profeta Daniel dice que los
sabios resplandecerán como el fulgor del firmamento; y los que condujeron a
muchos a la justicia, serán como las estrellas, siempre y eternamente. El cuerpo es polvo y al polvo volverá. Volverá al polvo como una semilla. Lo que se
siembra no nace si primero no muere. Y, cuando se siembra, no se siembra el
cuerpo que ha de ser. Cuando Jesús vuelva en su majestad y gloria, los muertos
resucitarán: unos para la resurrección de vida y otros para la resurrección de
juicio. En aquel gran día, el cuerpo corruptible se revestirá de incorruptibi-
lidad, y el cuerpo mortal se revestirá de inmortalidad. La muerte, el último
enemigo a ser vencido, cubrirá su cara de vergüenza y será lanzada en el lago
de fuego; y nosotros, triunfantes, estaremos para siempre con el Señor, disfrutando de la bienaventuranza eterna que Él preparó para aquellos que lo aman.

# 25
## de noviembre

# La pornografía,
# un vicio degradante

Pues no nos ha llamado Dios a inmundicia, sino a santificación.

**1 Tesalonicenses 4:7**

La pornografía es la tergiversación y la banalización del sexo. La pornografía es la mayor enemiga del sexo. El uso errado del sexo mina, esclaviza y destruye. El sexo es bueno, puro, santo y deleitoso, pero la pornografía lo hace sucio, impuro e indecoroso. Fuimos creados con deseo sexual y con la capacidad de dar y recibir placer sexual. Pero el sexo es un privilegio para ser disfrutado con seguridad y placer en el matrimonio. Antes del matrimonio, la práctica del sexo es fornicación, y los que andan por ese camino están bajo la ira de Dios. Fuera del matrimonio, la práctica del sexo es adulterio, y solo aquellos que quieren destruirse cometen tal locura. Pero en el matrimonio, el sexo es una ordenanza divina. La relación sexual entre marido y mujer debe ser sin mácula. La santidad del sexo no es contraria al pleno placer, sino condición indispensable. Aquellos que navegan por los pantanos inmundos de los sitios pornográficos en internet y alimentan su mente con la impureza destruyen su propia alma. Aquellos que buscan la autosatisfacción sexual enferman la mente y se hacen prisioneros de un vicio degradante. Solamente por el poder del Espíritu, podemos tener una vida sexual pura y santa. Solamente así, podremos triunfar sobre las artimañas de la pornografía.

# 26
## de noviembre

## La mesa de la comunión

Y habiendo dado gracias, lo partió, y dijo: "Tomad, comed; esto es mi cuerpo que por vosotros es partido; haced esto en memoria de mí".

1 CORINTIOS 11:24

La cena del Señor es un sacramento instituido por el Señor Jesús antes de su muerte. A pesar de haber realizado innumerables milagros, ordenó que su iglesia rememorara no sus hechos extraordinarios, sino su muerte dolorosa. La muerte de Cristo es el rescate de nuestra salvación. Fuimos salvos no por sus milagros ni por sus enseñanzas, sino por su muerte. La muerte de Cristo nos abrió el nuevo y vivo camino hacia Dios. Antes de ir a Getsemaní, Jesús tomó el pan, lo partió y lo dio a sus discípulos, diciendo: "Esto es mi cuerpo que por vosotros es partido". De modo semejante, tomó la copa y dijo: "Esta copa es el nuevo pacto en mi sangre; haced esto todas las veces que la bebiereis, en memoria de mí" (v. 25). Así como el pan es amasado, rasgado y triturado, también el cuerpo de Cristo fue golpeado en la cruz. Así como la uva es aplastada, también la sangre de Cristo fue vertida. Pan y vino son símbolos del cuerpo y de la sangre de Cristo. Estos elementos no son transustanciados en la mesa de la comunión. El pan continúa pan, y el vino continúa vino, pero ambos representan el sacrificio doloroso y cruento de Cristo en el calvario. En aquel lecho vertical de muerte, Cristo voluntariamente se entregó por amor a nosotros. Él sufrió el golpe de la ley que nosotros debíamos sufrir. Bebió la copa amarga de la ira divina que nosotros debíamos beber. Murió nuestra muerte para darnos la vida eterna. ¡Ese es el significado de la mesa de la comunión!

# 27
## de noviembre

# La bondad tiene recompensa segura

A su alma hace bien el hombre misericordioso; mas el cruel se atormenta a sí mismo.

PROVERBIOS 11:17

Cuando hacemos el bien a otros, somos los primeros beneficiados. El bien que practicamos a los otros retorna hacia nosotros mismos. La Biblia dice: "Sabiendo que el bien que cada uno hiciere, ese recibirá del Señor..." (Efesios 6:8a). Bebemos el reflujo de nuestro propio flujo. Cosechamos con abundancia lo que sembramos en el campo de otro. La práctica del bien es la mejor y la más segura inversión que podemos hacer en la vida. El apóstol Pablo dice que el esposo que ama a su mujer, a sí mismo se ama. Y Salomón dice que aquel que hace el bien a los otros, a sí mismo lo hace. No es esa, sin embargo, la realidad del perverso. El mal que él intenta hacer contra el prójimo, cae sobre su propia cabeza. Él recibe la paga de su propia maldad. El hombre cruel es como un loco que se hiere a sí mismo. Él comete el desatino de la autofagia. Las flechas envenenadas que lanza sobre los otros, se vuelven en su contra. La crueldad, en lugar de destruir a su destinatario, destruye a su remitente. La bondad es una inversión en sí mismo, pero la crueldad es la destrucción de sí mismo. Hacer el bien recompensa, pero practicar el mal es la más consumada locura. ¿Qué ha sembrado usted: el bien o el mal; la bondad o la crueldad?

# 28
## de noviembre

# El trabajo, el camino al éxito

La mano de los diligentes señoreará; mas la negligencia será tributaria.

**PROVERBIOS 12:24**

Thomas Alva Edison, uno de los mayores científicos de todos los tiempos, dijo que nuestras victorias son el resultado del diez por ciento de inspiración y noventa por ciento de transpiración. El éxito es el resultado del esfuerzo diligente y del trabajo abnegado. Aquellos que se dedican a los estudios, que se esfuerzan en su labor, trabajan con diligencia y hacen todo con excelencia, son conducidos a las posiciones de liderazgo en todas las áreas de la vida. El éxito no es un asunto de suerte, sino de diligencia. El perezoso, que no se esfuerza, que no se empeña en los estudios ni trabaja con dedicación, empobrecerá. En verdad, aquellos cuya mano es lerda y floja, terminan destinados a los trabajos más rudos y menos remunerados. En la vida, cosechamos lo que plantamos. Aquellos que siembran poco, tienen una cosecha mediocre; pero aquellos que siembran abundantemente, con creces segarán. Aquellos que cubren su frente de sudor y trabajan con esmerado esfuerzo, tendrán su recompensa. Honra y riquezas están destinadas a los diligentes, pero pobreza y desprecio son la porción de los perezosos. El trabajo no es maldición, sino bendición. ¡El trabajo no es una carga, sino un deleite; el trabajo no mata; por el contrario, nos motiva a vivir de forma exponencial!

# 29
## de noviembre

# El cordero sin defecto

Sino con la sangre preciosa de Cristo, como de un cordero sin mancha y sin contaminación.

1 Pedro 1:19

El cordero muerto en la Pascua debía ser un cordero sin defecto. Esto porque ese cordero tipificaba a Jesús. Todo el ritual apuntaba al sacrificio perfecto y cabal realizado por Cristo en la cruz. No hay remisión de pecados sin derramamiento de sangre. Pero la sangre de corderos no puede expiar pecados. En la noche de la Pascua, cuando el cordero fue sacrificado y su sangre esparcida en los dinteles de las puertas, aquella sangre apuntaba hacia el Cordero de Dios, el Cordero inmaculado, que en la cruz murió por nuestros pecados y vertió su sangre para que fuéramos redimidos de la esclavitud y purificados de toda impureza. El cordero del sacrificio no podía ser enfermo ni imperfecto. Debía ser perfecto. Aquel cordero apuntaba hacia Jesús, quien no conoció pecado, pero fue hecho pecado por nosotros. Aunque fue acusado por sus enemigos de borracho y poseído, su vida fue absolutamente inmaculada. Nunca hubo transgresión en sus labios. Sus palabras fueron poderosas, sus obras portentosas y su vida irreprochable. Jesús no murió por sus propios pecados; murió por nuestros pecados; el justo por los injustos. Su muerte fue vicaria y sustitutiva. Él sufrió el golpe de la ley que debíamos sufrir. Bebió el cáliz de la ira que debíamos beber. Murió nuestra muerte para darnos su vida.

# 30
## de noviembre

## La dura realidad de la muerte

Y de la manera que está establecido para los hombres que
mueran una sola vez, y después de esto el juicio.

**HEBREOS 9:27**

L a muerte no respeta edad ni posición social. Llega a todos irremediable-
mente: ricos y pobres, doctores y analfabetos, ancianos y niños, religiosos
y ateos. El encuentro con la muerte es inevitable. La muerte llega súbitamente
sin mandar telegrama. Hasta que Jesús vuelva, todos tendrán que atravesar ese
valle sombrío. Por más que la muerte sea segura, no nos acostumbramos a ella.
No fuimos creados para la muerte. Siempre que la muerte pone sus manos
heladas sobre quien amamos, abre surcos de dolor en nuestra alma. Siempre
que nos acecha, quedamos sobresaltados. La muerte es el rey de los terrores.
La muerte, no obstante, fue vencida. Ya no tiene más la última palabra. Jesús
arrancó su aguijón. Jesús mató la muerte con su propia muerte y triunfó sobre
ella en su resurrección. No debemos temer más a la muerte. Podemos decir
como Pablo: "¿Dónde está, oh muerte, tu aguijón? ¿Dónde, oh sepulcro, tu
victoria?" (1 Corintios 15:55). Ahora, morir para el cristiano no es más señal
de desespero. Morir es una bienaventuranza, pues significa descansar de las
fatigas. El salmista dice que la muerte de sus santos es preciosa para Dios.
Pablo dice que morir para el cristiano es ganancia. Morir es dejar el cuerpo y
habitar con el Señor. Morir es partir y estar con Cristo, lo cual es incomparablemente mejor.

# 1

## de diciembre

# Aprovechando
# la última oportunidad

---

Respondiendo Jesús, le dijo: "¿Qué quieres que te haga?". Y el ciego le dijo: "Maestro, que recobre la vista". Y Jesús le dijo: "Vete, tu fe te ha salvado". Y en seguida recobró la vista, y seguía a Jesús en el camino.

MARCOS 10:51-52

Jesús estaba pasando por Jericó. Aquella era la última vez que pasaría por allí, pues aquella semana sería apresado, condenado y colgado en la cruz. Una gran multitud lo seguía, cuando un ciego, oyendo el tropel de la multitud y sabiendo que se trataba de Jesús, gritó: "¡Jesús, Hijo de David, ten misericordia de mí!" (v. 47). La multitud intentó callar su voz, pero él gritaba cada vez más alto: "¡Hijo de David, ten misericordia de mí!". Jesús paró y mandó llamarlo. El ciego arrojó su capa y, de un salto, se levantó y fue donde Jesús. El Señor le preguntó: "¿Qué quieres que te haga?". Respondió: "Maestro, que recobre la vista". Jesús le dijo: "Vete, tu fe te ha salvado". Inmediatamente el ciego volvió a ver y comenzó a seguir a Jesús. El ciego de Jericó aprovechó la oportunidad y no desistió cuando la multitud intentó impedírselo. Demostró prisa, desprendimiento y fe. Fue específico en su pedido, y el resultado fue que Jesús lo salvó y lo sanó. Antes de sanarlo de la ceguera, Jesús le abrió los ojos de su alma, dándole el perdón y la salvación eterna. Jesús puede hacer lo mismo en su vida, ahora mismo. No permita que la voz de la multitud silencie el grito de su alma. No permita que ningún tropiezo le impida ir a Jesús. No permita que Jesús pase por su Jericó, y usted pierda la última oportunidad de su vida.

# 2

## de diciembre

# No basta ser bueno

… y veré la sangre y pasaré de vosotros, y no habrá en vosotros
plaga de mortandad cuando hiera la tierra de Egipto.

ÉXODO 12:13B

Los primogénitos de Israel no fueron perdonados de la muerte la noche de
la Pascua porque eran mejores que los hijos de los egipcios. Tampoco los
primogénitos egipcios perecieron porque eran personas malas y depravadas.
Muchos murieron a pesar de ser individuos honestos y buenos hijos. Los primogénitos hebreos no fueron perdonados porque eran religiosos o poseían
virtudes excelentes. La diferencia entre la vida y la muerte no estaba en las
peculiaridades que distinguían a hebreos y egipcios, sino en la sangre del cordero. Cuando el ángel de la muerte visitó Egipto, al ver la sangre en los dinteles de las puertas, pasaba de largo y no aplicaba juicio. No fue suficiente que
el cordero muriera. Era necesario también que fuera aplicado en los dinteles
de las puertas. No basta con saber que Cristo murió en la cruz. Es necesario
recibir, por la fe, los beneficios de su muerte. La Biblia dice que no hay remisión de pecados sin derramamiento de sangre. Sin embargo, la sangre de toros
y de bueyes no puede expiar pecados. Esa sangre era solo sombra y tipo de la
sangre de Cristo, que nos purifica de todo pecado. Cristo murió por nuestros
pecados y resucitó para nuestra justificación. Ahora debemos recibirlo como
Salvador personal. ¡En Él tenemos copiosa redención!

# 3
## de diciembre

## Las paradojas de la vida

Hay quienes pretenden ser ricos, y no tienen nada; y hay quienes pretenden ser pobres, y tienen muchas riquezas.

**PROVERBIOS 13:7**

John Rockefeller, el primer billonario del mundo, dijo que el hombre más pobre que él conocía era aquel que solo poseía dinero. En verdad, el problema no es poseer dinero, sino ser poseído por él. No es llevar dinero en el bolsillo, sino en el corazón. El dinero en sí es bueno, pues con él disfrutamos de cosas buenas y promovemos el bien. El problema es amar el dinero. El amor al dinero es la raíz de todos los males. Hay individuos que se casan y se divorcian por causa del dinero. Hay personas que corrompen y son corrompidas por causa del dinero. Hay quienes matan y mueren por causa del dinero. Pero el dinero no ofrece felicidad ni seguridad. Además, hay ricos que son pobres. Pero hay pobres que son ricos, pues han aprendido a vivir contentos en toda y cualquier situación. El contentamiento es una actitud de plena satisfacción en Dios. La vida de un hombre no consiste en la abundancia de los bienes que posee. Podemos ser pobres y al mismo tiempo, ricos. Podemos decir como el apóstol Pablo: "Como entristecidos, mas siempre gozosos; como pobres, mas enriqueciendo a muchos; como no teniendo nada, mas poseyéndolo todo" (2 Corintios 6:10).

# 4

## de diciembre

## Cuando Dios vistió piel humana

Y aquel Verbo fue hecho carne, y habitó entre nosotros...

**JUAN 1:14A**

El apóstol Juan presenta a Jesús como el Verbo que estaba con Dios en el principio, y ese Verbo era Dios. El Verbo no es solo eterno y personal; es también divino. Jesús de Nazaret no es simplemente un gran hombre o un espíritu iluminado; es el Creador de los hombres y la Luz del mundo. El tierno rabí de Galilea no es simplemente un profeta especial; es aquel hacia el cual los profetas apuntaron, el Mesías de Dios, el Salvador del mundo. El infante de Belén no nació simplemente para ser el Rey de los judíos; Él es el Rey de los reyes y el Señor de los señores, delante de quien toda rodilla se doblará en los cielos, en la tierra y debajo de la tierra. Jesús no es simplemente una divinidad entre los muchos dioses de los pueblos; Él es el Dios bendito, que se hizo carne y habitó entre nosotros, lleno de gracia y de verdad. Los dioses de los pueblos son ídolos muertos, creados por la imaginación de los hombres, pero Jesús es el Dios vivo y soberano, que en la plenitud de los tiempos vino al mundo y, por amor a nosotros, se encarnó. Para cumplir el propósito eterno del Padre, Jesús vino al mundo y murió en la cruz para rescatarnos del pecado, de la muerte y del infierno. ¡Jesús es el omnipotente Dios que venció la muerte, está a la diestra del Padre, reina absoluto en el universo y volverá en gloria para buscarnos, a fin de que reinemos para siempre con Él!

# 5

## de diciembre

# Corazón enfermo

La esperanza que se demora es tormento del corazón; pero
árbol de vida es el deseo cumplido.

**PROVERBIOS 13:12**

L a esperanza es el oxígeno de la vida. Si falta, perecemos. Si tarda, enfer-
mamos del corazón. Sin embargo, el deseo satisfecho es árbol de vida.
La vida se construye con decisiones. No somos aquello que hablamos, sino
lo que hacemos. No es sabio dejar para después aquello que podemos hacer
hoy. No es sensato dejar para mañana decisiones que deben ser tomadas con
prisa. No es prudente echar debajo del tapete aquellos asuntos que debemos
resolver con prontitud. La esperanza aplazada entristece el corazón. Tal vez,
usted haya dejado para después aquella conversación que necesitaba tener con
su cónyuge, con sus hijos o con sus padres. Tal vez haya huido de tomar
algunas decisiones en su vida. Es mejor la incomodidad de la confrontación
que la posición cómoda de la omisión. No espere más para hablar, actuar y
posicionarse. Levántese y sea fuerte. Nadie puede asumir su lugar para tomar
las decisiones que solo usted puede hacer. No lo posponga más. Acabe con ese
ciclo vicioso. Sacuda el polvo. Ponga el pie en la calle. Mantenga la visión del
farol en alto. Súbase en los hombros de los gigantes y comience una marcha
victoriosa en la vida. ¡No deje para mañana lo que debe hacer hoy!

# 6

## de diciembre

# La santidad del sexo

Que cada uno de vosotros sepa tener su propia esposa en santidad y honor.

1 Tesalonicenses 4:4

El sexo es bueno, santo, puro y deleitoso. Dios creó al hombre y a la mujer y los creó sexuados, con deseos legítimos y con la capacidad de dar y recibir placer. El placer sexual no es pecado; es santo. Dios instituyó la forma correcta de disfrutar el sexo de forma segura, abundante y deleitosa: el matrimonio. El sexo antes del matrimonio es fornicación, y aquellos que se entregan a esa práctica están bajo la ira de Dios. El sexo fuera del matrimonio es adulterio, y solamente aquellos que quieren destruirse cometen tal locura. El sexo es prohibido por Dios antes y fuera del matrimonio, pero ordenado por Dios en el matrimonio. Sin embargo, aun en el matrimonio, el sexo debe ser puro. La Biblia dice que digno de honra entre todos es el matrimonio y el lecho sin mancha. La palabra "lecho" significa 'coito', 'relación sexual'. Marido y mujer no deben buscar expedientes pornográficos para avivar la relación sexual. La pornografía es un pecado. Vicia y enferma la relación. Es como llevar basura al lecho conyugal. Las personas más felices en la vida sexual son aquellas que disfrutan de ese banquete del amor con santidad y pureza. Son aquellas que beben las aguas de su propio manantial. La fidelidad conyugal es vital para una relación sexual saludable entre marido y mujer. La Palabra de Dios es clara en enseñar que el cónyuge debe ser un jardín cerrado, una fuente sellada.

# 7

## de diciembre

# La ira, una bomba explosiva

El que fácilmente se enoja hará locuras; y el hombre perverso
será aborrecido.

**PROVERBIOS 14:17**

La ira es un fuego chispeante y voraz peligroso. Una persona iracunda es
una bomba mortífera presta a explotar. Y, cuando explota, arroja pedazos
a todos los lados y hiere a las personas a su alrededor. Quien se irrita fácilmente habla mucho, piensa poco y provoca grandes trastornos a sí mismo y a los
demás. El hombre de malos designios es odiado. Se hace "persona no grata".
El descontrol emocional provoca muchas tensiones y conflictos en el hogar,
en el trabajo y en los demás sectores de la vida en comunidad. Es mejor morar en el desierto que relacionarse con una persona iracunda. Es mejor vivir
solo que ser acompañado por una persona irritable. Hay dos maneras equivocadas de lidiar con la ira. La primera es la explosión de la ira. Un individuo
temperamental y explosivo aplasta a las personas con sus palabras y actitudes. Se hace duro en el trato y maligno en sus acciones. La segunda actitud
equivocada es el congelamiento de la ira. Hay quienes no explotan, sino que
almacenan la ira. No arrojan su agresividad hacia fuera, sino que la acumulan
en el corazón. Llegan a ser personas amargas, malhumoradas, que se cierran
como una cabeza de repollo y terminan agriando el alma. La solución no es la
explosión ni el congelamiento de la ira, sino el ejercicio del perdón. El perdón
sana y restaura. El perdón es la asepsia del alma, la limpieza de la mente y la
cura de las emociones.

# 8
## de diciembre

# El lenguaje del amor

---

Maridos, amad a vuestras mujeres, así como Cristo amó a la iglesia, y se entregó a sí mismo por ella.

**EFESIOS 5:25**

En la lengua griega hay cuatro tipos diferentes de amor. "Eros" habla sobre el amor físico entre un hombre y una mujer. "Phileo" habla sobre el amor fraternal que debe existir entre los amigos. "Storge" habla sobre el amor entre padres e hijos. "Ágape" habla sobre el amor abnegado y sacrificial. La orden bíblica es que el marido debe amar a su mujer con amor "ágape". El marido debe amar a su mujer como Cristo amó a la iglesia. Cristo amó a la iglesia con amor perseverante, sacrificial y santificante. No es amor hasta la primera crisis, ni solo mientras los ojos se deleitan con la belleza física. No es amor egoísta, sino altruista y abnegado. No es amor solo por causa de las virtudes, sino a pesar de las limitaciones. El amor verdadero debe ser conocido por lo que es: paciente y benigno. Es conocido por lo que él no hace: no tiene envidia, no se envanece, no busca sus intereses, ni se alegra con la injusticia. Es conocido también por lo que hace: se alegra con la verdad. Y finalmente ese amor es conocido por lo que soporta: todo lo cree, todo lo espera, todo lo soporta. Ese no es el amor del existencialismo moderno, que afirma: "El amor es eterno mientras dura". Por el contrario, es el amor venido del corazón de Dios, ¡el amor que nunca se acaba!

# 9
## de diciembre

# La felicidad no es ficción

Será como árbol plantado junto a corrientes de aguas, que da
su fruto en su tiempo, y su hoja no cae...

**SALMOS 1:3A**

La felicidad existe. No es una ficción. Está a nuestro alcance. El salmo 1 dice
que aquel que es feliz es como un árbol plantado junto a una fuente, que
en el debido tiempo da su fruto, cuya hoja no se marchita, y todo lo que hace
será prosperado. Mientras que el impío es comparado a la paja seca y liviana
que es llevada por el viento, el justo es comparado a un árbol frondoso, lozano
y fructífero plantado junto a las corrientes de las aguas. Mientras las alegrías
del impío son superficiales y pasajeras, la felicidad del justo es profunda y
permanente. Mientras la fuente de placer del impío es el pecado, la fuente del
placer del justo es la Palabra de Dios y el Dios de la Palabra. Cuando nuestra
felicidad está en Dios, nuestra vida echa sus raíces en lugares fértiles. Cuando
la Palabra de Dios es la fuente de nuestro placer, somos como un árbol junto
a la fuente, siempre verde y cargado de frutos. Cuando nuestro placer brota del trono de Dios, el mundo a nuestro alrededor puede estar seco como
un desierto, pero nosotros floreceremos y fructificaremos como un árbol plantado junto a la fuente. El impío, aquel que desprecia a Dios, sin embargo, es
como paja que el viento dispersa. No tiene vida ni estabilidad. Cuando llega
la tempestad, es desarraigado y llevado por el vendaval. La verdadera felicidad
no es tanto una cuestión de "tener", sino sobre todo de "ser". Esa fuente de
vida es el propio Dios, ¡y quien está plantado en Dios es verdaderamente feliz!

# 10

## de diciembre

# Usted está siendo observado desde el cielo

---

Los ojos de Jehová están en todo lugar, mirando a los malos y
a los buenos.

PROVERBIOS 15:3

Los ateos dicen que Dios no existe. Los agnósticos dicen que no podemos
conocerlo. Los panteístas dicen que Dios no es personal, y los deístas
dicen que Dios está muy distante de nosotros. La Biblia, no obstante, nos
enseña que los ojos del Señor están en todo lugar. Dios es omnipresente.
No hay un centímetro siquiera del universo en donde Dios no esté presente.
Él no solamente está presente, sino que también conoce y sondea a toda la
humanidad. Sus ojos contemplan a los malos y a los buenos. Dios no es un
ser bonachón, ni un viejo de barbas blancas como Papá Noel. Dios no es
un ser amorfo y amoral que trata de la misma forma el bien y el mal. Él es
santo en su carácter y justo en todas sus obras. Hace distinción entre tinieblas
y luz. Distingue entre el bien y el mal. Se deleita en aquellos que siguen la
bondad, pero abomina de aquellos que maquinan el mal. Dios tiene placer
cuando andamos por el camino de santidad, pero siente disgusto cuando ca-
pitulamos al pecado. Dios está mirándolo a usted. ¿Qué está viendo Él? ¿Su
corazón es íntegro delante de Dios? ¿Su alma ansía a Dios? ¿Usted anda en la
luz? ¿Habla la verdad? ¿Practica la justicia? ¿Se complace en la misericordia?

# 11
## de diciembre

# La sanación por medio de la Palabra

Panal de miel son los dichos suaves; suavidad al alma y medicina para los huesos.

**PROVERBIOS 16:24**

Las palabras agradables son terapéuticas. Hacen bien al alma y al cuerpo. Curan emocional y físicamente. Un panal de miel renueva las fuerzas y da brillo a los ojos. Palabras agradables levantan a los abatidos, sanan a los afligidos, consuelan a los tristes y tonifican el alma de aquellos que están angustiados. Una palabra buena, oportuna, que transmite gracia a los que oyen, es medicina para el cuerpo. Es un tratamiento intensivo para los enfermos que la reciben. Nuestra lengua debe estar al servicio de la sanidad, y no de la enfermedad. Debemos ser agentes del bien, y no ejecutores del mal. Nuestras palabras deben transportar esperanza, y no desespero. Deben ser vehículos de vida, y no conductores de muerte. Deben ser medicina para el cuerpo, y no veneno que destruye la vida. Jesús usó de manera singular la sanidad por medio de la palabra. Siempre que alguien golpeado por la vida, buscando ayuda, se acercaba a Él, salía con el corazón aliviado y el alma libre. Las palabras de Cristo eran bálsamo para los afligidos, tónico para los débiles, gotas de esperanza para los cansados y luz de vida para los que caminaban sin rumbo. Debemos aprender de Jesús. Nuestras palabras pueden dar sabor como la miel y pueden curar como el remedio. Pueden traer deleite y restauración, sanidad y alegría.

# 12

## de diciembre

# Mire hacia arriba, todavía hay esperanza

Entonces dije: "¡Ay de mí! que soy muerto; porque siendo hombre inmundo de labios, y habitando en medio de pueblo que tiene labios inmundos, han visto mis ojos al Rey, Jehová de los ejércitos".

**ISAÍAS 6:5**

Las crisis son inevitables, imprevisibles e incontrolables. Nos acechan por todos los lados, todos los días, nos amedrentan con su ceño fruncido. Las crisis, con todo, también representan un tiempo de oportunidad en nuestra vida. Son como una encrucijada. Pueden llegar a ser la calle de nuestro triunfo o la ruta de nuestro fracaso. Las crisis revelan a los cobardes y levantan a los héroes. La gran pregunta, por lo tanto, es: ¿Hacia dónde mirar en la hora de la crisis? El profeta Isaías estaba viviendo una crisis avasalladora. Su nación estaba de luto. El rey Uzías había muerto. Los vientos contrarios de la crisis soplaban con furia indómita, cargando en sus alas inestabilidad política, económica, moral y espiritual para la nación. En ese momento, Isaías tuvo la más importante experiencia de su vida. Él miró hacia arriba y vio a Dios en el trono; miró alrededor y vio la nación rendida al pecado; miró hacia dentro y vio la enormidad de su propio pecado; miró hacia el frente y vio el desafío de Dios para su vida. Algunos salen de la crisis derrotados, otros salen victoriosos. No enfoque su atención en la crisis; voltee sus ojos hacia Dios. Él está al control de todas las cosas y es poderoso para poner un fin en todas sus crisis.

# 13
## de diciembre

## El castillo seguro del alma

Torre fuerte es el nombre de Jehová; a él correrá el justo, y será levantado.

**PROVERBIOS 18:10**

Muchos refugios no pueden protegernos en la hora de la tempestad. Muchos piensan que el dinero es un abrigo invulnerable en el día de la calamidad. Pero eso es un completo engaño. El dinero puede darnos un carro blindado y escoltas, una casa espaciosa y mucha comodidad, viajes extravagantes y menús sabrosos, pero el dinero no trae paz. El dinero no ofrece seguridad ni felicidad. Otros piensan que el poder político es un refugio. Pero el prestigio delante de los hombres no nos garantiza protección frente a los reveses de la vida. Hay quienes juzgan que la fuerza de la juventud o la belleza física son escudos suficientemente fuertes para librarlos de los tropiezos en el camino. Muchos llegan a pensar que el éxito y el estrellato son abrigos lo bastante resistentes para guardarlos de los vendavales de la vida. Pero la verdad es que solamente el nombre del Señor es torre fuerte. Solamente en el Señor podemos estar seguros. Solamente Dios es el castillo seguro de nuestra alma. Sin embargo, solo los justos, aquellos que se reconocen pecadores, buscan el perdón divino y procuran abrigo en el nombre del Señor. Aquellos que confían en sí mismos jamás correrán a esta torre fuerte. Por eso, cuando llegue la tempestad, serán alcanzados por una irremediable calamidad. ¡Haga del Señor su alto refugio, su verdadero refugio!

# 14

## de diciembre

# No pierda la esperanza, su sanación puede brotar

El ánimo del hombre soportará su enfermedad; mas ¿quién
soportará al ánimo angustiado?

**PROVERBIOS 18:14**

Nuestra actitud frente a los dramas de la vida tiene una conexión muy
estrecha con nuestra salud física. La voluntad de vivir mantiene la vida
de un enfermo; pero, si él se desanima, no existe más esperanza. Quien entrega los puntos y arroja la toalla, quien pierde la esperanza y no lucha más por
sobrevivir, es vencido por la enfermedad. Nuestras emociones tienen un peso
decisivo cuando se trata de enfrentar la enfermedad. No basta con recurrir a
los recursos médicos. Necesitamos alimentar nuestra alma con el tónico de la
esperanza. Debemos quitar nuestros ojos de las circunstancias y ponerlos en
aquel que está al control de las circunstancias. Nuestros pies pueden estar
en el valle, pero nuestro corazón debe estar en el plano. Aun pasando por
valles áridos, Dios puede transformarlos en manantiales. El llanto puede durar una noche, pero la alegría viene por la mañana. Aquellos que se entregan
al desánimo, sin embargo, hacen del lamento la sinfonía de la vida. Pierden
las fuerzas, se atrofian emocionalmente y son dominados por sentimientos
irremediables de fracaso. En la enfermedad necesitamos poner nuestros ojos
en Dios, pues la última palabra no es la de la ciencia, sino la de aquel que nos
creó, nos sustenta y puede intervenir en nuestra vida, redimiéndonos del foso
de la muerte.

# 15
## de diciembre

# La felicidad de restaurar las relaciones

Bienaventurados los pacificadores, porque ellos serán llamados hijos de Dios.

**MATEO 5:9**

L a paz es el sueño de consumo en un mundo encharcado de conflictos. Al final de cada guerra, levantamos un monumento a la paz, pero ya comenzamos las nuevas inversiones para el próximo embate. El mundo habla sobre paz, pero gasta billones de dólares en arsenal nuclear. Vivimos en una sociedad marcada por la guerra entre las naciones y por los conflictos dentro de las familias. Escasea la paz y se agigantan las tensiones. La violencia se tomó las calles, y las agresiones son constantes hasta dentro de los hogares. Vemos, con profunda tristeza, padres luchando contra los hijos e hijos matando a los padres. En esta sociedad con cada vez más abismos en las relaciones, somos llamados a construir puentes de aproximación. Jesús dijo que bienaventurados son los pacificadores porque ellos son llamados hijos de Dios. Recibimos de Dios el ministerio de la reconciliación. En lugar de sembrar contiendas, debemos luchar por el fin de los conflictos. En lugar de empujar a una persona hacia la otra, debemos acercarlas. En lugar de sembrar la discordia, debemos trabajar por sanar las relaciones. Es cuando somos agentes de la paz que encontramos la felicidad. Es cuando actuamos como pacificadores que somos reconocidos como hijos de Dios. El monumento de la felicidad no es erigido con el odio, sino levantado con el cemento del amor.

# 16
## de diciembre

# El buen nombre vale más que el dinero

De más estima es el buen nombre que las muchas riquezas, y la buena fama más que la plata y el oro.

**PROVERBIOS 22:1**

En una sociedad que sobrevalora el poder económico y atribuye más importancia al "tener" que al "ser", Salomón, que podía hablar con conocimiento de causa, pues era el hombre más rico de su tiempo, es categórico en afirmar que hay cosas más preciosas que las riquezas materiales. El buen nombre vale más que muchas riquezas, y ser estimado es mejor que oro y plata. Note que Salomón no solo afirma que el buen nombre es mejor que riquezas, sino que es mejor que muchas riquezas. Es mejor tener una buena reputación que ser un ricachón. Es mejor tener el nombre limpio en la plaza que tener el bolsillo lleno de dinero sucio. Es mejor andar con la cabeza erguida, con dignidad, que vivir en cuna de oro, pero ensuciado por la deshonra. La honestidad es un tesoro más precioso que los bienes materiales. Transigir con la conciencia y vender el alma al diablo para ser rico es una consumada locura, pues aquel que usa de expedientes oscuros para enriquecerse, pasa a ser odiado en la tierra. La riqueza es una bendición cuando proviene del trabajo y de la expresión de la generosidad divina. Pero perder el nombre y la estima para ganar dinero es tontería, pues el buen nombre y la estima valen más que muchas riquezas.

# 17

## de diciembre

# La esposa del Cordero

… Ven acá, yo te mostraré la desposada, la esposa del Cordero.

**APOCALIPSIS 21:9B**

El apóstol Juan es llamado para tener dos visiones: la caída de la gran ramera, que se embriagó con la sangre de los mártires; y la gloria de la novia, la esposa amada del Cordero de Dios. La iglesia glorificada es presentada como la novia de Cristo. Cuando Juan contempla la novia, ve en ella la gloria de Dios. Todo el esplendor de los atributos de Dios engalanaba a la novia. Ella era gloriosa. La iglesia es la esclava rescatada. Estaba cautiva y fue librada. Cristo amó a la iglesia y se entregó por ella. Cristo santificó a la iglesia y la purificó por medio del lavado de agua por la palabra. Cristo adornó la iglesia para presentársela a sí mismo gloriosa, sin mancha, ni arruga, santa y sin defecto. Cristo alimenta a la iglesia y cuida de ella. Su amor por la iglesia es perseverante, sacrificial y santificante. Como el novio se alegra con la novia, así Cristo se alegra con su iglesia. La iglesia, la novia del Cordero, está siendo preparada, ataviada y santificada para el gran encuentro con su novio. Aquel será el día glorioso, en el que Jesús vendrá con gran poder y gloria para buscar a su novia. Los redimidos serán recogidos de los cuatro rincones de la tierra. La iglesia entrará al banquete de la salvación. Entonces, se celebrarán las bodas del Cordero en una fiesta que nunca terminará. Esa fiesta será en el mejor lugar, con las mejores compañías, la mejor música y los mejores manjares. Será una fiesta preparada para personas preparadas. ¡Solo entrarán en esta fiesta nupcial aquellos cuyas vestiduras fueron lavadas en la sangre del Cordero!

# 18
## de diciembre

# La decisión entre la vida y la muerte

> Mira, yo he puesto delante de ti hoy la vida y el bien, la muerte y el mal.
>
> DEUTERONOMIO 30:15

La vida se construye con decisiones. Somos esclavos de nuestra libertad. No podemos dejar de decidir. Hasta la indecisión es una decisión, la decisión de no decidir. Quien no es por Cristo, es contra Cristo. Quien con Él no junta, desparrama. Moisés, el gran libertador de Israel, hizo al final de su vida un desafío solemne al pueblo, en los límites de la tierra prometida: "A los cielos y a la tierra llamo por testigos hoy contra vosotros, que os he puesto delante la vida y la muerte, la bendición y la maldición; escoge, pues, la vida, para que vivas tú y tu descendencia" (v. 19). La vida está hecha de decisiones. No podemos ser neutros ni estar encima del muro. Somos esclavos de nuestra libertad. La propia indecisión es una decisión, la decisión de no decidir. Quien no se decide por la vida, se decide por la muerte. Estamos en esa encrucijada. Ponemos nuestros pies en el camino de la vida y de la bendición, o en el atajo de la muerte y de la maldición. Andamos por el camino ancho que conduce a la perdición, o por el camino estrecho que conduce a la vida. Entraremos por la puerta ancha de la condenación, o por la puerta angosta de la salvación. ¿Cuál es su decisión? ¿Cuál es su elección? Hoy es el día de la decisión. Ahora es el tiempo oportuno. La vida y la muerte están delante de usted. Escoja la vida, para que usted y su descendencia puedan vivir una vida plena, abundante y eterna.

# 19

## La soledad,
## un vacío en medio de la multitud

Mírame, y ten misericordia de mí…

**SALMOS 119:132A**

L a soledad es un sentimiento que tortura a millones de personas. En el siglo de la comunicación virtual, de internet y del teléfono celular, cuando tocamos el mundo con la punta de nuestros dedos, somos asolados por el drama de la soledad. Entablamos una animada conversación virtual de una hora vía mensajes instantáneos, pero no podemos ya sentarnos alrededor de una mesa para una charla de cinco minutos. Enfrentamos calles congestionadas y somos empujados por una multitud en los andenes, en el ómnibus y en el metro, pero caminamos en medio de esa multitud por la calle de la soledad. Peor que no saber convivir con el otro es no saber lidiar consigo mismo. Peor que no abrazar al otro, es no sentirse confortable en la presencia de aquel que vemos en el espejo. Las personas necesitan de Dios, pero las personas necesitan de las otras personas. Usted necesita de amigos. Usted necesita de alguien con quien abrir el corazón. Usted necesita de un hombro amigo. Vale también decir que el vacío del alma solo puede ser colmado por Dios. Ni siquiera las personas pueden llenar esa brecha. El apóstol Pablo estaba en una mazmorra romana, en el corredor de la muerte, pero aun sufriendo el dolor de la soledad y sufriendo el desamparo de los hombres, tenía paz en el alma por causa de la asistencia de Dios.

# 20

## de diciembre

# Cómo experimentar plenitud de alegría

Me mostrarás la senda de la vida; en tu presencia hay plenitud de gozo; delicias a tu diestra para siempre.

**SALMOS 16:11**

La felicidad existe y está a nuestro alcance. No es solo un destino a donde se llega, sino la manera cómo se camina. La felicidad no está en un lugar específico, sino en una actitud definida. Jesús habló sobre la felicidad en las bienaventuranzas. El problema humano no es buscar la felicidad, sino contentarse con una felicidad limitada. Dios nos salvó para la mayor de las felicidades. La felicidad verdadera está en Dios. Es en la presencia de Dios que existe alegría superlativa y abundante. El principal propósito de nuestra vida es conocer y disfrutar de la intimidad con Dios. En las bienaventuranzas, Jesús nos habla sobre una relación correcta con Dios, con nosotros mismos y con el prójimo. Somos felices cuando nuestras relaciones están armonizadas. La felicidad que el mundo ofrece es una farsa. El *glamour* del mundo es irreal. La sonrisa que las personas estampan en el rostro no pasa de una máscara. Las copas dulces del pecado son veneno que intoxica el alma. Los placeres transitorios de esta vida desembocan en una constante perturbación. La verdadera felicidad está en Dios. Es en su presencia que encontramos plenitud de alegría y delicias perpetuamente.

# 21
## de diciembre

# El calabozo oscuro
# de la amargura

El que no calumnia con su lengua, ni hace mal a su prójimo, ni admite reproche alguno contra su vecino.

**SALMOS 15:3**

José de Egipto fue víctima de muchas injusticias. Sufrió en las manos de sus hermanos y de su patrón. Pasó trece años de su vida, de los 17 a los 30 años, sacudido por el vendaval de las crisis más horribles. Fue arrojado a un hoyo oscuro. Fue vendido como esclavo. Fue acusado injustamente. Fue lanzado en una prisión inmunda. Pero jamás dejó que su corazón se irritara. Jamás permitió que la amargura reposara en su interior. José estaba preso, pero su alma estaba libre. Dios restauró la suerte de José, que fue exaltado a la honrosa posición de gobernador de Egipto. Con el poder en las manos, él podía haberse vengado de sus hermanos, pero resolvió perdonarlos, dándoles lo mejor de la tierra de Egipto. José no solo perdonó a sus hermanos, también levantó un monumento vivo de su perdón, llamando a su hijo primogénito Manasés, cuyo significado es "Dios me hizo olvidar". La amargura esclaviza, pero el perdón libera. Quien no perdona, no tiene paz. Quien no perdona, no puede ser perdonado. El perdón es la emancipación de la mente, la asepsia del alma, el grito de libertad del corazón. Tome la decisión de perdonar a sus ofensores. ¡Haga como José: si su enemigo tiene hambre, dele de comer; si tiene sed, dele de beber!

# 22
## de diciembre

# Usted no está solo

Aunque mi padre y mi madre me dejaran, con todo, Jehová me recogerá.

SALMOS 27:10

El dolor del abandono es cruel y avasallador. Hay personas golpeadas porque fueron rechazadas desde el vientre materno. Hay quienes nunca se sintieron amadas por sus padres. Hay las que fueron lanzadas y abandonadas por el cónyuge. Hay padres que son abandonados por los hijos y arrojados a un asilo. El apóstol Pablo, preso en Roma, se sintió abandonado por Demas, cuando más necesitaba de él. El abandono duele, hiere el alma. Pablo fue abandonado en la prisión y en su primera defensa nadie estuvo a su favor. Jesús fue abandonado en el jardín de Getsemaní, y todos sus discípulos huyeron. Sus amigos pueden abandonarlo a usted. Su familia puede abandonarlo a usted, pero Dios jamás lo abandonará. La Biblia dice: "Aunque mi padre y mi madre me dejaran, con todo, Jehová me recogerá". También dice: "¿Se olvidará la mujer de lo que dio a luz, para dejar de compadecerse del hijo de su vientre? Aunque olvide ella, yo nunca me olvidaré de ti" (Isaías 49:15). Dios lo ama a usted. Él estará con usted y lo cargará en sus brazos. Jesús dijo: "He aquí, yo estoy con vosotros todos los días hasta el fin del mundo" (Mateo 28:20b).

# 23
## de diciembre

# Levante los ojos hacia lo alto

Y lo llevó fuera [a Abraham], y le dijo: "Mira ahora los cielos, y cuenta las estrellas, si las puedes contar...".

**GÉNESIS 15:5A**

Tal vez su corazón esté abatido por una noticia dolorosa que usted recibió hace poco. Tal vez su alma esté triste porque alguien lo decepcionó a usted. Tal vez un acontecimiento haya traído angustia a su vida. Usted mira hacia atrás y tiene memorias amargas. Mira alrededor y todavía hay muchas cosas que meten miedo en su corazón. Mira hacia el futuro y un nubarrón denso no le permite ver una luz al final del túnel. El pesimismo parece capturar su corazón. El pavor asalta su alma. El pánico roba su esperanza. En ese momento es preciso levantar los ojos e inclinar los oídos para escuchar, no las voces amenazantes de la tierra, sino las dulces promesas del cielo. La Biblia dice: "Por la misericordia de Jehová no hemos sido consumidos, porque nunca decayeron sus misericordias. Nuevas son cada mañana; grande es tu fidelidad. Mi porción es Jehová –dijo mi alma–; por tanto, en él esperaré. Bueno es Jehová a los que en él esperan, al alma que le busca" (Lamentaciones 3:22-25). No se desespere; espere en Dios. No dude; crea. ¡No mire las circunstancias; mire a Dios que está al control de las circunstancias!

# 24

## de diciembre

# Violencia, ¿hasta cuándo?

Y por haberse multiplicado la maldad, el amor de muchos se enfriará.

**MATEO 24:12**

Parece que el mundo enloqueció. Nuestras ciudades se están transformando en campos de sangre. La violencia está en las calles, en las escuelas, en las familias, entre las naciones. Hablamos de paz, pero gastamos billones de dólares fabricando armas de destrucción. Tememos salir de casa. Tenemos miedo de ser asaltados y miedo del secuestro. Tenemos miedo de una bala perdida. Tenemos miedo de los bandidos y miedo de la policía. Estamos enjaulados dentro de casa, trancados con candados y cercas eléctricas. La violencia no está solo del lado de afuera de los muros, está dentro de casa. Hay padres matando a los hijos, e hijos matando a los padres. Existen maridos que matan a la esposa, y esposas que matan a sus maridos. Los enemigos del hombre son los de su propia casa (Miqueas 7:6). Estamos alarmados, pues en el pasado nos decían que la violencia era resultado de la ignorancia y de la pobreza. Pero la violencia crece en medio de gente culta y rica. El problema es que la violencia está dentro de nuestro corazón. Del corazón proceden los malos designios. No podemos resolver el problema de la violencia simplemente con educación. Necesitamos transformación. Solo Jesús puede cambiar nuestro corazón. Solo Él puede poner amor donde había odio. Solo Él puede poner perdón donde había rencor. Solo Jesús puede traer paz al corazón, a la familia y a la sociedad. Jesús es el Príncipe de la Paz. Él es la paz y solo Él puede dar la paz verdadera.

# 25

## de diciembre

# La embriaguez, vergüenza para la familia

No os embriaguéis con vino, en lo cual hay disolución...

**EFESIOS 5:18A**

Estoy cansado de ver hombres tumbados en las alcantarillas, vencidos por el alcohol. Estoy cansado de ver mujeres sufrientes, carentes y humilladas, yendo a antros de vicio a buscar a su cónyuge tambaleante, cubierto de vómito, para llevarlo a casa. Estoy triste de ver hijos llorando por padres que se arrastran en el barro por causa de ese vicio maldito, y de ver padres sufriendo por causa de hijos prisioneros de la dependencia química. El alcohol es el mayor ladrón de cerebros del mundo, el mayor causante de accidentes, crímenes pasionales, separaciones dolorosas y familias destruidas. Aquellos que actúan bajo su influencia llenan las cárceles y sus víctimas pueblan los cementerios. La Biblia habla de Nabal, un hombre rico, pero insensato (1 Samuel 25:1-38). Entregado a la embriaguez, hacía fiesta de rey sin ser rey. Movido por el alcohol, se endureció en el trato y se hizo intratable. Empujado por la avaricia, se hizo mezquino. Su embriaguez le robó la lucidez y le costó la vida. Hay muchos hogares todavía hoy golpeados y heridos por los efectos nocivos del alcohol. Hay muchos matrimonios destruidos por causa de la embriaguez. Hay muchos hijos rebeldes y llenos de vergüenza por ver a sus padres prisioneros de ese vicio degradante. Hay muchos jóvenes cautivos del alcohol, acortando sus días y arrojando su alma en un abismo de dolor y angustia. En lugar de ser llenos de alcohol, debemos ser llenos del Espíritu. La embriaguez produce disolución y muerte, pero la plenitud del Espíritu produce comunión, adoración y gratitud.

# 26
## de diciembre

# Jesús nació,
# ¡gloria a Dios en las alturas!

Y dio a luz [María] a su hijo primogénito, y lo envolvió en pañales, y lo acostó en un pesebre...

LUCAS 2:7A

La Navidad nos habla sobre el nacimiento de Jesús, el Hijo del Altísimo. Él dejó la gloria excelsa y descendió hasta nosotros. Se despojó y asumió forma humana. Siendo Dios, se hizo hombre; siendo Rey, se hizo siervo; siendo exaltado, se humilló hasta la muerte, y muerte de cruz. El nacimiento de Jesús fue prometido desde la eternidad. Las profecías señalaban hacia su venida. De Él hablaron los patriarcas y profetas. Todos los sacrificios judíos eran sombras que apuntaban hacia su realidad. En la plenitud de los tiempos, Él nació en Belén, nació de mujer, nació bajo la ley, para ser nuestro redentor. Su nacimiento fue un milagro, su vida fue un portento, su muerte fue sustitutiva, su resurrección fue poderosa. La Navidad no es una fiesta pagana. La figura central de la Navidad no es Papá Noel, ni el mensaje central de la Navidad es el comercio. Navidad no es el brillo pálido de la tierra, sino la luz fulgurante del cielo. Navidad no es intercambio de regalos ni banquetes exquisitos, sino la oferta de la gracia, el presente de la salvación. Jesús es el milagro de la Navidad, el contenido de la Navidad, la razón de nuestra celebración. Él vino del cielo para llevarnos al cielo. Él se hizo hombre para hacernos hijos de Dios. Murió para darnos vida. Llevó sobre sí nuestros pecados para ofrecernos su completo perdón.

# 27
## de diciembre

# Mañana va a ser mejor

---

Vi un cielo nuevo y una tierra nueva; porque el primer cielo y
la primera tierra pasaron, y el mar ya no existía más.

APOCALIPSIS 21:1

El pesimismo es contagioso. Empaña nuestros ojos, debilita nuestros brazos y roba nuestro entusiasmo. El pueblo de Israel pereció en el desierto después de cuarenta años de peregrinación, porque en lugar de confiar en Dios, se entregó a la incredulidad y al pesimismo. Llegó a pensar que era una banda de langostas, y no una generación elegida. Tal vez usted esté mirando su vida con lentes oscuros. Tal vez su horizonte se parezca hoy a una nube gris. Tal vez usted esté mirando solo por los lentes del retrovisor y lamentando el pasado que se fue. Súbase en los hombros de los gigantes. Tenga la visión del farol alto. Lo mejor está por delante. Dios está en el trono. Él está conduciendo su vida y es poderoso para conducirlo en triunfo. No dude; crea. No tenga miedo; tenga fe. No mire hacia atrás; mire hacia adelante, pues lo mejor todavía está por venir. Ahora hay lágrimas y dolor. Ahora sus pies son heridos por las arenas ardientes del desierto, pero un tiempo de refrigerio vendrá de parte de Dios para su vida. Después del llanto, viene la alegría. Después de la tempestad, viene la bonanza. Lo mejor de Dios todavía está por venir. ¡Estamos camino a la gloria, estamos camino al cielo!

# 28

## de diciembre

## Aprenda a vivir contento

---

No lo digo porque tenga escasez, pues he aprendido a contentarme, cualquiera que sea mi situación.

**FILIPENSES 4:11**

El contentamiento tiene que ver con quiénes somos y no con lo que poseemos. Es más una actitud que una posesión. Muchas personas lo tienen todo, pero no son felices; tienen salud, familia, amigos, dinero, pero viven un remedo de vida. El contentamiento es un aprendizaje. El apóstol Pablo escribió: "he aprendido a contentarme, cualquiera que sea mi situación". No es la circunstancia que lo hace a usted, es usted que hace la circunstancia. La felicidad no está en las cosas, sino en Dios. La felicidad no es un lugar a donde se llega, sino la manera como se camina. Usted puede estar contento aun en la escasez. El apóstol Pablo dijo que la piedad con contentamiento es gran fuente de ganancia. Usted puede estar contento a pesar de las aflicciones. Ese contentamiento no viene solo de dentro, sino especialmente de arriba, de lo alto, del cielo. Dios es la fuente de la verdadera felicidad. En la presencia de Dios, es donde existe plenitud de alegría y solo a su diestra hay delicias perpetuamente. Ahora mismo usted puede experimentar esa verdadera felicidad, esa alegría indecible y llena de gloria.

# 29
## de diciembre

# El consolador venido del cielo

Pero yo os digo la verdad: Os conviene que yo me vaya; porque si no me fuera, el Consolador no vendría a vosotros; mas si me fuere, os lo enviaré.

**JUAN 16:7**

L as personas andan afligidas y carentes de consuelo. Buscan alivio para sus dolores en muchas fuentes. El verdadero consuelo está en Dios. Jesucristo, el Hijo de Dios, vino al mundo, nació en un pesebre, creció en una carpintería y murió en una cruz. Pero la muerte no pudo detenerlo. Él resucitó en gloria, volvió al cielo, se sentó en el trono y nos envió al Espíritu Santo, el Consolador, la Tercera Persona de la Trinidad. El Espíritu Santo es Dios, y Él vino para habitar en nosotros. Él es el sello de Dios en nosotros. Es las arras y la garantía de que somos de Dios y de que un día tendremos un cuerpo de gloria. Él vino no solo para estar con nosotros, sino para estar en nosotros. Él es quien nos guía por las veredas de la verdad. Es Él quien nos consuela en nuestras angustias. Es Él quien nos ayuda en nuestras debilidades e intercede por nosotros con gemidos indecibles. El Espíritu Santo es Dios en nosotros, intercediendo por nosotros, al Dios que está sobre nosotros. ¡Él puede llenar nuestra alma de dulcera, nuestro corazón de alegría y nuestra vida de paz!

# 30
## de diciembre

## La felicidad del perdón

Bienaventurado aquel cuya transgresión ha sido perdonada, y cubierto su pecado.

SALMOS 32:1

El hombre tiene un vacío en el corazón del tamaño de Dios. Las cosas no pueden llenar ese vacío. Dios puso la eternidad en el corazón humano y nada de lo que es terrenal y temporal puede satisfacer al hombre. El pecado separó al hombre de Dios, y lejos de Dios es territorio de la infelicidad. Muchas personas viven atormentadas por la culpa. Viven en el cabestro del pecado, en la mazmorra del miedo, sin paz en el alma. Hay quienes intentan escapar de ese sentimiento avasallador, corriendo hacia muchas aventuras. Otros se entregan a la bebida y ahogan la conciencia en dolores todavía más profundos. En el ansia de buscar una respuesta para la angustia del alma, el hombre recurre a filosofías de autoayuda, se entrega a experiencias místicas y frecuenta iglesias y más iglesias. Sin embargo, ningún rito ni experiencia mística alguna pueden aliviar la conciencia culpable. Solamente la sangre de Jesús puede borrar nuestros pecados y limpiar nuestra consciencia de obras muertas. Solamente Jesús puede quebrar los cerrojos de esa prisión y despedazar nuestras cadenas. Solamente Jesús puede ofrecernos perdón verdadero y felicidad eterna. Buscar el perdón en otra fuente es como cavar una cisterna rota, que no retiene el agua. La vida está en Jesús. La salvación es una dádiva de Jesús. El perdón solo puede encontrarse en Jesús. La felicidad es un presente de Dios.

# 31
## de diciembre

# Jesús, nuestra bendita esperanza

Pablo, apóstol de Jesucristo por mandato de Dios nuestro Salvador, y del Señor Jesucristo nuestra esperanza.

1 TIMOTEO 1:1

La esperanza de millones de personas está muerta, aplastada por el desespero. Ellas viven con los ojos hinchados de tanto llorar, heridas por los reveses de la vida. Están sin esperanza y sin Dios en el mundo. Van tras religiones y obtienen decepciones amargas. Buscan la psicología de autoayuda y se sienten todavía más insatisfechas. Corren a los banquetes del pecado y salen de allí más frustradas. En el ansia de encontrar sentido para la vida, muchos recurren a las fuentes de las aventuras y beben todas las tazas de los placeres de este mundo, pero se sienten todavía más infelices. Es en ese escenario gris de desespero que Jesús se presenta como nuestra esperanza. Él es nuestra esperanza porque murió por nosotros para salvarnos. Él es nuestra esperanza porque vive para nosotros, para santificarnos. Él es nuestra esperanza porque volverá para nosotros, para glorificarnos. Jesús puede ser el motivo perenne de su júbilo y el ancla segura de su esperanza. No deposite su esperanza en sus propias fuerzas, ni en la inestabilidad de la riqueza. No ponga su esperanza en las cosas que perecen. Ponga sus ojos en Jesús. Él no es un espejismo engañador. Es el refugio verdadero. ¡Él es nuestra única esperanza!

# Notas

1   Todos los textos bíblicos están tomados de la edición Reina Valera 1977, excepto cuando se menciona otra fuente.

2   La Biblia de las Américas (LBLA), Lockman Foundation. La Habra (CA), Editorial Fundación, Casa Editorial para La Fundación Bíblica Lockman, 1998 (edición electrónica).

3   La Santa Biblia, Nueva Traducción Viviente (NTV), Carol Stream (IL), Tyndale House Publishers, 2009.

4   *Dios Habla Hoy* (DHH), Edición interconfesional de estudio (castellano peninsular), Sociedades Bíblicas Unidas, 2002.

5   Santa Biblia: Reina-Valera Actualizada (RVA), El Paso, Baptist Spanish Publishing House, 1989 (edición electrónica de la edición de 1989).

6   John Bunyan, *El Peregrino*, Río de Janeiro, CPAD, 2008.

7   Charles Darwin. *El origen de las especies*, San Pablo, Ediouro, 2004.

8   Andrew Solomon, *El demonio de mediodía*, Río de Janeiro, Objetiva, 2009.

# Índice temático

# OTROS TÍTULOS
## DE LA COLECCIÓN DEVOCIONALES

**LECTURAS MATUTINAS**
365 lecturas diarias
*C. H. Spurgeon*

**DE DÍA EN DÍA**
365 verdades por las cuales vivir
*William MacDonald*

**EN POS DE LO SUPREMO**
365 lecturas devocionales
*Oswald Chambers*

**CREER Y COMPRENDER**
365 reflexiones para un cristianismo integral
*Arturo I. Rojas Ruiz*

**CREER Y PENSAR**
365 reflexiones para un cristianismo integral
*Arturo I. Rojas Ruiz*

**GOTAS DE ALEGRÍA PARA EL ALMA**
365 reflexiones diarias
*Hernandes Dias Lopes*

**GOTAS DE CONSUELO PARA EL ALMA**
365 reflexiones diarias
*Hernandes Dias Lopes*

**GOTAS DE SABIDURÍA PARA EL ALMA**
365 reflexiones diarias
*Hernandes Dias Lopes*